세상에서 가장 아름다운 언어,
우리

신진규 산문집

도서출판 상상인

세상에서 가장 아름다운 언어,
우리

들어가면서

　　인간은 망각의 동물이다. 매일의 소소함 속에서 지나치는 것들이, 언젠가 돌아보면 아득한 추억으로 빛난다. 내가 교단에서 아이들과 부대끼며 보냈던 시간, 그 따뜻한 손길과 어깨너머의 격려들이, 지금도 마음 어딘가에서 맴돈다. 그러나 뒤돌아보는 일만큼이나 앞으로 펼쳐질 길 또한 귀하다. 제2막을 향해 두 아들과 며느리들, 손자 손녀들이 날마다 용기와 기쁨을 건네는 촉매가 되어준다. 정년퇴임은 끝이 아니라 또 다른 시작이다. 나는 교육자로, 목공 체험센터장으로 전라북도의 인재 육성 프로젝트를 마치며 심어진 씨앗들을 돌보고 가꿔 왔다. 이제는 '아름다운 향목'이라는 이름 아래, 전주 중앙시장과 태평누리에서 전통과 삶이 나무 향이 되어 만나는 목공 체험의 공간을 꿈꾼다. 이곳이 내 새길의 첫 발자국이자, 제2의 교단일 것이다. 교단에서 받은 상들 -모범 공무원상, 대교 눈높이 교육상, 아름다운 선생님 대상, 올해의 스승상, 대한민국 창조 경영 대상- 모두 감사한 등불들이었다. 퇴임과 함께 주어진 초아의 봉사 대상은, 나의 봉사가 아직 끝나지 않았음을 알려주는 또 다른 부름이다.

이 책은 닫힌 과거의 첫 장을 정리하고, 남은 날들을 향한 다짐과 희망을 담으려는 기록이다. 그리고 그 기록은, 누군가의 삶에 누추한 위로가 되고 작은 변화의 가능성이 되길 바란다. 퇴임 후 새로운 터가 될 태평누리 리모델링 현장에서 함께 땀 흘린 향석, 찬진, 완기와 매일매일 영양가 있는 음식으로 처진 몸을 추스르게 도와주신 버드나무 순대 사장님께도 감사의 마음을 전하면서 한 달에 한 번, 만 원의 행복으로 소통데이를 이어갈 것을 약속하면서 태평누리가 시니어들의 아름다운 놀이터가 되길 희망한다.

| 차 례 |

들어가면서 · 4

이야기 하나

개천절에 만난 사람들 · 12 결혼기념일 · 14 나의 과제 · 17
교도소에서 · 22 10년 전의 그 마음처럼 · 24 김장철 · 28 스
승의 날 · 30 나쁜 사람들 · 33 아침 단상 · 35 힘들었던 하
루 · 37 아버지 떠난 10돌 아침에 · 39 민얼굴과 자장면 · 41
어머니의 마지막 선물 · 43 부자가 된 기분 · 45 종이학 · 47

이야기 둘

가짜 아빠와 수인이 · 50 딸랑딸랑 · 57 10일간의 북한 여
행 · 60 갈고리 · 66 독도는 우리 땅 · 80 하전마을과 평지마
을 · 82 이등병의 참회 · 90 탈주범의 이야기 · 95 후배들에
게 · 98 국가의 정책을 믿자 · 102

이야기 셋

白頭에서 漢拏까지 · 110   讚美의 죽음 · 134   새해 첫날의 다짐 · 135   먼저 간 친구에게 · 137   어머님께 드리는 글 · 139   친구에게 보낸 편지 · 141   친구로부터 받은 답장 · 144   아름다운 생일 · 148   샘터에 실린 글: 샘터탐방 · 150   시각장애인들의 눈과 손발 역할의 숨은 봉사자 · 157

이야기 넷

즈니지(12시) · 164   아파트 노인정과의 아름다운 인연 · 168   하숙집 어머니 · 170   고개 숙인 가장 · 177   어머니 생신과 함께한 하루 · 181   고향 가는 길 · 183   졸업식 날의 단상 · 185   밖은 눈이 내리는 꽁꽁 얼어붙은 새해 첫날 · 187   수능 고사장 분위기 · 189   수학 못 하는 여자는 좋아할 수 있지만 산수 못하는 여자는 싫은데 · 193   가평에서 수석교사 연수 중 · 195   장미가 주는 메시지 · 197   어부 아들의 아르바이트 · 199   특수교육 실천사례 · 201

이야기 다섯

화제 · 208 젊음! 이공계가 살아나려면 · 210 작은 배려 · 213 소리 · 217 내 아들을 실업계 학교로 보낸 이유 · 220 신경택 군에게 · 224 10일간의 북한 여행 · 227 오롯이 서 있는 공로 선적비 · 231 물 부족국에서 물을 관리하는 최고의 기술인이 되고 싶다 · 234 우택, 경택은 우리의 미래 · 242 실업계 고교의 부활은 꿈이 아니다 · 256 복싱 선수에서 9급 공무원으로 새 희망을 찾아서 · 260

이야기 여섯

모범 공무원상을 받으면서 · 268 이리공업고등학교 특강 · 270 꼴찌들의 반란 · 286 입시전문가에서 취업전문가로 · 298 두 번 다시 포기란 없다 · 306 우리 학생들에게 올린 글 · 318 娵쌤 신진규 · 321 작은 기적을 만들기 위해서 · 327 초아의 봉사 대상 · 332 아름다운 교육賞 개인 부문 개조식 클리어 파일 · 333 '2014 올해의 스승상'시상식 · 340 賞과 罰(상과 벌) · 343

이야기 일곱

굽이치는 양쯔강 그리고 황산 · 348   대구시청 '칭찬합시다' 코너에 올린 글 · 369   지천명에 되돌아본 나의 삶 · 371

이야기 여덟

정년퇴임 무렵 인생 2막을 준비하는 응원의 메시지 · 398

이야기 하나

개천절에 만난 사람들

　작은 샘골 마을. 완주군 화산면에 자리 잡고 있는 마을 공동체다. 의지할 곳 없는 노인들과 몸도 제대로 가누지 못하는 사람들이 대부분이다. 2003년 개천절. 나와 내 친구 두 명, 그리고 고등학교 후배의 가족이 찾은 곳이다. 봉사활동이라고 해봐야 먹을 것하고, 잔심부름 정도 하는 것이 고작이지만 이번에는 색다른 체험을 했다.
　오전 10시경에 현지에 도착하여 친구가 준비한 빵, 우유, 오렌지, 화장지 등을 전달하고 4층으로 올라갔다. 아이들은 벌써 할아버지들이 누워 있는 침대와 그 주변을 열심히 청소하고 있었다. 부인들은 주방에서, 우리 남자들은 할아버지들의 목욕을 담당했다. 제대로 된 시설일 리가 없었다. 바닥에는 여느 욕실처럼 타일이 깔려 있었고 샤워기가 두 개, 세탁기, 쓰레기통, 큰 물통 등이 전부였다. 욕탕이 있는 것도 아니었다. 우리는 두 명씩 조를 지어 한 조는, 할아버지를 안아서 침대에서 목욕하는 곳까지 모셔 오는 일이고, 다른 한 조는 직접 옷과 기저귀를 벗겨서 목욕을 시키는 일을 하였다. 나는 욕실에서 목욕 담당을 하였다. 첫 번째 할아버지가 두 사람에 의해 들려져 왔다. 옷을 벗기고 기저귀를 벗기는 순간 나는 나도 모르게 가느다란 신음 소리를 내고 말았다. 할아버지가 실수를 하고, 말도 못 하고 그 무겁고 냄새나는 것을 어떻게 하지도 못한 채, 침대에 누워 있었던 것이었다. 한 번 뱉은 말은 담을 수 없었다. 할아버지는 거동은 못 해도 의식은 있었기에 나의 신음 소리를 들었을 것이다. 나는 쥐구멍이라도 있으면 도망치고 싶었다. 처음이라 나 스스로에게 위로를 하고 열심히 할아버지를 닦아드렸다. 제대로 된 뼈마디가 없었다. 뒤틀리고 엉겨서 제대로 누울 수도, 뒤틀 수도 없는 그런 몸으로 하루하루를 지내는 할아버지들을 꼼꼼히 씻겨드렸다.

한참 후에 허리가 아파짐을 느꼈을 때 일곱 분의 할아버지가 욕실을 나가셨다. 목욕을 마친 할아버지들의 모습에서 생기가 있음을 느꼈다. 다른 침대의 할아버지들도 자신의 차례를 기다렸지만 우리에게 할애한 시간은 거기까지였다. 먼저 가신 나의 아버지가 떠올랐다. 마지막까지 자식들에게 짐이 되지 않기 위해 가시는 곳까지도 스스로 챙기셨던 아버지가 오늘은 너무나 보고 싶다.

오늘 개천절에 만났던 그 할아버지, 할머니들도 자식들이 있을 텐데, 기약 없는 자원봉사자들에게 자신의 신체를 맡겨야 하는 할아버지들을 두고 떠날 수가 없었다.

다음엔 나의 아들들과 한 조가 되어서 목욕봉사를 해야겠다고 생각하면서 작은 샘골 마을을 떠났다(2003.10.3).

결혼기념일

88서울올림픽 개막을 앞둔 우리나라는 온통 올림픽에 대한 열기로 가득했었다. 한여름 봉동의 9군단 공사 현장에서 검붉게 그을린 신 기사는 57개의 막사 중 21개의 건물을 신축하고 있던 1공구 현장에서 구슬땀을 흘리고 있었다.

두 번째의 맞선

현장에는 예비군 훈련이라고 속이고 맞선을 보았다. 4촌 형이 중매하였다. 4촌 형수의 6촌 여동생이었으니 겹사돈인 셈이다. 현장에서 그을린 탓에 신 기사는 완전 시커먼스였다.

첫 만남

얼굴도 제대로 들지 못한 그 만남이 나의 영원한 반려자를 맞을 줄이야! 그렇다. 인연은 따로 있었나 보다. 시골 사람들이 선을 보면 으레 찾는다는 전주의 덕진 공원과 극장에서 첫 만남은 그렇게 시작하였다. 부모들과의 상견례를 마치고 둘은 택시를 탔다. 나는 앞자리에 아내는 뒷자리에 탔다. 왜 그렇게 자리를 했는지 지금도 이해가 되지 않는다. 하지만 앞자리에서 룸미러를 통해 본 여인의 모습은 너무 아름다웠다. 마주 앉은 자리에선 얼굴도 제대로 못 본 숙맥의 남자였는데 택시 앞자리에서 훔쳐본 아내의 얼굴은 나의 마음을 빼앗기에 충분했었다.

덕진 공원 벤치에서의 첫 대화
　몇 가지 대화를 나눈 뒤 "나는 당신이 맘에 듭니다. 당신은 어떻소?" 서로 싫지 않은 느낌이었기에 우리가 결혼을 약속하면서부터는 양가 부모님들께 모든 일정을 맡기기로 했다.
　다음날. 아내의 집은 내가 근무하는 현장과 아주 가까운 곳에 살고 있었다. 어떤 날은 경운기, 어떤 날은 트랙터, 운 좋은 날은 현장의 트럭을 타고 부지런히 예비 처갓집을 들랑거렸다. 해뜨기 전에 일을 시작하여 해가 져야 끝나는 현장의 특성으로 우린 자주 만날 수가 없었다. 그래서 점심시간을 주로 이용하였다. 그리고 올림픽이 끝난 얼마 후 11월 12일 우리는 부모님들의 따뜻한 사랑에 힘입어 아무 걱정 없이 웨딩마치를 울렸다. 맞선을 본 지 3개월 만의 일이었다. 엊그제 같은데 벌써 14년이 흘렀다. 큰아이가 중학생이 되었으니 세월이 많이 흘렀음을 실감하게 한다.
　해마다 이맘때가 되면 아내에게 더 잘해야지 하고 마음먹지만 어벌쩡하다 보면 또 한해가 지나고 오늘도 어김없이 결혼기념일이 왔다. 좀 일찍 날짜를 기억했더라면 좋았으련만 오늘 일정을 검토해보니 기숙사 사감을 하는 날이다. 작년에도 일본에서 기념일을 맞았는데….

 내일은 또 퇴근 후 어머님 생신 때문에 부안에 가야 하니 이틀 동안 볼 수 없는 아내와 가족들에게 미안한 마음이 든다. 결혼기념일의 의미보다는 앞으로 살아야 할 많은 날을 가족에게 더 잘해야겠다는 다짐을 하면서 우리의 결혼기념을 자축해 본다.

나의 과제

학년 초 새로 맡은 교실에 가보면 전년도에 배웠던 교과서들이 책상 속에 또는 여기저기에 흩어져있는 모습을 볼 수 있다. 안타까운 일이 아닐 수 없다.

26년 전 내가 공업학교 3학년 때 건축직 공무원 시험을 준비하고 있을 때였다. 시험 과목은 대부분 전공 관련 분야였다. 서점가를 뒤져보아도 마땅히 공무원 시험을 위한 전공 관련 서적은 눈에 띄지 않았다. 결국 학교에서 배우는 교과서를 달달 외우기로 하였다. 당시만 해도 대학생들의 응시율보다는 공업고등학교 재학생들이 많이 응시하였기 때문에 오히려 교과서를 집중적으로 공략하는 것이 유리할 것 같다는 생각이 들었다.

시험 볼 당시 교과서 내용 중 30~40%밖에 배우지 않았기 때문에 독학으로 공부를 하였다. 지금 교단에서 아이들을 가르치는 입장에서 본다면, 요즘 교과서는 얼마나 이해하기 쉽게 구성되어 있는가? 당시 내가 공부하면서 제일 어려웠던 부분이 건축 용어에 대한 것이었다. 설명도 부족했지만 실제 사진이나 그림이 거의 없었기 때문에 독학하는 데 어려움이 많았다.

　서점에 다시 들러서 건축 용어 설명에 대한 책을 한 권 구입하였다. 건축 용어 설명 자체도 일본식 용어가 많아서 정말 이해하기가 어려웠다. "선생님들이 가르치는 교재는 뭔가 달라도 다를 것이다." 이런 생각을 가지고 계속 수업 중간에 선생님의 책을 훔쳐보았다. 그런데 내가 가지고 있는 교과서와 같은 것이었다. 나는 종례 후 건축과 사무실을 찾았다. 건축과 부장 선생님께 개인적으로 공무원 시험 준비를 한다는 말씀을 드리면서 참고할 만한 교재가 있는지를 여쭤보았다. 선생님께서 교사용 지도서 몇 권을 주셨다. 나는 의외의 소득을 올렸다는 기쁜 마음으로 사무실을 빠져나왔다. 교사용 지도서를 참고도서로 활용하면서 독학으로 교과서를 완전히 독파하기 시작했다. 4월 중순경부터 6월 초순까지 밤을 지새우며 교과서에 매달렸다. 시험 보는 날 일반인들과 함께 떨리는 마음으로 고사장에 입실했다. 눈을 감고 기도를 했다. 인문계 고등학교의 진학을 포기하고 실업학교를 택한 이유가 떠올랐다. 가정형편 때문에 대학 진학 대신 취업하기 위해서 주위 사람들의 만류에도 나는 공고를 택했던 것이다. 시험지를 펴는 순간 나는 경이로움에 떨고 있었다. 내가 공부한 내용이 그대로 출제된 것이었다. 거침없이 문제를 풀고 제일 먼저 고사장으로 빠져나왔다. 처음 본 공채시험을 거의 완벽에 가깝게 치르고 나온 셈이었다. 하늘을 찌를 듯한 자신감까지도 하늘은 알아차렸을 것이다. 그 후 그날의 자신감으로 지금까지 대학시험, 각종 자격시험, 또 한 번의 공채시험 등 모두 한 번에 통과했다.

　시험을 잘 치른 덕에 그해 8월 20일 자로 정식 공무원 발령을 받았다. 제일 먼저 발령을 받은 것을 보면 아마 내가 가장 좋은 성적으로 합격했던 것으로 기억된다. 변변한 옷이 없어서 교복을 입고 가방도 그대로 가지고 첫 출근을 하였다. 가방에는 내가 배우던 교과서를 다 넣었다. 2학기 시험은 학교에 가서 봐야 하기 때문이기도 했지만 건축직 공무원이었기 때문에 관련 업무에 도움이 될 것이라는 믿음이 있었기에 모두 챙겼던 것이다. 군수실에 교복을 입고 출근을 했더니 웬 학생이 왔냐고 의아해했다. "오늘 날짜로 발령받은 건축직 신진규입니다." 군수실이 한바탕 웃음바다가 되었다. 빡빡머리에 교복을 입고 한 손에는 고등학교 가방을 들고 정식 공무원 첫 출근을 했으니 지금 생각해봐도 웃음이 절로 나온다. 가방 속에 있는 교과서는 예상했던 대로 업무에 많은 도움이 되었지만 나는 공무원의 꿈을 접어야 했다. 3개월의 공무원 생활을 접고 나는 대학 진학에 대한 꿈을 키웠다.

　돌이켜보면 고등학교 때 나에게 큰 힘을 주었던 교과서 때문이라고 지금도 생각을 한다. 나는 강단에서 학생들에게 힘주어 말한다. "내가 고등학교 때 쓰던 교과서를 지금도 가지고 있다. 너희들 상급학교에 진학하더라도 교과서만큼은 꼭 챙겨가거라." 하지만 학년 초가 되면 어김없이 아무렇게나 방치되고 있는 교과서를 보면서 안타까운 마음 금할 길이 없다.

　2년 전부터 인근에 있는 대학 야간강의를 의뢰받았다. 대상 학생들은 부사관 생도들이었다. 낮에는 군 복무를 하고 야간에 위탁 교육을 받는 소방관이 꿈인 군인학생들이었다. 나는 처음 교재를 선택하면서 많은 고민을 하였다. 공수부대 부사관들이라 나라에 큰 재변이 있을 때마다 전국을 누비며 대민지원을 나가는 그들에게 어떻게 하면 쉽고 재미있는 수업을 할까 생각하다 그들과 함께 선택한 교재가 공업계 고등학교 건축과에서 배우는 건축계획일반이란 교재였다. 7차 교육과정에 따라 새롭게 편찬된 교재들은 배우기 쉽고 알기 쉽게 구성돼 있어서 학생들도 좋아했다.

교재를 구하는 방법을 찾다가 결국 내가 가르치는 고등학교 학생들이 버리고 간 교과서를 한 권 한 권 모아서 그들에게 깨끗하게 겉표지를 만들어 나누어 주었다. 미래의 119구조대원, 소방 관련 업무에 종사할 그들에게 건축의 깊이 있는 강의보다 쉽고 재미있는 수업도 중요했다. 하지만 실제 상황에서 화재를 진압하기 위해서는 건물의 구조와 재료에 대해서 알아야 했기에 고등학교 교과서가 큰 도움이 되었다.

교무부장으로 재임하고 있을 때였기 때문에 담임이 아니었다. 학생들과 많은 대화는 할 수 없었지만 수업 시간에 틈나는 대로 교과서의 중요성을 이야기하고 나의 경험담을 말해주곤 한다. 때론 내가 공부하던 교과서를 직접 보여주면서 글씨가 제대로 보이지 않는, 연필 자국이 수십 번 새겨져 있는 페이지를 넘기면서 학년이 바뀌어도 교과서를 버리지 말 것을 신신당부하지만 요즘 학생들은 너무 쉽게 자신이 배웠던 책을 아무렇게나 버리고 간다. 내가 근무하는 건축과 사무실을 가면, 버리고 간 교과서들로 수북이 쌓여 있다. 우리 과로 전학 오는 학생들이나 재입학하는 학생들에게는 교과서를 추가로 구입하는 일이 거의 없다.

나는 오늘도 수업 시간에 교과서 안 가지고 온 아이들에게 또다시 잔소리 보따리를 풀었다. 사랑하는 제자들에게 어떻게 하면 내 맘을 보여 줄 수 있을 것인지 생각한다. "이 녀석들 훗날 선생님처럼 공무원 시험 한번 봐라. 그때는 내 말이 어떤 뜻인지 알 수 있을 것이다."

후담이지만 고등학교 때 공무원 출제 위원이 대부분 우리 학교의 선생님들이었다는 소문을 들었다. 나 또한 가끔 여러 형태의 시험 출제 의뢰를 받을 때마다 제일 먼저 펼치는 것은 수준에 맞는 교과서이다. 내가 가르치는 과목의 교과서만 제대로 본다면 어떤 시험이든 합격할 수 있을 텐데 하는 아쉬움을 남긴 채 오늘도 무거운 발걸음을 뒤로하고 교실 문을 나선다. 교과서가 나에게 준 그 고마운 뜻을 지금 학생들에게 나누어 주는 일이 나에겐 큰 과제로 남아 있다.

교도소에서

　나무로 만든 라켓으로 맨땅에서 테니스 하는 사람들, 탁구 하는 사람들, 2인 1조가 되어 족구를 하는 사람들, 둘씩 짝을 지어 운동장을 말없이 뛰는 사람들, 어떤 이는 하얀 명찰이 가슴 양쪽에 달려 있고, 어떤 이는 명찰 위에 작은 표식이 하나, 혹은 두 개가 더 달려 있는 사람들도 있고, 뭔가 규칙이 있을 법한데 무질서하면서도 제각기 열심히 움직이고 있다.
　연탄재를 버리는 모습. 목공실에서 나무 제품을 만들고, 양복을 만들고, 대학 시험을 준비하는 사람들, 요리를 배우는 사람들, 전기 용접을 하는 사람들, 김장을 담그는 사람들. 나이도 얼굴도 제각각이다. 그러나 하는 행동들은 규율이 있어 보이고 애써 땀을 흘리면서 뭔가 잊었던 것들을 찾으려는 모습들이 엿보였다.
　어제는 재소자들이 있는 교도소에 기능사 시험 감독을 다녀왔다. 해마다 두세 번은 감독 겸 심사하러 가지만 갈 때마다 느끼는 것은 죄 짓지 말아야지 하는 생각을 가지고 돌아온다. 아침에 교도소에 갈 때 초등학교 3학년짜리 아들이 "그 사람들에게 가까이 가지 마세요. 무섭잖아요?" 하는 것이었다. 그래도 감독관이라고 구두 닦아주고, 정성껏 요리해서 간식거리를 제공해주고, 다양한 사람들이 모여 있는 곳이기 때문에 필요로 하는 모든 것들을 뚝딱하면 그들은 만들어 낸다. 학생들의 일과처럼 그들도 열심히 직업 교육을 통하여 여러 개의 국가기술자격증을 취득하고 나온다. 물론 사회에서 죄를 짓고 그 형벌에 따라 생활하는 곳이지만 그들이 다시 사회로 돌아왔을 때 우리는 가슴을 열고 그들을 대해야 한다고 생각한다. 대부분이 젊은 사람들, 활개를 치고 이 땅을 지켜야 할 사람들, 가족을 지켜야 할 사람들이기에 하루빨리 그곳에서 형을 마치고 가족의 품으로 돌아가길 기대해 본다.

10년 전의 그 마음처럼

지난주 일요일 나는 여섯 군데의 결혼식 장면을 보았다. 처조카의 결혼식에 갔었지만 온통 마음은 주례 선생님의 일거일동을 보는 데 있었다. 그런데 전문으로 주례를 서는 사람 때문에 주례사의 내용은 세 가지 정도였다.

3주 전쯤 전임 교에서 근무했을 때 나의 제자가 찾아왔다. 정말로 사랑을 아끼지 않았던 제자였다. 특별히 키가 작고 야물어서 지어준 별명이 땅콩인 황병선 군이 여자 친구를 데리고 나의 사무실로 왔다. 교무실이 아니고 사무실이라고 하는 것은 동창회 사무실이었기 때문인데, 연락 없이 찾아온 제자가 나를 보고 입을 연 첫 얘기는 "바쁘신 것은 여전하시군요."였다. 동창회 총무 일을 겸하다 보니 행사 내용을 DM 발송하느라 온통 어질러진 모습이었기 때문이었다. 10년 만에 찾아준 제자가 너무 고마웠으나 병선이는 나를 당황하게 만들었다.

2주 후에 결혼할 여자라고 하면서 신부를 소개했고 청첩장을 건네면서 주례를 부탁하는 것이었다. 주례는 사회적 지위와 경륜 그리고 연배가 어느 정도 있어야 한다고 생각했기 때문에 거절했다. 그런데 병선이는 이렇게 말했다. "지금까지 주례는 다른 어떤 사람도 생각해 본 일이 없습니다. 꼭 부탁합니다." 옆에 다소곳이 있던 신부도 한마디 거드는 것이었다. 평소에 선생님 말씀을 많이 들어서 쉽게 결정했다는 것이었다. 한 시간 정도 반대를 하다가 결국 승낙을 했다.

병선이가 간 후에 생각했다. 내가 건설회사를 그만두고 9월 1일 자로 부안고에 부임했을 때 병선이는 학급 총무를 하고 있었다. 병선이 하고의 첫 인연은 너무나 뜻밖이었다. 부임 후 나는 우리 학급 학생들을 보면서 이상한 생각이 들었다. 열흘 정도가 지났는데도 담임의 이름을 모르는 학생이 있는 것 같았다. 나는 이틀 전에 시험 공고를 하고 아침조회 때 시험을 보았다. 백지를 한 장씩 나누어주고 시험을 보는데 아이들이 어리둥절하였다. 칠판에 문제를 적었다.

"1번 교훈, 2번 급훈." 아이들은 뭐 이런 시험이 있냐고 시시해했다. 칠판 위에 교훈과 급훈이 걸려 있었기 때문이었다. "3번 교장 선생님, 이름 4번 담임 선생님 이름, 5번 우리 반에 들어오시는 국어 선생님 이름, 6번 영어, 수학······. 23번 체육."

교무실에서 답지를 확인하다가 깜짝 놀랐다. 담임 이름을 모르는 아이들도 몇 있었고 다른 학과 선생님의 이름을 제대로 모르는 아이가 상당히 있었다. 예를 들어 23번 체육 선생님의 이름은 이덕완 선생님이었는데 답지에는 이덕관, 이도관, 이더관, 이덕환 등으로 쓰여 있었다. 그중 한 아이만이 23문제를 다 맞추었는데 그 아이가 오늘 나를 찾아온 황병선이었다. 병선이는 학급 서기라 학급일지를 기록하는 관계로 선생님들의 이름을 다 알고 있었던 것이었다. 나는 그 후로 신학기만 되면 수업 전에 나의 이름을 칠판에 아주 크게 쓰는 습관이 생겼다.

1학년, 2학년 때 담임을 했고 3학년 때는 담임을 하지 않았는데 대학 진학 문제로 상담을 요청해왔다. 나를 기억하고 찾아온 병선이가 고마웠다. 공부를 잘했기 때문에 4년제 대학은 갈 수 있었지만 집안 형편 등을 고려하여 전문대학 안경학과를 소개하였다. 결국 병선이는 나의 말대로 안경학과를 진학한 사실만 기억한 채 10년이 흘렀다. 어엿한 안경점 사장이 되어서 나타난 병선이가 너무 대견했고 병선이는 정말 나를 잊지 못하는 선생님으로 자리매김하고 있었다. 병선이가 고등학교를 졸업하고 난 후 약간 걱정도 했었다. 훗날 어떤 결과 있을지 몰라서다. 지금도 진로지도를 할 때 나는 아이들과 많은 이야기를 나눈다. 아이들의 꿈틀거리는 잠재력을 엿볼 수 있기 때문에 그들과 많은 시간을 할애하려고 한다.

주례사를 다 썼다. 나이 40에 주례를 서게 되었으니 얼마나 흥분되고 긴장되는지 걱정이 앞서지만 내가 진학지도를 했던 그 마음처럼 병선이의 앞날에 행복한 가정을 꾸밀 수 있길 기도하면서 주례 보겠다고 다짐하니 한편으로 기뻤다. 어제저녁에 전화가 왔다.

"선생님 주례 데뷔 잘하셔요. 친구들이 줄줄이 기다리고 있어요."
오늘 밤 마지막으로 주례사를 검토해야겠다. 내일이 나의 결혼기념일인데 아내에게 작은 선물과 장미꽃 한 송이를 준비해서 귀가해야

지. 나의 가정이 행복해야 제자의 주례도 잘 볼 수 있겠지.

사랑하는 병선아! 너에게 인생의 또 다른 출발점에서 10년 전에 교감했던 것처럼, 평생 애프터서비스 해준다고 약속한 것처럼 우리 일요일에 다시 한 번 그런 느낌으로 마주 서자.

김장철

해마다 이맘때가 되면 어김없이 연락을 주는 사람들이 있다. 김장철이다. 김치를 담그지 않고 다른 사람들의 정성 어린 마음을 받기 시작한 지가 꽤 된 것 같다.

학교생활에서 나에게는 숙명적으로 다가오는 아이들이 있다. 그들과의 인연에서 나는 대부분 그들이 원하는 것들을 해줄 수 있었던 것 같다. 상급학교 진학이면 진학, 대기업이면 대기업 취업, 중소기업이면 중소기업, 병역특례면 특례를 받을 수 있도록 공무원, 공기업 등 그들이 원하는 것을 대부분 성취하게 할 수 있었던 것은 나의 소신 지도도 있었지만, 행운도 많이 따랐던 것 같다.

그리고 그들이 졸업 후 항상 이맘때면 김치를 담갔다고, 쌀농사를 지었다고, 겨울철 따뜻하게 보내라고 두툼한 패딩을 가지고 찾아오는 이들이 있다. 졸업 후 수년이 흘러도 그들이 감사의 마음을 전하는 것이니 거절하기도 뭐하다. 어제도 두 아이를 나한테 맡긴 후 공무원을 둘 다 만들어 줘서 고맙다고 아이 엄마가 김치 한 통을 들고 찾아왔다.

"인제 그만 주서도 됩니다. 어머니."

"아니요~~ 선생님. 매년 담아드릴게요."

그리고 친정아버지께 사다 드린 패딩이 너무 젊다고 친정아버지가 "그 선생님 드려라. 이것은 너무 젊은 사람 옷이니 그 선생님이 입으면 딱 맞겠다."라고 하셨다기에 그냥 고맙게 받았다. 이제 얼마 남지 않은 교단, 마지막까지 내 고집대로, 내 소신대로 가야겠지. 다른 사람 눈에는 좀 까칠하게 보일지 몰라도 나는 나만의 길이 있었으니까. 올해도 김치냉장고가 넘쳐난다. 나는 또 그 김치를 나누어 먹어야 할 사람들이 있어서 좋다.

스승의 날

　일 년에 한 번씩 찾아오는 우리 선생님들의 생일날. 10여 년 전부터 전주공고를 졸업한 제자들이 저녁 식사 자리를 마련하면서 이어진 아름다운 자리가 어제저녁에도 전주 아중역 근처에서 이어졌다. 33살 3명, 34살 4명, 35살 2명.
　1년 터울 선후배 사이인 그들이 항상 초대를 해줘서 어제도 모처럼 즐거운 시간을 가졌다. 건축사도, 기술사도로 배출된 아이들. 젊은이답게 도전 정신으로 세상을 호령하는 사람들로 변한 제자들이 만날 때마다 내 건강 걱정을 한다. 생각나는 아이들이 많다. 한 번쯤 연락하겠지 하면서 제자들 소식을 기다리는 것. 어쩌면 나 혼자만의 짝사랑일 수도 있다. 제자들과 함께하는 동안 해외 전화가 한 통 왔다. 이리공고 제자인데 미국 LA 가구 회사에 다니면서 해마다 전화를 주는 제자의 전화였다. 한국에 나오면 꼭 찾아뵙겠다는 제자. 17일 일요일에는 어제 만났던 제자들이 주축이 되어 전주공고 모교 후배들을 초청하여 간단한 운동을 한다고 꼭 나오라는 연락을 받았다. 오늘, 토요일 학교가 쥐 죽은 듯 조용하다. 우리 학교 교무부장 자녀 결혼도 있고, 교직원 중 여선생님이 결혼하는 날이다. 나는 축의금만 전달하고 지금 학교에서 일반인들을 대상으로 기능사 시험 실기를 지도하는 중이다.

그들에게는 꼭 필요한 자격증인데 마땅히 배울 만한 교육기관도 없고, 어느 날부터인가 일반인들이 나에게 찾아오기 시작했는데 지금 약 300명의 합격생을 배출한 것 같다. 일명 족집게 과외를 한 셈이다. 보통 3개월 정도의 교육과정이 소요되는데 단 3번 정도 교육으로 시험을 보게 하기가 쉽지는 않지만, 일반인들은 대부분 현업에 종사하기 때문에 간단한 이론과 실기시험 방법을 알려주면 그들이 알아서 작업을 한다.

오늘은 어제 전화나 문자를 못 보냈던 제자들이 계속 연락한다. 찾아뵙지 못해서 미안하다고. 사무실 입구에 쪽지와 음료수 상자가 눈에 띈다.

"신진규 선생님께 전해주세요, 스승의 날 찾아뵀었는데 오늘 쉬는 날이라 그냥 갑니다. 선생님 감사합니다. 스승의 날 축하드려요."

결석이 많아서 어렵사리 졸업장을 딴 아이가 지난번에 이어 두 번째 방문한다. 때려서라도 졸업시키려고 지도해 준 것이 엄청 고맙단다. 많이 때린 기억이 난다. 요즘은 절대 있을 수 없는 일이 되어버렸지만, 때려서라도 교육을 포기하지 않았던 시절이 많이 그리워진다. 엉덩이를 때리고 그 자리에 바셀린을 발라 주면서 잘못을 이야기해 줄 때 그래도 그 시절에는 고맙습니다 그랬는데 요즘은 상상할 수 없는 일이 되었다. 어제 함께했던 아이들과 찍은 사진을 인화해서 내일 아이들에게 나누어 주어야겠다. 사랑하는 제자들아, 나는 너희들에게 무한 A/S를 약속한다. 어떤 것이든 나를 필요로 할 때는 언제든지 연락해라. 많은 아이들의 소식도 궁금하고, 그들이 나를 어떤 존재로 기억하고 있을지 궁금하기도 하다.

나쁜 사람들

 2008년 교육 현장 체험수기에서 나는 나의 아들을 지도한 내용을 전 국민에게 공유하고 싶어 수기로 작성하였다. 대한민국의 수험생 부모님들에게 꼭 한 번은 전하고 싶어서였다. 수기에서 입상하여 백범 김구 기념관에서 시상식을 하였다. 마침 금년도 서울대학교 면접 보는 날과 같아서 제자들과 학부모 그리고 가족 모두 나의 시상식에 참석했었는데 수상집을 책으로 만들었다. 전국 도서관 공공기관 등 4만여 곳에 보내질 책자에 모든 내용과 이름은 신진규일 것인데 사진이 다른 사람 사진이 붙어 있었다. 참을 수 없는 상황에서도 침착하게, 일을 진행하다 보면 이럴 수 있겠구나 하고 관계자한테 그 사실을 정중히 말했다. 당황하는 담당자들에게 오히려 괜찮다고 말하고 돌아왔다.
 그런데 한참 후. 인쇄소에서 달랑 나의 사진, 그것도 해상도가 엄청나게 떨어지는 사진 20장만 달랑 보내져 왔고 아무 내용도 없었다. 사진 받고 10일이 지나도 아무 연락이 없어서 EBS 교육 현장 체험수기 홈페이지에 다음과 같은 글을 어제저녁에 올렸더니 아침 일찍 전화가 왔다. 인터넷 글 좀 삭제시켜달라고. 나쁜 사람들. 자기들의 입장만 생각하는 사람들. 참을 수 없었다. 지우긴 했지만, 내용은 보관하고 싶었다. 정말 많이 화 난 상태에서 쓴 글을 보면 이런 내용의 글을 안 올리려고 참고 또 참으려 해도 이번 수상 작품집 중 나의 사진이 다른 사람의 사진으로 게재되어 집행부에 알려만 주고 조용히 돌아왔다.

한참 후 전화가 왔다. 인쇄소에서 죄송하다는 말과 함께 책을 다시 인쇄할 수는 없고 사진 붙여서 다시 보내준다고 하였다. 그리고 또 얼마 후 한국통신에서 편지가 왔다. 내용은 아무것도 없고 흐리디흐린 흑백사진 20여 장으로 만든 편지가 왔다. 어떤 용도로 쓰라는 것인지, 며칠간의 연수를 마치고 돌아왔더니 책상 위에는 내가 생각하고 있던 그것이 없었다. 책을 보내줘야 다시 나의 사진을 붙이든지 할 것 아닌가?

나는, 이런 무책임한 사람들이 전국으로 배부되는 책을 만드는 곳으로 선정되었는지 아무리 참으려 해도 참을 수 없으니 이른 시일 안에 조치하기를 바란다는 글을 올렸다. 그랬더니 부랴부랴 오늘 아침에 담당자가 전화로 백배사죄하면서 이른 시일 내에 조치하겠노라고 연락이 왔다. 어찌 이런 일이 있을 수 있단 말인가?

아침 단상

　어제 전라북도 교육청에서 추경으로 예산 배정을 했다. 그중 진학 지도비 지급 학교를 보면 전문계 고등학교에서는 유일하게 전주공고의 이름이 보였다. 그동안 수없이 문을 두드렸다. 학교별 실적을 고려해서 배분해 주라고 요청하였는데 어제 그 꿈이 이루어졌다. 대학 친구의 친구가 또 학부모의 인연으로 사회의 친구가 되었다. 기분 좋은 만남이었고 또 한 번 우리 학교를 빛낼 인재를 만들어 보겠다고 이 아침 다짐을 해본다.

　아침에 제자가 보낸 메일을 읽어 보고 일찍 출근했다. 아이들의 생각이 어른들보다 더 깊이 있는 생각을 할 때가 많다. 그 아이와의 상담은 초를 다투는 문제이기 때문에 오늘은 인생을 뒤바뀔 수 있는 상담이 될 것을 확신한다. 세상은 먼저 일어난 자의 것이다. 맑은 공기도 뻥 뚫린 도로도 그리고 초고속 인터넷도. 부지런 자만이 누릴 수 있는 것이다. 이 아침 커피 한 잔으로 세상을 열지만, 향기 없는 커피는 싫다.

　나만이 느낄 수 있는 향기는 이 시간이 아니면 느낄 수 없다. 오늘도 또 얼마나 많은 일이 기다리고 있을까? 오늘 EBS 특집으로 나와 큰 아들을 서울과 전주에서 동시에 취재한다고 연락이 왔다. 1년 후 어떤 모습으로 변할까? 두렵다. 나이 먹는 것이. 아무것도 해 놓은 것이 없어서. 자식 농사가 제일이란 신념으로 살아가지만.

힘들었던 하루

2008년 12월 13일 토요일. 휴무 토요일인데 너무 많은 행사가 있었다. 오전에 친구들 3명을 맞이했다. 서울에서 온 친구들과 점심을 같이 했다. 오래전에 봤던 동생 최용성이를 만나서 정말 반가웠다. 대접을 받을 줄 꿈에도 생각 못 했는데. 5시 천하장사 가든에서 2009학년도 축구부 신입생 환영 행사 진행을 봤다. 작년과 재작년보다 규모를 축소해서 했지만 그래도 깔끔한 행사였다. 목이 아주 불편했지만, 프로 근성을 발휘하여 차질 없이 행사를 진행했다.

지난번 수기 공모에서 받은 상금 100만 원을 장학금으로 쾌척했다. 세금 공제하면 72만 원이었지만 28만 원 보태서 기부했다. 친구가 보는 앞이라 ㅎㅎ. 바로 이어서 서신동 황제수산으로 자리를 옮겼다. 초등학교 동창 송년의 밤 행사가 진행하는 장소였는데 장소 섭외가 잘못되었다. 너무 시끄러운 공간이었다. 동창회 활동을 오래 한 내 시각으로는 잘못 선택한 것으로 보였다.

도착 즉시 이름표가 없는 것을 보고 바로 나가서 8,000원 주고 이름표 20개를 사서 직접 작성해 주고 바로 자리를 뜰 수밖에 없었다. 인사도 제대로 못 하고 말 한마디 나누지 못하고 행사장을 빠져나와서 미안한 생각이 들었다. 끝까지 있었으면 더 많은 발전적인 이야기를 해 주려 했는데.

다음 장소인 전주 관광호텔로 갔다. 후배들 졸업 20주년 기념행사장에 도착하니 은사님들 네 분과 후배들이 반갑게 맞아 주었다. 생각보다 너무 적게 나온 후배들을 많이 나무랐다. 일부 후배들의 따가운 시선을 아랑곳하지 않았다. 사실 참석한 후배들이 무슨 죄가 있나. 온다고 해 놓고 불참한 사람들이 나쁜 사람들이지. 그래도 남의 집 잔치이니까 참았어야 했었다. 후배들에게 줄 순금 뺏지를 기증하고 기념 촬영 후 자리를 떴다.

오랜만에 참치가게에 들렀다. 경기가 안 좋고 휴무 토요일이라 한산했다. 술시가 덜 되어서일 수도 있지만 경기를 체감할 수 있는 부분이었다. 김 실장이 장례식장에 간다기에 부의금 명목으로 5만 원을 주고 자리를 나왔다. 자리를 같이했던 친구에게도 미안했다. 많이 놀아 주지 못했기 때문이다. 축구부 환영식을 마치고 자리를 옮겼다. 감독, 부장, 코치, 학부모 회장, 총무와 한잔 마시고 돌아온 시간이 새벽 2시를 넘겼다. 정말 숨이 가쁘게 하루를 넘겼는데도 하나도 힘들지 않은 이유가 뭘까? 다시 기숙사로 돌아와 일상의 일을 하고 있다.

이제 12월도 반 남았다. 내일 월요일쯤이면 둘째 윤택이가 공모한 글 발표도 있고, 서울에서도 좋은 소식이 올 것 같은 예감이 든다. 올해 말 나에게 행운을 가져다줄 것 같은 좋은 예감, 아는 사람은 알겠지.

아버지 떠난 10돌 아침에

어느 날 홀연히 우리의 곁을 떠나신 아버지. 밝은 세상 한 번 구경 못 하시고 떠난 아버지. 벌써 우리의 곁을 떠나신 지 10주년이 되었네요. 마음으로 세상을 열고 마음으로 세상을 보았던 아버지의 깊은 속마음을 아직도 우리는 잘 모릅니다. 오로지 당신으로 인해 내 이웃이 행복할 수 있다면 내 이웃이 밝게 살 수 있다면 하는 마음으로 평생을 그렇게 사셨습니다.

아버지. 지금도 마을 어귀에는 아버지의 공로 선적비가 고향을 굳게 지키고 있습니다. 사람들은 왜 공적비가 거기에 오롯이 서 있는지 잘 모릅니다. 물론 고향 사람들과 나이 드신 어르신들은 잘 알고 있겠지만 요즘 자라나는 아이들에게는 놀이터가 되기도 하지요. 공적 내용 하나 없이 그냥 서 있는 공적비 앞에서 우리 가족은 다짐을 수없이 반복 다짐합니다. 막내로서 걱정거리가 있습니다. 큰형은 하는 일마다 잘 풀리지 않아서 걱정이고 작은형과 어머니는 건강이 좋지 않아서 걱정입니다. 그래도 손자들은 잘하고 있습니다.

장손 승택이는 착하기 이를 데 없지만 건강 때문에 걱정이고, 현숙이는 지 앞가림은 하고 있습니다. 지난 추석 때 작은 아버지인 저한테 벌초하는 데 쓰라고 봉투 하나를 건네더군요. 제 큰놈 경택이는 21세기 대한민국을 이끌 우수 인재로 선정되어 노무현 대통령으로부터 메달과 장학금도 듬뿍 받고 지금 서울대학교에서도 잘하고 있습니다. 지난 동추공파 시제 때에는 경택이를 보냈습니다. 저는 행사가 있어 참석은 못 했지만 경택이가 그날 종친회로부터 장학금을 받았답니다. 30년 전 제가 받았던 그 장학금을 경택이도 받았답니다.

　우택이도 자기의 전공을 살려 학창 시절에는 전국대회 동메달을 따더니 성인 대회에서는 금메달을 따서 지금 방위 산업체에서 근무 잘하고 있습니다. 작은형 아들 관택이가 고등학교 때 정신 못 차리고 하더니 요즘은 잠잠합니다. 그리고 제 막내 윤택이가 다시 저의 제자로 입문하기로 하였습니다. 잘하리라 믿고 있습니다만 아버지의 손자들이 더 잘할 수 있도록 기원해 주세요. 오는 28일 서울에서 작년에 경택이가 받았던 2007 교육 현장 체험수기 시상식에 저도 똑같은 상을 받으러 갑니다. 경택이 지도했던 수기를 썼는데 입상했답니다. 축하해 주세요. 아버지, 아버지!! 오늘이 아버지 기일입니다. 어제저녁부터 비가 옵니다. 오늘 저녁에 아버지를 뵙기를 간절히 원합니다.

민얼굴과 자장면

어느 식당에서든 처음 음식을 주문할 때 누구나 차림표를 보고 한 번쯤 망설이게 된다. 일행이 있을 때는 더 그럴 것이다. 자장면을 시킬까? 우동을 시킬까? 음식이 나오면 옆에 있는 사람의 음식이 더 맛있게 보이는 이유는 왜일까? 인간이 참 간사하다는 것을 느낀다.

요즘은 맨얼굴을 보기가 힘들다. 테니스 요정이라고 할 정도로 빼어난 미모를 자랑했던, 러시아 테니스 선수 출신이자 모델로도 활동하고 있는 안나 쿠르니코바의 맨얼굴을 집요하게 취재했던 한 파파라치에 의해서 공개됐다. 어쩌면 아무 일도 아닌데 그 기사와 화보를 본 사람들은 자기도 모르게 고개를 끄덕였을 것이다. 환상이 깨어지는 순간이라고 해야 할까? 가끔 주례를 볼 때 느끼는 솔직한 심정이다. 평소에 봐 왔던 신랑 신부의 모습이 아니다. 물론 결혼식 당일만큼은 세상에서 가장 아름다운 신부, 신랑의 모습으로 치장하고 화려한 의상으로 우리를 놀라게 하지만, 그날이 오기까지 맨얼굴을 서로에게 공개했을까? 대부분은 공개했겠지만 그렇지 않은 사람들도 있을 것이다. 나만의 신랑 신부이기 때문에 세상 그 누구보다도 가장 아름다운 사람들이었겠지.

　17년째 교단에 서면서 담임을 13년째 한다. 해마다 늘어가는 이혼 가정. 가슴 아픈 일이 아닐 수 없다. 그냥 우리가 가지고 있는 순수한 그 자체로만 살 수는 없는 것일까? 처음 결혼식장에서 주례 앞에서 성혼을 서약할 때처럼 그렇게 살아갈 수는 없는 것일까? 술을 좋아하는 나도 가끔 술집 주인이 아름다워서 넋을 잃을 정도로 바라본 적이 있다. 그러나 그 이상은 오래가지 않는다. 아침저녁 운동길에 만난 사람 중에 맨얼굴을 보면 그냥 평범한 얼굴임을 알 수 있다. 집에 있는 아내보다 화장기 있는 지나치는 여자가 더 아름다워 보이는 것이나, 옆에서 자장면을 먹는 사람의 음식이 내가 먹고 있는 우동보다 맛있게 보이는 이유는 같을 것이다. 그래도 나의 모든 허물을 다 감싸주고, 한 이불 속에서 평생을 같이해 온 나의 아내가 진정 가장 아름다운 여인의 모습이 아닐지 생각해 본다.

　어제 5월 1일 학교 개교기념일이라 집에서 쉬다가 오후에 우리 학교 축구부의 전국체전 예선전이 있다기에 은사님 두 분과 큰아들과 함께 부안에서 경기를 보고 왔다. 1:0으로 경기는 졌지만, 전주에 도착해서 중국음식점에서 간단하게 저녁을 먹는데, 교장 선생님의 자장면이 왜 그리도 맛있게 보이던지 우동을 시킨 것을 후회하면서 맨얼굴과 비교를 해봤다. 간사한 인간들이여 내가 먹는 우동이 가장 맛있고, 맨얼굴로 나의 가정을 지키는 마누라가 가장 아름답다는 것을 잊지 말지어다.

어머니의 마지막 선물

지난 4월 21일. 부안군 변산면 대항리 포구에서 시작한 1공구와 군산에서 시작한 2공구 방파제가 만나는 역사적인 날이었다. 새만금 공사 시작 후 15년 만에 만났다. 끝물막이 공사가 완료되는 순간이었다. 정확히 14년 5개월, 세계 최장 33km의 방조제, 6톤 규모, 돌망태 21만 개 등 공사 규모를 어림잡을 수 있는 수치들이다.

그냥 좋아만 할 일인가? 40년 동안 바다를 터전으로 일궈낸 우리 집안의 이야기를 들어보면 우리는 정말 역사 속에 사라진 그 옥토를 보면서 그냥 허탈해할 뿐이다. 자연이 우리 가족에게 준 최고의 선물이었었건만 이제 역사 속으로 사라진 풍요로움의 상징이었던 새만금 현장을 바라보면서 지난날 가난과 무지에서 벗어나려 했던 우리들의 부모님들이 처절하게 생각이 난다. 조개잡이며, 김 양식, 바지락 양식, 정치망 어장 등 삶의 터전 이상의 값어치가 있었던 그곳에 지금 대 역사가 진행 중이다.

그런가 하면 어제 부안의 집에서 마지막이 될 것 같다고 하시면서 한 움큼의 게장을 보내주셨다. 어머니께서 직접 잡아서 담은 게장, 그리고 바지락 약간. 어머니의 정성이 그대로 담긴 그것들을 보면서 평생을 바다와 함께하신 그분을 다시금 생각하게 한다.

끝물막이 공사가 마무리된 다음 날 거짓말처럼 바다의 흐름이 바뀌고 조개잡이를 갔던 아낙들은 긴 한숨과 함께 다시 들녘으로 돌아왔다. 이제는 되돌릴 수 없는 황금 어장 작은 것보다는 더 큰 부가가치가 있다고 생각하기에 추진한 만큼 국민의 염원을 저버리지 않았으면 한다.

나의 어머님께서 보내주신 마지막 선물이 비록 나에게만은 아닐 것이다.

부자가 된 기분

결혼 예복

유성의 하숙집 어머니께서 전화를 주셨다. 일요일 오전 전북공대에서 건축기사 실기감독을 하고 오후 2시에 집에 오니 아내가 바쁘게 치장하고 있었다. 유성의 어머니가 다녀가라고 하셨단다. 대학 다닐 때 나를 친자식처럼 대해주셨던 그분들이 아니었던가? 유성에 도착한 시간은 오후 3시 30분경이었다. 유성의 큰아들이 10월 20일 결혼을 한다는 것이었다.

내가 대학 1학년 때 큰아들은 초등학교 1학년이었고, 그 아래로 연년생으로 아들과 딸이 더 있었다. 나는 그 집에서 입학하고부터 복학해서 졸업할 때까지 가정교사 겸 큰아들 겸해서 한 식구처럼 지냈다.

지난여름 큰아이가 신부 측 부모와 상견례를 한다면서 우리 가족을 초대했을 때 나를 큰아들로 소개하였다. 그 이후 일이 잘 추진되어서 결혼 날짜를 잡았고, 우리 내외의 한복을 맞춰주기 위해서 우리를 오라고 하였던 것이다. 정말 고맙다고 해야 할지? 아니면 부담을 느껴야 할지. 서로 마음은 항상 가족으로 생각하기 때문에 내가 큰아들

노릇을 더 잘해야 한다고 생각했다. 피 한 방울도 안 섞인 그분들과의 인연처럼 세상에는 많은 인연이 소중하게 자리 잡고 있다. 우리는 그 인연의 소중함을 때론 잊고 살아가고 있다. 인생의 반을 살았고 앞으로 살아야 할 그 많은 날을 위해 내 주변의 소중한 사람들을 다시 생각하게 만든다.

10월의 첫날

제대를 한 달 앞두고 김포공항의 어느 담벼락에 기대어 하숙집 어머니에게 전화한 내용이 생각난다. "어머니, 제대하면 같이 지낼 수 있죠?" 제대 후 유성을 방문했을 때 가세가 많이 기울어서 같이 지내기가 힘든 형편이었다. 나는 고향의 아버지께 말씀드려 1톤 트럭에 80kg 쌀 일곱 가마를 싣고 유성으로 달렸다. 유성의 큰동생이 며칠 전에 그러더란다. 피 한 방울도 안 섞인 진규 형은 우리가 어려웠을 때 큰 도움을 주었다며 주변의 먼 친척들을 원망하면서 넋두리를 하더라고 어머니가 귀띔을 주셨다.

코흘리개 동생들이 결혼한다. 막내 여동생은 다섯 살배기 조카를 두었고 둘째는 내년에 결혼을 한단다. 박사과정을 마치고 녀석들과 함께했던 그 시절이 내겐 더없는 소중함으로 남아 있다. 이 가을 내가 부자가 된 기분은 왜일까?

종이학

1989년 광복절. 서울의 도봉산 4·19탑 근처에서 득남을 하였다. 광복절 새벽에 얻은 아이라 기쁨은 두 배였다. 시골의 아버지께 떨리는 목소리로 득남소식을 알렸지만 아버지의 목소리에서는 기쁨보다 걱정스러움이 더 짙게 깔렸다. 나의 바로 위의 형이 결혼 8년째인데 아직 아이가 없었던 것이었다. 그해 9월 1일 보름 된 아이를 안고 고향으로 향했다. 직장을 옮겼기 때문이다. 서울의 건설회사를 청산하고 부안고의 기술교사로 첫 출근을 하였다.

12식구가 한 지붕 아래에서 함께 살았다. 나는 학교 공부 때문에 초등학교 5학년 때부터 줄곧 부모님과 헤어져 살다가 16년 만에 가족의 품으로 돌아왔다. 아들 삼 형제 며느리 셋, 그리고 큰형의 아들 둘, 딸 하나, 그리고 나의 첫아들 이렇게 12식구가 한집에 살았다.

작은형수가 결혼 9년째가 되던 90년, 내가 담임을 맡은 고등학교 2학년 남학생들에게 종례시간에 어려운 부탁을 하였다. 종이학 1,000마리가 있어야 할 이유를 설명하였다. 학생들은 일주일 동안 종이학과 학알을 수천 마리를 접어왔다. 나는 천 마리의 학을 큰 병에다 담았다. 두 개를 만들었다. 하나는 형수에게 아이가 생기도록 애절한 기도문을 적어서 병 속에 보이지 않도록 하였고 하나는 가족의 건강을 기원하는 문구를 적었다. 형수에게 연말과 생일날 선물을 하였다. 나는 우리 학생들의 정성이 통하리라는 믿음이 있었다. 그리고 석 달 후 어머니는 나에게 조심스럽게 말씀하셨다.

"막내야 너의 형수가 임신한 것 같다. 아직은 확실한 게 아니니까 그렇게만 알고 있어라." 결혼 10년째 되던 이듬해 건강한 사내아이를 출산했다. 나는 그때서야 형수한테 종이학 속에 있는 글을 읽어 보라고 하였다. 그때 내가 그런 말을 하지 않았더라면 아직도 나의 마음을 모르고 있었을 것이다. 하지만 형제간의 우애와 나와 아내의 입장이 그만큼 힘들었기에 형수의 출산을 더 바라고 있었다는 이야기를 남기고 싶었던 것이다.

가정의 화목. 이 시대를 살아가는 우리에게 교훈을 줄 수 있다고 생각한다. 너무 쉽게 생각하는 가정, 너무 쉽게 버리는 가정, 요즘 우리는 뭔가 착각 속에서 살고 있는 건 아닌지…. 요즘 학생들 중에도 내가 이런 종이학이 필요하다면 접어줄 학생들이 있을까? 사제간의 정이 다시 그립기도 하다. 그 시절 그 아이들은 나에게 주례를 부탁하러 와서 묻는다.

"선생님, 그때 형수님에게 좋은 소식 있었습니까?"

초등 5학년이 된 조카에게 가끔 전한다. 신관택, 너는 학 아이야 라고.

이야기 둘

가짜 아빠와 수인이

- 2014년 교단 수기 공모 동상 작

지난 6월에 호남권 지적 장애인 기능경진대회에 참가하기로 한 수인이가 훈련 도중 귀가 아프다고 하여, 병원에 일주일간 입원했었다. 그때 가짜 아빠를 만났다고 하면서 퇴원하는 날 수인이가 내 사무실로 찾아와 가짜 아빠라는 사람을 소개해 주었다. 같은 병실에서 환우로 만난 두 사람은 아버지와 아들처럼 서로에게 의지하며 돌봄을 받은 그런 사이였다고 하였다. 명함을 건넨 가짜 아빠는 정육점 사장이었고, 직접 병상일지를 썼다면서 수인이와의 인연에 대한 글 첫 문장을 보여주었다.

"망막궤양이라는 진단을 받고 대학병원에 입원한 지 9일째, 맞은편 병상에 앳된 소년이 입원했다. 얼핏 보기에도 장애가 드러나 보이는 소년은 중이염이 심해 안면 마비가 왔다고 한다. 어눌한 목소리 때문에 귀를 쫑긋 세워야 들을 수 있는, 그래서 더 가까이 다가가게 만든 소년이었다."

5월 말쯤 갑자기 귀에 이상이 생겨서 찾은 이비인후과에서 받은 진단은 나에게 일주일간의 장애를 경험하는 큰 계기가 되었다. sudden hearing loss. 갑자기 찾아온 난청으로 일주일간의 입원했다. 한쪽 귀가 들리지 않으면 다른 한쪽 귀로 생활하면 되겠지 라는 나의 어이없는 생각을 완전히 바뀌게 된 계기가 되었다.

병원에 있는 동안 병문안을 온 학생들 대부분 우리 학교 특수학급 아이들이었다. 1년 전 특수학급 아이들의 국가기술자격증 취득과 취업을 시키기 위해 자주 특수학급을 방문하면서 아이들과 특별한 인연을 맺게 되었다. 그런 인연으로 특수학급 아이들이 병실을 찾아주었고, 학교에서의 일상을 나에게 자세히 전달해 주곤 하였다. 그중 장애인 기능경진대회가 열린다는 것을 알게 되었고, 우리 학교에서는 목공 분야를 내가 지도한다는 내용과 선발된 선수들이 누구인지 알게 되었다. 그때만 해도 귀담아듣지 않았고, 퇴원하여 교장실을 찾았을 때 비로소 자서한 내용을 알 수 있었다.

"신 선생님. 퇴원하신 분한테 이런 부탁드려서 죄송한데, 이번 지적장애인 기능경진대회에 우리 학교도 처음으로 출전하기로 하였습니다. 목공 분야는 신 선생님께서 맡아 주셨으면 고맙겠습니다."

특수학급 담임 선생님이 출전선수 명단을 내게 보내왔다. 세 명의 아이 중 한 학생은 너무 약하게 생긴 2학년 학생이었는데 내가 오늘 소개하는 주인공인 수인이다. 기억조차 없던 시절 어머니의 가출과 뇌졸중이 다녀간 후 모든 것이 어눌해진 아버지. 유일하게 의지하고 따랐던 하나뿐인 형은 1년 전 질병으로 세상을 떠났고, 지금은 대학생인 누이와 농사짓는 아버지와 생활하고 있는 수인이하고의 6주간의 금메달 사냥기를 이야기하고 싶다.

"수인아, 왼손 들어봐~~?, 수인아 10cm가 어디인지 짚어봐~~?, 수인아, 톱이 어떤 것인지 말해봐~~?" 등 아주 기본적인 것을 물어보았을 때, 아이는 말하지 않았다. 그냥 고개로만 끄덕이거나 행동으로 보여주는 너무 소극적인 아이였다. 수인이에 대해 더 알고 싶어서 담임 선생님과 한 시간가량 이야기를 듣고 깜짝 놀랐다. 호랑이가 항상 자신을 괴롭힌다고 항상 머리를 쥐어짜듯 감싸고 있는 시간이 많다고 하였고, 선생님들에 대한 태도 또한 불순하다는 이야기를 전해 들었다. 어떻게 해야 저 아이를 지도할 수 있단 말인가?

방과 후에는 아이들을 지도할 수가 없다. 집에 귀가하는 시내버스 차 시간과, 일과 중에는 나의 수업 때문에 많은 시간을 할애할 수는 없었지만, 수업이 없는 빈 시간과 주말과 휴일을 이용하여 수인이하고의 목공 수업을 시작하였다. 장애가 있는 사람들의 대회라서 위험 요소들 때문에 기계를 사용할 수 없고 톱, 대패, 끌, 망치 등 기본적인 목공용 수공구만을 이용하여 서랍 1개를 만드는 것이 주어진 과제였다. 공구 사용법을 익히고, 도면 보는 방법을 익히는데, 일반 학생들에게도 쉽지 않은 것이었는데도 한 번 가르쳐준 것만큼은 기억해 내는 강점을 가진 것을 믿고 6주간의 강훈에 돌입하였다.

처음 만난 주말. 아무도 없는 목공실과 난생처음 보는 커다란 기계들 사이에 놓인 작업대 위에 작은 나무토막과 톱을 올려놓고 톱질하는 방법과 직각자 사용 방법을 알려주었다. 처음부터 너무 강도 있는 수업을 진행하게 되면 아이가 겁을 먹고 지칠 수 있었기 때문에 아주 간단한 첫 수업을 마치고 학교 근처의 식당으로 갔다. 저녁을 먹이고 보낼 생각으로 김치찌개 2인분을 시켜서 밥을 먹였다. 수인이는 난민을 연상시킬 수 있을 만큼 몸이 말랐고 힘이 없어 보였다. 그래서 잘 먹지 않아서 그럴 것이라는 선입견이 있었다.

일반 아이들과 저녁을 먹을 때는 대부분 김치찌개가 남았었는데, 수인이와 먹다 보니 하나도 남기지 않고 먹었다. 순간 나는 수인이의 가냘픈 팔뚝이 '안 먹어서가 아니고 못 먹어서 그렇게 되었구나.'라는 생각이 들었다. 그 후 휴일과 주말에는 연습을 마치고 재래시장에서 항상 밥을 먹여 보냈다. 먹을 때마다 "맛있어요, 고마워요, 다음에 또 사주세요."라고 혼잣말로 중얼거렸다.

나의 수업이 없는 시간이면 어김없이 수인이가 찾아와서 어눌한 목소리로 "선생님 목공실에 가요. 목공 하고 싶어요." 하며 나를 찾았다. 그리고 매주 토요일과 일요일 오전은 항상 나하고 같이 목공실에서 구슬땀을 흘렸다. 교회는 오후 4시까지 가면 된다고 해서 일요일도 연습할 수 있었다. 이론과 기본 동작을 마치고 난 후 공구함에 기본적인 공구를 챙겨주고 첫 도면을 펼치고 우리가 만들 과제를 설명하였다. 그러나 도면을 설명하고 난 후 이해를 시켜서 작품을 만들기에는 너무 벅차고 힘든 과정인 것을 시작하면서부터 알게 되었다. 내가 직접 시범을 보이면서 설명을 해주기로 하였다.

연습 이틀째 경이로운 모습을 발견할 수 있었다. 한 번 배운 것은 잊지 않고 그대로 따라 한다는 것이다. 기능경진대회는 반복 연습으로 익혀진 기능을 바탕으로 주어진 재료로 주어진 시간 내에 도면처럼 만들어 내는 것인데, 도면 해독 능력은 없어도 내가 지시하는 몸동작 하나하나는 그대로 따라 하는 것이었다. 기계를 전혀 사용하지 않고 수공구로 나무를 자르고 깎고, 파고 따는 등의 기능은 일반인들도 쉽지 않은 기능이다. 거기에 금속 못을 사용하지 않고 구멍을 뚫어 나무못을 박아서 사각형 모양의 서랍을 3시간 이내에 만들어 내기는 결코 쉬운 일이 아니었다. 하지만 6주 동안 시간만 나면 목공실로 달려오고, 쉬는 날이면 어김없이 찾아왔다. 나와 수인이는 금메달을 따겠다는 일념 하나로 하나의 몸짓으로 작품을 만들어 나갔다.

수인이가 연습했던 것을 일주일 단위로 사진을 찍어서 변화되는 모습을 기록으로 남겼다. 첫 주부터 6주까지의 작품이 눈에 띄게 달라진 모습을 확인할 수 있었고 마지막 금메달을 확정 짓고는 자기 작품 앞에서 늠름하기까지 했다. 호남권 지적 장애인 경진대회에 참가한 전북에서는 유일하게 수인이가 일곱 개 중 하나의 금메달을 수상하였기 때문에 학교의 모든 사람은 놀라지 않을 수 없었다. 대회가 끝난 직후 수인이와 나를 보고 이렇게 평을 하였다. '수인이도 선생님을 잘 만났고, 신 선생님도 수인이를 잘 만났다.'

그렇다. 수인이와 나는 환상의 콤비를 이루었다. 다른 선수들은 1시간 30분 만에 작품을 완성하고 나왔을 때, 서두를 법도 한데 아무 동요 없이 끝까지 시간을 채우며 15초를 남기고 작품을 완성한 수인이에게 심사위원들은 만장일치의 금메달을 수상한 것이다.

나는 또 하나의 욕심이 생겼다. 전국대회에 출전하고 싶었다. 하지만, 목공 분야는 전국대회 종목에서 제외되었기 때문에 아쉬움을 달래야 했다. 아직 2학년이기 때문에 졸업 전까지 계속 기능을 연마시켜 관련 분야에 취업시키는 것이며, 올해 겨울방학을 이용하여 국가기술자격증에 도전하기 위해 연습을 시킬 계획이다. 나와 수인이 모두 한 달 간격으로 똑같이 귀가 아파서 고생했다. 병원에서 만난 가짜 아빠와는 지금도 자주 연락하고 찾아가기도 한다. 그런데 나를 보면 그전처럼 반갑게 맞이해 주지 않는다. 왜 그럴까? 서운하기까지 했다. 상금이 나오던 날 담임 선생님과 은행에 가면서 수인이의 주위 사람들을 색으로 표현했다고 한다. 담임 선생님이 내게 보낸 메일의 내용을 드래그해 본다.

'김수인과 농협에 상금이 들어왔는지 알아보러 가는 길에 색깔에 관해 대화를 나누었어요. 우리 반 한 명 한 명 어떤 색이냐고 색깔로 말해보라고 했는데 박00은 검은색이래요. 담배를 피워서 속이 까맣다고, 학생부 선생님들 때리고 학교 장기 무단결석 중인 김00은 나쁜 놈이고, 조00은 무서운 말을 너무 많이 해서 빨간빛이고, 전00은 해피바이러스고, 손00은 노란색(냄새나서)이고, 가짜 아빠 대부님은 갈색(흙색)이고, 새로운 씨앗을 만들 수 있는 신진규 선생님은 보라색인데 이유는 좋은 거 나쁜 거 합쳐져서 그렇다는데 좋은 점은 밥 사줘서, 나쁜 건 자기한테 화낼 때 그렇답니다. 신00 선생님은 주황색-좋은 것, 이00 선생님은 하늘색-좋은 것, 우00 선생님은 파랑새(파랑-좋은 것+나쁜 것)라네요. 크크.'

영혼이 맑은 수인이를 지도했다는 것이 자랑스러웠다. 처음 연습시킬 때 화를 냈던 것을 잊지 않고 색으로 표현한 수인이에게 더 좋은 색으로 나를 표현할 수 있을 때까지 나는 수인이와 함께할 것이다. 가짜 아빠도 아닌 가짜 중 가짜 아빠이지만 내년 교문 입구에 수인이가 취업에 성공했다는 현수막을 걸어 줄 생각으로 나는 오늘도 수인이와 연습 도중 다친 엄지손톱을 보면서 중얼거린다. 나도 수인이의 가짜 아빠가 되고 싶어~.

딸랑딸랑
- 제24회 스승의 날 '은사에게 편지 보내기' 동상 작

선생님! 매년 5월이 되면 그 많은 선생님 중에서 유독 선생님의 생각이 이렇게 나는 이유는 무엇 때문일까요? 그것은 아마 2000년 5월 14일 고등학교 졸업 20주년 기념행사 준비를 하는 도중 우리 반 대표로 스승의 날에 꽃바구니를 드리기 위해 선생님께 전화드렸을 때가 아닌가 합니다.

"선생님! 선생님 계세요? 김형대 선생님 계세요?" 여러 차례 수화기를 통해 말씀드렸지만 거친 숨소리만 들릴 뿐 선생님은 아무 말씀도 없으셨지요. "선생님 저 80년도에 졸업한 신진규입니다. 기억나십니까?" "딸랑딸랑"하는 소리 외에는 여전히 아무 말씀도 없으셔서 선생님의 신변에 무슨 문제가 있음을 직감했었지요.

"선생님 저 기억 하신다는 말씀이지요?" "딸랑딸랑" 그제야 선생님이 말씀을 못 하신다는 것을 깨달았습니다. "선생님 제가 가지고 있는 주소는 삼례로 되어 있는데, 혹시 맞으시면 우석대 근처로 나오실 수 있나요?" 했더니 "딸랑딸랑" 방울 소리를 확인하고 빠른 걸음으로 달려가서 10분쯤 지났을까요? 선생님이 제게로 걸어오셨지요. 너무 작

아 보이시는 선생님, 학창시절 그렇게 건강하시고 당당하셨던 선생님께서 세월의 흐름 앞에 아픈 몸을 이끄시고 제자를 만나기 위해 약속 장소로 나오셨습니다. 선생님! 제 마음은 이미 찢어지는 아픔을 감당하고 있었습니다. 졸업 후 한 번이라도 찾아뵈었으면 이런 일이 없었을 텐데 하는 아쉬움, 지금은 더 큰 응어리로 제게 메아리 되어옵니다.

 선생님께서는 말씀은 못 하셨지만 눈빛으로 반갑게 맞아 주셨고 제 손을 따뜻하게 잡아 주셨습니다. 한참을 걸어 골목길 끝부분의 선생님께서 혼자 묵고 계셨던 집으로 저를 안내하셨지요. 그러고는 앨범을 펼쳐 보이시면서 저를 기억하신다고 메모지에 글을 남기셨지요. 말씀은 못 하시지만 필체는 그대로이셨습니다. 선생님 그때 제 심정이 어떠했는지 아십니까? 선생님께서는 퇴임 후에 자식들에게 모든 것을 다 주시고 그렇게 침침한 곳에서 사모님과 같이 지내셨다고 하셨지요. 제가 찾아간 날이 장날이라고 하필 사모님께서 외출하시어 뜻하지 않게 딸랑딸랑 방울 소리로 저와 의사소통을 했다는 메모지를 보고서야 선생님 손목에 차고 계셨던 그 방울의 의미를 알게 되었습니다. 그날 글씨로나마 더 많은 이야기를 나누었어야 했는데 너무 아쉬웠습니다. 그해 11월 20일 우리가 준비한 20주년 행사장에 사모님의 손을 잡고 나오셨던 그 모습이 마지막이 될 줄 누가 알았겠습니까?

 선생님! 하늘나라에서는 하고 싶은 말씀 다 하셔야 할 텐데요. 선생님 학창시절 저희들에게 우렁찬 강의를 하실 때처럼 말씀을 하셔야 할 텐데요. 너무 안타까운 마음으로 이렇게 간절히 제 마음을 전합니다. 선생님 부디 어리석었던 저희들의 잘못을 용서해 주십시오.

27년 전 선생님께서 저희들에게 이 나라의 공업 입국의 초석을 이루도록 지도하셨듯이 저 또한 교단에서 열심히 지도하고 있습니다. 저희 때처럼 다시 한 번 공업학교의 부활을 위해 제 아들을 기꺼이 동참시켰습니다. 전주공고에 입학한 제 아들에게 다시 한 번 선생님의 얼을 심어 주십시오. 온갖 대중매체에서 관심을 보인 것처럼 3년 후 이 나라를 깜짝 놀라게 할 큰 그릇으로 만들고 싶습니다. 도와주세요.

보고 싶은 선생님! 그곳은 어둡고 차갑고 침침하시지요? 하지만 제 목소리 듣고 "그러 네가 신진규구나!"라고 한 번만 딸랑딸랑 방울을 흔들어주세요. 선생님 편히 쉬세요. 끝으로 선생님의 명복을 빌면서 이만 줄이겠습니다. 편히 쉬십시오.

- 2005.5.4. 제자 신진규 올림.

10일간의 북한 여행
- 제25회 통일 문예작품 일반부 최우수상-부총리 겸 통일원장관상

서울에서 귀한 손님이 오셨다고 안줏감을 준비해 오라는 아버지의 전화를 받고 오후 수업 시간에도 귀한 손님이 누구인지 묻지 않은 것이 아쉬움으로 자리 잡고 있었다. 퇴근길에 시장에 들러 싱싱한 횟감을 사서 귀가했다. 아버지의 고향 친구분이 오셨으니 귀한 손님일 수밖에 없었다. 황해도 옹진이 고향이셨던 아버지는 6·25 때 월남하여 이곳 부안에 정착했으니 실로 40년이 지난 세월 동안 서로 반백의 머리로 마주하고 계셨다. 작년 10월에 방영된 텔레비전 프로그램에서 '사람과 사람들'의 첫 시간 주인공이 바로 앞 못 보시는 대장장이인 나의 아버지시다. 아버지 친구분도 그때 텔레비전을 시청하면서 40여 년 전 헤어졌던 친구의 모습이 분명했지만 젊은 시절과 달리 시각장애인의 모습으로 화면을 채웠을 때 퍽 가슴이 아팠다고 말씀하셨다. 두 분의 대화 내용을 듣노라면 얼마나 고향을 그리워하는지, 부모 형제가 보고 싶은가를 간접적으로 느낄 수 있었다. 지금은 모든 시름을 잊고 각자 남쪽에 뿌리를 내렸지만 피난 시절의 암울했던 이야기들, 그리고 족보 때문에 부모와 생이별을 해야 했던 상황을 두 분의 대화

를 통해 몰랐던 여러 가지 사실을 알게 되었다.

어머니도 이북 출신인데 유독 40년 만에 찾아온 아버지 친구분과의 대화에서 들을 수 있었다는 것은 그만큼 살아온 세월이 험난했고 뒤돌아볼 겨를이 없이 열심히 살아온 증거다. 밤을 낮 삼아 두 분의 이야기는 일주일이 지나도 끝이 없었다. 어머니는 졸지에 그 친구분께 남편을 뺏기고 침대도 빼앗겼다. 그러나 어머니는 문틈 사이로 들려오는 대화를 통해 두고 온 북녘 산하와 부모 형제를 많이 그리워하며 가슴을 짓누르는 아픔을 감수하고 계셨다. '고래, 배우지, 고사루지, 보통, 한암, 흘리꼴, 달래기미, 중선모, 상둔매, 새몰, 절꼴' 등의 단위 부락 이름을 들으며 어느새 북에 계신 할아버지 어머니, 그리고 삼촌들의 생사와 선친들이 묻혀 있는 그곳에 하루라도 빨리 달려가고 싶은 마음뿐이었다.

10년 전 내가 군 복무 시절에 아버지께서는 휴가 나온 나에게 족보 네 권 중 한 권을 꺼내 오라고 하시더니 한참 동안 기억을 되살려 고향의 선산을 중심으로 그려진 지도를 설명하시면서 33세 때 실명한 당신을 원망이라도 하듯 서러움을 감추며 '통일이 되면 네가 나의 손을 잡고 고향으로 인도해야 하니까 지도를 잘 봐두어라.'라고 하시면서도 이곳처럼 각종 개발 사업을 통해 자연 부락들이 없어지지나 않았는가 걱정스러운 표정을 읽을 수 있었다.

아버지 친구분은 절꼴에 살았던 이종협 씨이다. 아버지보다 네 살 연하인 그분이 아버지와 "야, 자"하니 초등학교 1학년에 다니는 조카

녀석이 어이없는 질문을 해서 우리 식구 열한 명과 친구분은 한참 동안 웃었다. "할아버지는 우리 할아버지보다 나이도 어리면서 왜 존댓말을 쓰지 않느냐"는 것이었다. 술자리나 어느 모임에서건 십팔 번으로 부르는 아버지의 노랫소리를 오늘도 여지없이 들을 수 있었다. 제목은 '꿈에 본 내 고향'이다. '고향이 그리워도 못 가는 신세'로 시작되는 이 노랫말을 자주 접하다 보니, 아버지의 고향에 대한 그리움을 전하기 위해 나도 이 노래를 종종 부르곤 한다. 오늘은 스무 살에 헤어졌던 친구분과 함께하니 더 깊은 향수에 젖는 듯했다.

실향민들이 그토록 못 잊어 하고, 염원한다면 꼭 평화 통일이 이루어질 것이라고 확신했다. 언제, 어떤 방법으로 통일이 될지 모르지만 일천만 이산가족이 더 늙고 죽기 전에 가족의 생사를 확인하고 고향 방문을 통해 남북이 서로 대화의 문을 열어야 할 것이다. 6·25 44주년을 맞이하여 나는 학생들에게 훈화를 통해 우리의 현실을 주지시키고 우리가 해야 할 일을 얘기했다. 나도 6·25를 경험하지 못했기 때문에 아버지의 말씀들을 모아 실감 나게 말을 이었다. 얼마 전 북한의 핵사찰 거부로 일부 국민들은 사재기를 하는 등의 한심한 모습을 학생들과 규탄하는 시간도 가졌었다.

아버지 친구분은 우리 집안을 퍽 부러워하셨다. 당신은 월남해서 긴 세월 동안 미국으로 이민 간 부인과 딸 때문에 혼자서 말년을 보내고 있는데 우리 집은 3대가 한데 모여 열한 식구가 한 지붕 아래서 사는 모습을 보며 "야! 너는 그래도 성공했다."라고 일축하면서 자신도 이곳에서 함께 살고 싶다는 뜻을 아버지를 통해 밝히셨다. 그러나 며느리 둘, 아들 둘, 손자 다섯이 함께 사는 우리 집 형편에 같이 지낸다는 것은 대단히 힘든 상황이었다.

나는 저녁에 가족회의를 진행하면서 식구들에게 제안했다. "어머니 아버지가 단신으로 월남하여 일가친척이 없는 관계로 우리 가족은 한 울타리에 살고 있지만 제가 직장 문제로 불가피하게 전주로 이사를 하게 됩니다. 그러면 네 식구가 떠나니까 그때부터 아버님 친구분을 모십시다." 아버지께서는 잊지 못할 친구와 말년을 보내신다는 게 퍽 다행한 일이겠지만 나머지 식구들한테는 부담 가는 눈치였다. 결국 내가 이사 가면 모시기로 최종 결정을 내렸다. 열흘 같이 있는 동안 나는 퇴근만 하면 곧장 집으로 향했다. 한시도 떨어지지 않고 말씀을 나누시는 모습을 보며 생각했다. 저분들 소원이 무엇일까? 돈 많이 모으는 것, 자식들의 출세, 본인들의 건강? 모두 아닐 것이다. 그분들의 공통적인 소원은 조국의 평화 통일을 이룩하는 것이다. 아니 통일이 되지 않더라도 한 번만이라도 꿈에도 그리던 고향 땅과 부모 형제를 만나 보는 것이 작으면서도 큰 소망일 것이다.

열흘 동안 두 분이 주로 나눈 대화는 고향 얘기와 피난해서 지금까지 살아온 사연들이었다. 지성이면 감천이란 속담처럼 두 분과 같이 통일을 염원하고, 혈육을 만나고 싶은 마음이 간절하다면 언젠가 꼭 통일이 될 것이고 통일의 그 날을 앞당길 것을 확신할 수 있었다. 친구분이 머물렀던 열흘 동안 나는 마치 북한에서 살았던 기분을 느꼈다. 평상시 느끼지 못했던 아버지의 황해도 사투리가 그랬고 옛 고을 이름들을 들을 때마다 남한과 대조되는 분위기를 느낄 수 있었다.

초등학교, 중학교 때 배웠던 반공 교육과 고등학교 교련 시간에 배웠던 북한의 실상, 대학교 때 실시했던 전방 시찰과 군 복무를 통해 느끼고 경험했던 것들을 아버지와 친구분과의 대화를 들으면서 복습했고 앞으로의 과제를 제시해 보았다. 옛 어르신들이 흔히 말씀하시길 아이들이 싸움할 때 '그래 싸워야 큰다, 싸우다 보면 더 친해지고 정이 생기는 법이다.'라고 말씀하신 걸 보면 우리도 남한과 북한이 서로 다른 입장에서 말다툼만을 고집할 것이 아니라 잦은 접촉을 해야 한다고 생각한다. 국제적인 스포츠 행사, 무역, 문화, PC통신 등을 통해 만나서 대화를 나누든 싸움을 하던 우린 지금보다 더 성숙한 모습으로 변해야 한다고 생각한다.

어제저녁 서울에서 흥분된 목소리로 한 통의 전화가 왔다. "중하야 나 종협이다. 너 뉴스 들었니? 김일성이 하고 김 대통령이 평양에서 만난다지? 이것이 꿈이 아닐 테지?"

두 분 모두 두 달 전 40년 만에 해후할 때 그 분위기보다 훨씬 격앙되어 있는 모습을 엿볼 수 있었다. 수화기를 통해 다시 '꿈에 본 내 고향'을 부르시는 모습을 보며 나도 눈시울을 적셔야 했다.

그래 변해야 한다. 그동안 긴 세월 동안 서로의 허물을 감싸면서 새로운 시작을 해야 한다. 앞 못 보는 장님도 귀머거리도 소아마비도 고향을 그리워하고, 부모 형제를 만나고 싶은 정도야 차이가 있겠습니까? 젊은 우리들이 솔선수범하고 맡은 바 책임을 다할 때 우리가 그분들을 업고 인도하여 북한 땅에 갈 수 있지 않겠습니까? 고향 친구를 만나도 즐겁기 한이 없는데 부모 형제를 만나는 기쁨을 상상해 보자.

어젯밤 잠자리에서 나는 부인의 귀에 가벼운 취침 인사를 했다. "여보 통일되면 나는 아버지를 등에 업고 갈 테니 당신은 어머니를 보살펴야겠소. 나는 아버지의 고향에 가서 선생님 할 테요. 그날 밤 꿈에 그토록 보고 싶었던 아버지의 고향에 당도했다. 열흘간 북한에서 살고 있는 착각이 현실로 전개되었는데 두 분이 나누었던 고향의 지명이 깨끗하게 이정표로 남아 있었다. 퍽 다행스러운 일이었다. 내가 10일 동안 다녔던 그곳의 이름을 지워지지 않도록 다시 적어본다. 고래, 배우지, 고사루지, 보똥, 한암, 흘리꼴, 달래기미, 중선포, 상돈매, 새몰, 절꼴….

- 부안고 근무 시절 1994년도에 쓴 글.

갈고리
- 現代 海洋 24주년 선상수기 우수작_ 신진규

주인공: 愼重夏

바다와의 인연

문만 열면 파도가 출렁이는 바닷가에 살면서 40년 동안 한 번도 바다에 안 가본 내가 선상 현장 수기를 쓴다면 보통 사람들은 잘 이해가 되지 않겠지만 28년 동안 내가 만든 5만여 개의 갈고리를 써본 사람들은 나와 바다가 얼마나 큰 인연이 있는가를 쉽게 느끼리라 생각하면서 수기의 장을 연다.

나는 황해도 옹진군 교정면에서 종손의 아들로 태어났다. 고향은 바닷가가 그리 멀지 않은 곳에 있었기 때문에 어머니께서는 바다에 나가 각종 어패류를 잡으셨다. 난 그 모습을 본 기억이 있을 뿐 지금은 바다를 볼 수도 없고 갈 수도 없는 시각장애인의 신세가 되었다. 바다와 끊으려야 끊을 수 없는 인연으로 오늘까지 이어져 왔는데 먼저 그 사연을 쓰고자 한다.

고향에서 부친의 농사일을 돕던 나는 21살 때 6·25동란으로 백령

도로 피난을 가야 했고 이듬해 52년 1월에는 전라남도 나주까지 피난을 가게 되었다. 맨주먹으로 피난한 터라 2년간 남의 집 머슴살이를 하였다. 54년 2월 전주로 거주지를 옮겨 고향에서 익혔던 목수 일을 시작하게 되었고, 2년 후 지금의 부인(60세 박순옥)과 결혼하여 3형제를 둔 가장으로 행복하게 살고 있었다. 어느 정도 삶의 기반을 닦을 무렵이었다.

비운의 운명

62년 3월 28일 그날은 나의 운명을 바꾸어 놓은 비운의 날이었다. 전주에서 10여km 떨어진 삼례의 동부교회 신축공사 현장에서 나는 목공 책임자로 일을 하고 있었다. 하늘은 스스로 돕는 자를 돕는다고 했건만 신은 너무나 가혹한 벌을 내게 주셨다. 상층에서는 철근 작업이, 하층에서는 목공 공정이 동시에 이루어지고 있었고 점심 식사를 하러 가기 위해 마지막 작업을 할 때 위층에서 떨어진 철근 토막이 나의 안면을 강타했다. 어렸을 때 녹내장을 앓아 한눈으로만 볼 수 있었는데 하필 남은 한쪽 눈을 강타하여 졸지에 두 눈을 잃어 앞을 볼 수 없는 시각장애인이 된 것이다. 초등학교에 입학한 지 일주일 된 큰아들 창규와 여섯 살이 된 둘째 원규, 그리고 등에 업힌 8개월 된 막내 진규와 사랑스런 부인의 모습을 영원히 볼 수 없게 되었던 것이다. 그래도 한 가닥 희망을 가지고 하루도 빠트리지 않고 99일간 병원 문을 두드렸다. 아내는 막내를 업은 채 한 손으로 나를 인도하여 5km가 넘는 병원을 다녔다. 실명한 나도 그렇지만 젊은 부인에게 너무나 큰 고통이었을 것이다. 그 후로도 3년간 전국의 이름 있는 병원을 다 찾아다녔으나 결국 시력을 되찾을 수는 없었다. 우리 식구는 8년 만에 다시 빈털터리가 되어 65년 3월에 아내와 세 자녀를 이끌고 당숙이 사시는 인천 송도로 거주지를 옮겼다.

희망의 불빛

처음에 인천으로 이사 갈 때만 해도 나는 아무 일도 할 수 없었다. 하는 수 없이 아내의 도움으로 살아갈 형편이어서 비교적 여자들에게 돈벌이가 된다는 소문을 듣고 조개잡이를 하기 위해서 무작정 인천 송도로 옮긴 것이다. 당숙도 6·25 때 월남하신 분이라 단칸방에서 혼자 생활하고 계셨기 때문에 여섯 식구가 함께 지내야 했다.

생각하기조차 싫은 악몽의 시간들이었지만 그런 나에게도 희망의 불빛이 비쳤다. 장님 새끼들이라고 놀림 받는 자식들을 위해 뭔가 보여주어야만 했는데 어느 날 개흙에 나갔다 들어온 아내가 흘린 말에 귀가 번쩍 뜨였다. '호미보다 더 좋은 도구가 있으면 조개를 더 많이 캘 수 있을 텐데….' 우리뿐만 아니라 가족들의 생계를 위해 많은 아낙들이 개흙 속의 조개를 잡는데 그게 밭 매는 호미로는 신통치 않았던 것이었다. 그때부터 나는 목공 일로 다져진 나의 손재주를 생각하며 아내에게 능률이 좋은 도구를 만들어 주기 위해 밤잠을 설치며 기존의 갈고리와 호미를 구해다가 손으로 낱낱이 훑어보며 어떻게 하면 좀 더 나은 도구를 만들까 궁리를 했다. 개흙이 잘 파지면서 조개가 깨지지 않고 여자들이 작업하기에 힘들지 않도록 하면 된다는 머릿속으로의 설계를 마치고 다음 날 아내와 나는 동인천의 한 철물점을 찾았다. 5밀리 정도 되는 강철 1관과 가는 철사 그리고 간단한 연장을 사고 제재소에 들려 손잡이 할 나무를 사 들고 집으로 와서 부엌 한 모퉁이에 작업실을 정해 놓았다.

사투 끝에 완성된 갈고리

먼저 새로운 갈고리를 만들기에 적합한 연장을 만들고 기구들을 만들었다. 대부분 목수 일을 할 때 쓰던 연장들을 개조하였다. 장남과 차남은 초등학교에 다녔고 막내는 네 살 되던 해였다. 나는 네 살 된 막내 진규를 옆에 앉혀놓고 그를 조수로 삼아 갈고리를 만들기 시작했다. 생각했던 것처럼 쉽지는 않았다. 5kg 정도 되는 망치를 내리쳐 5mm의 강철을 2~3cm 정도 넓이로 넓히는 작업은 너무나도 힘이 들었다. 볼 수 없기 때문에 10번 내려치면 서너 번만 명중되고 나머지는 허탕이었다. 수없이 손톱이 빠지고 살이 찢기는 아픔을 참으면서도 한편으론 기뻤다. 나 혼자의 힘으로 일을 할 수 있다는 보람은 장남인 나로선 벅찬 감동이었기 때문이다. 3개월여의 사투 끝에 드디어 10개의 완성된 제품을 만들 수 있었다.

이른 아침 바다로 향하는 아내의 손에 그동안 만든 10개의 갈고리 모두를 쥐여 주었다. 그 동네는 신 씨들이 많이 살아서 신촌 마을이라

일컬어지는데 신 씨 부인들에게 아내는 자랑스럽게 갈고리를 선물로 건네주었다. "창규 아버지가 만든 것이니까 한번 써보라고" 하면서.

볼 수는 없지만 느낌으로 알 수 있는 석양의 노을 그 석양의 노을을 뒤로한 채 아내는 아주 만족스러워하며 나에게 가벼운 포옹을 하였다. 나의 온몸에서는 쇳가루 냄새가 났고 아내의 몸에서는 갯냄새가 물씬 풍겨 왔지만 정말로 행복한 순간이었다. "당신이 만든 갈고리가 너무 편하고 능률이 좋아 어제보다 두 배 정도의 돈을 벌었어요. 그리고 다른 사람들도 몹시 좋아했어요." 아내는 말을 안 했지만 갈고리 만든다고 하면서 야단법석일 때 아마 가슴이 찢어지는 아픔을 느꼈을 것이다.

본격적인 작업 시작

다음날부터 나는 본격적으로 갈고리 만드는 일에 착수하였다 손끝 감각으로 더듬거리며 공정을 거듭하다 보면 정말 시간 가는 줄 몰랐다. 안타까웠던 것은 소문을 듣고 찾아온 많은 사람에게 물량을 제때 공급할 수 없었던 것이다. 그래도 신용을 지키기 위해 하루 20시간 이상의 노동을 강행하였다. 아무리 쉬지 않고 일을 해도 하루에 10개 정도밖에 만들 수 없었다.

손에 지문이 없어지고 손바닥이 닳아 처질 것 같은 몸으로 일을 했지만 항상 즐거움으로 충만해 있었다. 그것은 생의 보람이었고 일에 대한 자부심 때문이었을 것이다. 내가 그 일을 시작할 때나 지금도 느끼고 있는 것은 여러 사람들에 대한 고마움이다. 첫째는 내 가족들에게 둘째는 이웃 주민들에게 이다. 고요한 밤에는 망치 소리가 1km까지 퍼지는데 방 안에서 자고 있는 어린아이들은 크고 둔탁한 소리를 자장가로 여겼고 주민들도 시끄럽다고 항의한 적이 없었다. 그저 고마울 따름이다.

시간이 거듭될수록 망치의 명중률도 높아지고 점차 완벽한 갈고리를 만들게 되어 멀리 충청도, 전라도까지 소문이 나 주문이 항상 밀렸다. 주문 날짜에 맞추기 위해서는 뼈를 깎는 아픔이 있었고 실명할 때 안경이 깨지면서 다쳤기 때문에 깨진 유리가 아직도 눈 속에 박혀 있어 가끔씩 찾아오는 물 흐르는 듯한 통증은 정말로 참기 힘들었다. 고통의 시간들이었다. 그때마다 나는 일자리에서 일어나 먼지를 털고 새벽 공기를 마시러 밖으로 나왔다. 낮과 밤이 없는 나에게 새벽이 주는 특별한 의미는 없었지만 고향에서 본 밤하늘의 별을 생각하며 꿈에 본 내 고향을 불렀다. '고향이 그리워도 못 가는 신세….' 힘들고 찌든 육체의 고통도 한줄기 눈물로 씻기우고 나는 또다시 작업장으로 향하였고 망치질을 계속하였다. "뚱땅 뚱땅 뚜다당" 나는 가끔 그 큰 망치 소리를 들으면 북녘땅에서 우리 부모님께서 내가 시각장애인이 되어 내려치는 이 소리를 들으시면 기절초풍을 하실 거라는 생각이 들어 착잡한 마음이 되곤 했다.

또 다른 시련

인천에 도착한 지 3년 만에 나는 내 손으로 직접 집을 한 채 지었다. 같이 목수 일을 했던 박 목수와 아내 그리고 어린 자식들이 일꾼의 전부였지만 우리 가족이 행복하게 살 수 있는 작은 집이었다. 작업장도 부엌 모퉁이가 아닌 어느 정도 틀이 잡힌 곳으로 마련했다. 8년간 계속되는 작업으로 나름대로 제2의 기반을 다질 무렵이었다. 또한 아내도 매일 바다에 나가 조개잡이를 하여 큰 보탬이 되던 때였다. 신은 또 나를 가혹하게 짓눌렀다. 바다를 터전으로 조개를 잡는 사람에게도 큰 타격이었지만 그 기구를 만드는 나도 그에 못지않은 시련이 오고 만 것이다. 인천의 모 화학공장의 공장 폐수가 바다로 유입되면서 갯벌 속에 묻혀 있는 조개들이 집단 폐사를 한 것이었다. 짧은 동안에 이루어졌기 때문에 그리 튼튼하지 못했던 기반은 다시 철저하게 무너져 버렸다. 점차 갈고리 판매량이 줄어들어 결국 새로운 삶을 개척해야 했었다. 그러던 어느 날 전북 부안군에서 갈고리를 사러 온 임상표 씨(현재 같은 마을에 거주)가 부안으로 내려가자고 했다. 인천 앞바다에서는 조개가 폐사되는 반면에 변산반도 일대에는 백합, 바지락양식이 성행하였고 많은 갈고리가 소요될 것이라고 하면서.

새로운 희망으로 출발

나는 인천에서의 생활을 깨끗이 청산하고 새로 지었던 집은 인근에 사는 박 목수에게 건네주고 72년 이른 봄 다시 현재 살고 있는 이곳 부안으로 이사를 하였다. 막내인 진규가 초등학교 5학년 때였다

하나라도 제대로 가르치기 위해 진규는 전주에 있는 누님한테 맡겨 두고 차남, 장남만 데리고 이사를 하였다. 처음 그곳에 도착했을 때 임 씨의 말처럼 엄청난 조개가 갯벌 속에 숨을 쉬고 있었다. 그러나 인근 주민들의 생활 수준은 비참하였다. 추운 겨울에도 내의를 입는 사람이 거의 없을 정도였다. 나는 이곳에서도 나의 최대 무기인 근면 과 신용을 바탕으로 갈고리 작업을 시작하였다. 역시 남의 집 단칸방 에서 네 식구가 호흡하고 있었고 인천에서의 첫 생활과 변화가 없었 다. 다른 점이 있다면 막내가 곁에 없었고 갈고리는 숙달된 상태에서 만들 수 있었다는 것이었다. 이곳 주민들은 처음에는 믿으려 하지 않 았다. 어떻게 앞 못 보는 사람이 갈고리를 만들 수 있냐는 것이었다. 그런 의심도 잠깐이었다. 인천에서의 주문량보다 훨씬 많았기 때문 에 캄캄한 밤에도 망치 소리가 항상 울려 퍼지니까 그때야 믿기 시작 했다. 그때 고창에서 갈고리를 사기 위해 온 어떤 중년 남자는 한창 작업하는 나를 보더니 "XXX야 간첩 아냐?" 하는 것이었다. 순간적으 로 나는 울화통이 터졌다. 나는 감각적으로 앞에 있는 남자의 목을 조 였다. 그 남자는 꼼짝할 수 없었다. 육체노동으로 단련된 내 상체는 육체미를 한 사람보다도 훨씬 강했을 것이므로. 결국 그 남자는 백배 사죄하고 자리를 떴다. 어떤 사람들은 값이 비싸다고도 했지만 대부 분의 사람들이 만드는 과정을 보면 슬그머니 자리에서 일어나 막걸 리라도 한 사발 사서 가지고 와 용기를 주곤 했다. 그 무렵 장남과 차 남은 밀린 주문량에 시달리는 나의 모습을 보고 내 작업장 한 모퉁이에 그들의 일터를 만들었다. 나는 말리지 않았다. 두 아들은 역시 피는 물보다 진한 모습을 보여 주었다. 나의 기술을 빠른 속도로 전수하였다. 다른 사람들도 여러 차례에 걸쳐 갈고리 만드는 일에 손을 댔지만 1년을 넘긴 사람들은 단 한 사람도 없었다. 삼부자가 분업을 하여 갈고리가 완성되기까지는 19개의 공정이 필요했다. 나무를 켜고, 깎고, 구멍을 뚫고 톱으로 철사 감을 자리를 만들고 나면 장남은 철사를 자르고, 펴고, 나무자루와 연결했다. 차남은 갈고리의 기본형태가 나올 수 있는 상태(공정의 약 30%)까지 작업을 끝냈다. 그다음엔 다시 망치질이다. 칠흑 같은 어둠 속에서 쉬지 않고 일을 했다. 결국 부안으로 이사 와서 몇 년 만에 다시 우리는 집을 한 채 지었다. 역시 순수한 우리 가족들끼리 만든 작품이었다.

대창호의 침몰

제법 안정된 생활을 영위할 무렵 우리는 또다시 큰 시련을 겪어야 했다. 그렇게 많이 있던 조개가 원인도 모르게 죽어갔다. 하루에 몇 톤씩 죽은 조개껍질을 운반하면서 주민들은 망연자실하였고 우리 또한 다른 생업을 찾아야 했다. 나는 고창 지역에서의 주문이 꾸준히 있어서 그 일을 계속하였지만 두 아들의 일거리를 만들어 주어야 했다. 아직 어린 두 아들에게 무리인 것은 알면서도 4톤짜리 배 한 척을 구입했다. 선명은 대창호. 큰아들은 선장 작은아들은 기관장의 신분으로 연안에서 유자망을 하였다. 항상 위험이 뒤따르는 해상 사업이었지만 별 사고 없이 지냈었다. 그러던 어느 날 태풍으로 대창호는 방파제에 부딪쳐 침몰하고 말았다. 다행히 인명사고는 없었다. 그 무렵 부안 연안에는 배꼽이라고 불리는 개우렁이가 많이 서식하고 있었는데 큰아들 창규로부터 정보를 제공받아 우렁이를 잡을 수 있는 도구를 만들었다. 직접 바다에서 채취 작업을 할 수 없었지만 10여 년 이상 패류들의 동태에 대해서는 익히 알고 있었다. 그래서 우렁 잡는 기구인 '쓰개'를 만드는 데는 쉽게 성공했다.

사업의 기틀이 잡히다

다시 한 번 해상 사업에 도전하였다. 6톤짜리 여왕 호의 선명은 별다른 의미는 없었고 군산에서 여자원이 탔던 데서 이름이 붙여졌다고 한다. 하루에 20여 명씩의 부인들을 싣고 날마다 2톤 정도씩 개우렁을 잡았는데 마을 사람들의 주 소득원이 되었고 우리 사업도 그때부터 튼튼한 기틀을 세울 수가 있었다. 세월은 흘러 막내가 고등학교를 졸업하고 나의 곁으로 왔다. 8년 동안 전주의 누님 댁에서 신세를 지고 돌아왔다. 나는 그동안 어려웠던 세월을 보상받기라도 한 것처럼 기뻤다. 고등학교 졸업 후 한 달간의 공백 기간에 막내와 난 또 하나의 작업 구상을 하였다. 4살 때부터 나의 조수로 일하는 것을 지켜봤던 막내는 나의 구상을 잘 이해하고 따라주었다. 정확히 한 달, 우리 공장에 한 대의 기계가 조립되었다. 순순한 나의 머리로 설계하여 철공소에서 주문하여 만든 전기망치. 스위치만 누르면 쉴 새 없이 정확히 명중하는 망치 소리가 요란하게 울려 퍼졌다. 물론 나는 그 작업은 할 수 없었다. 못 보는 나로서는 위험하기 그지없었기 때문이다. 두 아들은 틈만 나면 전기망치로 철사를 넓혀주는 일을 도왔다. 그래도 기초 작업과 마무리는 여전히 나의 몫이었다.

갈고리에 대한 막내의 걱정

내가 인천에서 시작한 이 갈고리 사업은 현재까지 28년간 하면서 거의 쉬는 날이 없었다. 어쩔 수 없이 작업을 할 수 없었던 일이 생각난다. 공교롭게 막내아들이 입대하기 전날인 83년 8월 5일 저녁 무렵이었다. 아침부터 몸살 기운이 있어서 쉬고 있을 때 오토바이를 타고 갈고리를 사러 온 두 청년이 밖에서 갈고리 있냐고 물었을 때 "오늘은 몸이 아파서 작업을 못 합니다. 죄송합니다."하고 대답하였다. 젊은 청년들은 "아저씨 김제에서 여기까지 왔는데 어떻게 합니까?"라고 하소연했지만 도저히 일어날 수가 없었다. 잠시 후 작업장에서 요란한 망치 소리가 들려왔다. 모두 바다에 나갔고 막내만 집에 있었는데 그 막내가 망치질하고 있었다. 한 번도 직접 갈고리를 만든 일이 없었던 막내였다. 하지만 쉬는 날이면 항상 나의 작업 모습을 지켜봤던 막내가 처음으로 갈고리를 만들고 있었다. 망치 소리는 무려 4시간이나 계속되었다. 만든 갈고리 8개를 들고 방으로 들어와 "아버지, 처음으로 갈고리를 만들었는데 잘못 만들어져서 아버지 신용이 깎이면 어떻게 하지요?"하는 걱정을 하면서 마지막 인사를 하고 그 청년들과 같이 오토바이를 타고 논산 제2 훈련소로 떠났다. 막내는 사전에 청년들하고 약속을 하였던 것이다. 내일 논산 훈련소에 입대해야 하는데 읍내 나가는 막차가 끊기니 작업하는 조건으로 읍내까지 태워 달라고. 입대한 막내로부터 편지가 온 것은 4주 후였다. "아버지, 입대하기 전에 제가 만든 갈고리가 나쁘다고 연락 온 곳은 없었습니까?" 입대해서도 그런 걱정을 하고 있는 막내를 생각하니 우리 집의 앞날이 환해 옴을 느꼈다. 그 정도의 장인정신이라면 정말 2세들에게 기술과 가업을 전수해 주리라고 다짐하였다.

갈고리는 지금도 나의 꿈과 희망

갈고리를 만들기 시작한 지 28년. 긴 세월이었지만 지루함 없이 흘렀다. 이제 내 나이 64살. 그 긴 세월 동안 아내 역시 오늘까지 바다에 나가 패류를 잡았다. 내가 실수 없이 오늘까지 갈고리 작업을 할 수 있었던 것은 아내가 직접 바다에서 체험한 것을 나에게 가르쳐주는 코치 역할을 훌륭하게 해주었기 때문이다. 또 하나는 세 아들들도 곁을 떠나지 않고 나의 후원자로서, 동반자로서 지켜주었기 때문이라 생각한다.

작년에는 대학에서 건축을 전공한 막내가 설계하고 나와 아내 그리고 아들들이 동참하여 40평짜리 단독주택을 신축하였다. 큰아들 식구와 막내아들 식구 그리고 우리 두 내외간을 합하여 모두 열한 식구가 모여 살고 있고 차남도 100여 미터 떨어진 곳에서 살고 있다. 갯

냄새가 물씬 풍겨오는 마을 입구에 7년 전 동네 어른들이 나의 공적비를 세워주셨다. 마을을 위해 헌신적으로 봉사하였고 갈고리를 통한 마을 소득증대에 크게 기여했을 뿐만 아니라 정신적인 지주로 그들 곁에 있었기 때문이었다. 그런데 이제 서서히 바다와의 인연이 멀어지는 느낌이다. 서해안 개발 사업의 일환인 새만금 간척 공사로 인하여 작년까지 해왔던 해태 양식, 정치망 어장 등을 할 수 없다. 요즘 들어 더 많은 갈고리가 팔린다. 간척 공사로 인하여 묻힐 조개를 하나라도 빠트리지 않고 채취하기 위해 많은 사람들이 개흙에 나가기 때문이다. 그렇기 때문에 요즘에는 틈나는 대로 막내까지 도와주어 사부자가 바쁘게 작업을 한다. 여러 대의 기계들이 있기 때문에 어느 정도 대량생산도 가능하게 되었다.

서해 훼리호 침몰 사고로 침울한 분위기인 이곳 부안 앞 바다에서 오늘도 이곳 아낙들은 간조만 되면 내가 만든 각종 도구들(갈고리, 쓰개, 거랭이, 맛쓰게)을 가지고 각자의 소질에 맞는 패류를 채취하러 바다로 향한다. 공장이라고 해도 손색이 없을 만큼 규모가 커진 작업장에서는 쉴 사이 없이 망치 소리가 들려온다. 자식들은 일선에서 물러나 편히 쉬라고 하지만 내 건강이 허락하는 한 갈고리 만드는 일을 계속할 것이다. 93년 10월 25일 전국으로 방영된 KBS 제1 텔레비전의 '사람과 사람들' 첫 회 이후 경기도, 충청남도, 전라남도에서 많은 갈고리를 주문하여 오늘도 제법 쌀쌀해진 새벽 공기를 가르며 공장으로 향한다. 나에게 꿈과 희망을 안겨 주었던 그 갈고리를 만들기 위해

서다.

녹음테이프가 멈춘다. 지금까지 한 이야기는 카세트테이프로 녹음되었다. 5개월 된 손자가 잠들면 막내며느리에게 대필하여 정리할 것이다(1993년 아버지가 살아오신 생을 이렇게 정리하여보았다. 항상 아버지의 곁을 지키려 했기 때문에 일거수일투족을 아버지를 대신하여 갈고리란 이름으로 평생을 어두운 곳에서 일하시던 아버지를 위해 아버지 입장에서 쓴 글이다).

독도는 우리 땅

 60년 전 우리 학교에 다니던 일본 학생들이 광복과 함께 본국으로 돌아갔다. 오늘 그들 중 여섯 명이 우리 학교를 찾았다. 부인과 함께 찾아온 사람도 두 명이나 되었다. 본국으로 돌아간 지 60년 만에 모교를 찾은 것이다. 우리 학교 동창회의 주선으로 몇 년 전에 그들에게 명예 졸업장을 수여했다. 여러 가지 이유도 있었겠지만 아마도 그들은 아픈 기억 속 자신들이 다니던 모교를 잊을 수 없었을 것이란 생각을 해본다.
 오늘 나는 그들이 온다는 소식을 접하고 교무부장이란 직책을 떠나서 학교에 대한 전반적인 소개를 하기로 마음먹었다. 자신들이 다니던 학교가 얼마나 변했는지 보여주고 싶었다. 몇 년 전 일본의 어느 공업고등학교를 방문했을 때 그들이 베풀었던 친절함과 치밀한 안내 계획을 세웠던 것에 많은 감동받은 터라, 파워포인트로 그들에게 보여줄 학교 소개를 작성했다. 10년이면 강산이 변한다는 말도 있는데 여섯 번이나 변한 오늘 그들이 어떤 마음으로 또는 어떤 자세로 왔는지는 잘 모르겠지만 학교에서 해야 할 최소한의 예의는 지켜야 한다고 생각을 했다. 행정실에서는 그들에게 줄 선물을 그리고 동창회에서는 점심 식사 대접을 나름대로 그들을 맞을 준비를 하고 있었다.

나는 그들의 방문에 대한 전반적인 사회를 보면서 문득문득 독도 문제 때문에 붉어진 요즘 상황을 어떻게 그네들에게 전달할 것인가 나름대로 머리를 짜내고 있었다. 통역 문제는 다행히 그들과 함께 학교를 다녔던 원로 동창이 순조롭게 해결해주었다. 별 무리 없이 진행되고 있었고 나는 학교 소개를 마칠 무렵 이렇게 말했다.

"오늘 오신 여러분들을 진심으로 환영하는 바이나, 요즘 한일 양국이 왜 이렇게 시끄럽고 특히 독도 문제 때문에 이렇게 생트집을 쓰고 있는지 모르겠다. 혹 여기 계신 在日 동문들께서는 한국에서 공부할 때 독도를 어느 나라 땅이라고 배웠습니까? 왜 우리나라 땅인데 자꾸 일본 땅이라고 우기는 이유가 뭡니까?" 여기까지 통역을 하고 나니 그들 중 한 명이 손을 들어 이렇게 말했다. "나는 한국에 있을 때부터 독도는 한국 땅이라는 것을 알고 있었습니다." 나머지 사람들도 말은 안 했지만 머리를 끄덕였다. "일본으로 돌아가시거든 제발 독도는 한국 땅이라고 홍보 좀 해주세요." 이렇게 마지막 이야기를 하였다. 모두 같은 표정을 지으면서 떠난 그들, 과연 일본 땅에 돌아가서 어떻게 표정이 변할지는 모르지만.

하전마을과 평지마을

 방학 동안 기숙사 일정대로 잘 따라와 준 우리 학교 학생들에게 특별한 체험을 해주고 싶었다. 우리 학교는 전문계 학교이다. 자칫 대학 입학과 거리가 멀다고 생각할지 몰라도 전주공고의 청솔관(기숙사)에서는 방학 중에도 기숙사에서 인터넷 학습과 EBS 교육방송을 통한 자체 수업이 이루어졌다. 대부분 학습 의욕이 부족했던 학생들이지만 고등학교에 입학하면서 새롭게 변신하고 있는 아이들이다. 사감인 내가 그들의 노고에 보답하고자 택한 일정은 극기 훈련을 통해 자신의 심신을 단련하고 학년별, 학과별 돈독한 단합을 끌어내기 위한 체험 활동이었다. 활동 장소는 산과 계곡 그리고 바다가 어우러진 곳 전라북도 고창을 택했다.

 선운사를 지날 무렵 갯내가 우리를 반갑게 맞아 주었다. 바다가 보일 즈음에는 서정주 시인의 기념관이 우리의 발길을 멈추게 하였다. '국화 옆에서'란 시인의 대표 시처럼 기념관 앞산과 주변에는 가을을 준비하는 국화의 청록 줄기가 힘차게 오르고 있었다. 찰밥을 열무김치와 김에 싸 먹은 점심은 그 어느 도시락과도 비교할 수 없었다.

첫날 일정은 선운산을 넘어가는 산행이 4시간 정도 이어지고 야간에는 장기자랑 및 삼겹살 파티 그리고 촛불 의식을 진행하고, 2일 차는 아침 식사 후 하전마을에서 갯벌을 체험하는 프로그램이었다. 사전 답사 없이 예전의 모습을 떠올리며 지인을 통해 유선으로 예약을 한 터라 변한 바다의 모습을 보면서 상큼한 이미지는 아니라고 생각했다. 젊은이들이 마을의 수익 사업을 위해 노력한 흔적들이 쉽게 눈에 띄었다. 체험관, 가지런히 정돈된 장화들, 체험을 돕기 위한 버스와 택시라고 이름 붙여진 개조된 경운기들은 도시에서 볼 수 없는 색다른 모습들이었다. 마을을 지나 바닷가 입구에서, 없었던 제방과 방파제를 보면서 자연과 환경 그리고 인간이 공존하는 갯벌 마을이 너무 상업적으로 변하는 것은 아닌가 하는 생각이 들었지만, 나는 긍정적으로 생각하기로 했다.

모두가 등지고 떠나는 어촌 마을과는 대조적으로 젊은이들이 지방자치단체와의 교섭을 통해 예산을 확보하여 마을을 지키고 있는 노력이라고 생각하니 그 또한 보기 좋아 보였다. 부안의 바닷가 시절을 절로 떠올리며, 내 고향은 새만금이란 거대한 간척사업으로 모든 터전을 간척사업에 맡기고 한둘 고향을 떠나는 우리 마을과 비교가 되었다. 리무진 버스라고 이름 지어진 갯벌 버스를 타고 10여 분 지나니 체험 장소에서 소수의 인원이 바지락 등 조개류를 채취하고 있었다. 낯익은 도구가 내 마음을 흔들었다. '갈고리'라고 붙여진 조개잡이용 도구는 40여 년 전부터 나의 아버지가 개발해서 서해안 일대에 보급한 것이다. 그 갈고리가 여기서도 쓰이는 것을 보고 놀라지 않을 수 없었다.

갈고리를 판매하여 3형제를 공부시켰고 마을 소득증대에 큰 공을 세웠다고 마을 어귀에 공적비가 세워지게 했던 갈고리를 보면서 작고하신 아버지의 영상이 주마등처럼 스쳐 지나갔다. 동행한 나의 아들 둘도 나의 곁으로 다가와 "아버지, 이거 할아버지가 만드신 갈고리 맞지요?" 하는 것이었다. 두 아들을 힘껏 안아주면서 오늘은 할아버지 생각하면서 조개도 캐고, 굴도 따고, 갯벌에 무엇이 있는지 잘 살펴보자고 하였다.

학생들에게 많은 이야기를 들려줄 거리가 있어서 어깨가 으쓱였다. 바닷가 출신이라 설명하는데 어떤 해설사보다도 자신이 있었다. 그러나 갯벌 속에서 예약 없이 등장하는 이름 모를 수많은 생물이 나올 때마다 "나도 모르겠다. 이 이름은?" 조개류 종류도 다 안다고 생각했는데 세월이 지나면서 못 보던 조개도 생겨났고 다른 지역의 바닷가에서 주종을 이루는 조개도 간혹 보였다. 학생들은 40여 분이 지나면서 조개잡이보다는 공놀이를 하려고 움직이고 있었다. 나는 체험관에서 본 포스터를 떠올리면서 아이들에게 갯벌 체험 수기를 쓰게 하려고 한 내용을 힘차게 외쳤다.

"오늘 이 체험 활동 후 수기를 써야 한다. 참가한 학생 전원 써야 하므로 공놀이는 한 시간 후에 하자. 바닷물이 들어오려면 아직 멀었다." 일부 학부모들과 학생들은 나름대로 열심히 갯벌을 파헤쳐서 바구니의 밑바닥을 채우고 있었다. 여기저기 돌아다니면서 잔소리할 수밖에 없었다. 그래도 잘 따라주는 아이들이 대견스러웠다.

자신이 채취한 조개는 모두 자기 집으로 가지고 간다고 전달하자 아이들의 손놀림이 빨라졌다. 한 시간가량 갯벌 체험을 하자 개인별로 1kg 정도의 각종 조개류가 손에 들려 있었고 대부분 학생은 온몸으로 갯벌을 체험한 흔적들이 묻혀 있었다. 자기 모습은 상관없이 서로의 모습을 보며 깔깔대며 웃는 모습을 보니 이번 극기 훈련 중 갯벌 체험을 선택하기를 잘했다고 생각했다. 서해의 조수 간만의 차이를 설명하면서 밀물이 시작됨을 알리고 철수를 시작하였다. 우리는 모두 장화를 벗고 서해의 촉촉한 갯벌을 발로 느끼면서 갯벌 입구에 마련된 축구장으로 향했다. 그 무렵 또 다른 버스에서 내린 유치원 학생들과 초등학교 학생들 100여 명이 체험 활동을 하기 위해 바다로 들어오고 있었다. 순간 입장료를 계산하면서 하전마을의 부가가치를 다시금 생각하게 하였다.

갯벌에서의 축구는 상상 이상으로 즐거웠다. 미리 편성한 조별로 뒹굴고 악을 쓰면서 아이들과 함께 신나는 갯벌 축구를 하고 나니 모든 스트레스를 한 방에 날려 보낸 기분이 들었다. 체험장을 운영하는 젊은 부인들이 감자를 가마솥에 삶아 내놓았다. 배고픔을 잠시 잊을 수 있는 간식이었다. 점심을 먹으려면 부안으로 이동해야 하는데 한 시간가량 걸리는 거리였기 때문에 감자 맛 또한 잊을 수 없었다. 어촌 마을의 인심을 느낄 수 있었다. 샤워를 마친 후 체험관 입구의 계단에 학생들을 앉혔다. 다음 이동 장소인 부안의 일정을 설명하면서 15년 전 위도 훼리호 침몰 사건을 설명하였다. 부안 해양수련원에 세워져 있는 3인의 동상도 미리 설명해 주었다. 전주고등학생들이 어린아이들을 구하고 의롭게 숨진 학생들이 고등학생이었다는 말을 들으면서 학생들의 눈에는 의연함이 가득한 빛으로 변해있었다.

갯벌을 직접 보고, 만지고, 느끼면서 자연의 소중함을 일깨우게 하였고, 육지와 바다를 연결하여 오염된 자연을 깨끗이 치유해 주는 정화수 역할을 해주기 때문에 오늘 많은 어패류를 채취할 수 있었다는 간단한 교육을 마치고 탑승하였다. 부안으로 가는 길은 시골의 정취를 느낄 수 있는 시골 도로였다. 일부 언론에서는 부안과 고창을 연결하는 대교를 건설해야 한다는 보도가 있었지만 길게 뻗은 바닷가 해안선을 따라가는 기분 또한 상큼함을 더해 주었다.

계속된 비로 인해 생긴 번개폭포(임시로 생긴 폭포)를 볼 수 있었던 것도 즐거움을 더해 주었다. 우리는 잠시 부안 해양수련원에 세워진 전주고등학생들의 '3인의 추모비' 앞에서 묵념을 올렸다. 같은 또래의 학생들이었다는 점에서 안타까운 마음이었지만 3인 추모 장학재단을 설립했다는 설명을 듣고, 그 부모님들의 고귀한 희생정신 또한 모두가 느낄 수 있었다. 점심 식사는 바지락 칼국수를 먹었다. 한 시간 전에 자신들이 잡은 바지락이 점심 식사의 메뉴로 선택됐다는 사실이 흥미를 더해 주었다. 서울에서 낙향해 식당을 운영하는 주인은 고등학생들이라는 점을 참작하여 정말 양 많고 맛있는 칼국수를 먹게 해주었다. 배고픈 뒤라 그 맛은 더할 나위 없었다.

다음 일정 장소는 새만금 전시관이었다. 서해의 새 역사를 쓰고 있는 제방 입구에 세워진 전시관에서 우리 고장에서 행하고 있는 새만금 사업에 관해 설명을 해주고 자유 관람 시간을 주었다. 나는 뜻밖의 인물을 만나는 행운을 얻었다. 마침 전시관을 방문한 농림부 직원 중에 임수진 장관을 한눈에 알아볼 수 있었고 악수를 나누는 행운도 함께 누렸다. 전시관에서 토목과 학생들은 자신들의 전공과 관련된 현장이기 때문에 큰 관심을 보인 것도 행사의 의미를 더했다고 생각했다.

나의 어머니와 형이 살고 있는 바닷가 마을을 방문하는 것을 끝으로 모든 일정이 끝났다. 내가 자랐던 마을을 방문하게 된 깊은 뜻은 전혀 모르게 진행되었다. 바닷가 마을의 입구에는 정자나무와 모정﹡﹡ 그리고 공적비 하나가 오롯이 서 있었다. 모정에는 어머니와 형 그리고 마을 어르신들 20여 명이 더위를 피해 휴식을 취하고 있었다. 지난 유두날(6월 보름) 이곳을 찾았을 때와 분위기는 같았으나 어르신들은 나의 제자들이 방문한다는 소식에 시원한 수박을 준비하고 있었다. 학생들은 영문도 모르고 모정 마루에 올랐다. 이어서 마을 이장님이 학생들에게 설명하였다. 입구에 세워진 공적비를 가리키면서 "저 공적비는 신 선생님의 아버님께서 평생을, 바다를 위해 헌신하였고, 마을 주민들의 소득 증대에 공헌한 공으로 공적비를 세우게 되었습니다. 할아버지께서 만드신 조개잡이용 갈고리는 지금도 서해 일대에 사용하고 있는 것입니다. 오늘 우리 동네를 방문해 주셔서 감사합니다. 할아버지들이 시원한 수박을 준비했으니 맛있게 먹고 가세요."

나는 미리 준비한 삼겹살과 약주를 선물로 드리고 아버지가 만드신 갈고리 공장으로 아이들을 이끌고 갔다. 40년 동안 이어진 갈고리 제작 과정부터 변천 과정을 설명해 주었다. 학생들에게 이런 기회를 줄 수 있음이 나에겐 커다란 감동이었고 기쁨이었다. 평생을, 앞을 못 보는 시각장애인이었던 아버지가 마을 주민들에게 베푸셨던 그 은공 또한 다시 생각하게 하였다. 나의 아들 둘이 뒤쪽에서 보고 있음은 더 없는 감동이었다.

모든 일정을 마치고 기숙사로 돌아오는 길에 많은 생각들이 머리를 스쳤다. 우리가 찾았던 고창의 하전마을과 부안의 평지마을은 비슷한 여건의 바닷가였지만, 한 곳은 원자력 발전소 때문에 바다의 생태계가 파괴된다고 아우성쳤던 곳이고, 또 다른 곳은 핵 방폐장 유치를 반대하는 시위를 통해 주민의 갈등을 깊이 겪게 하였고, 또한 새만금 사업으로 생의 터전이 바뀌는 아픔을 감수해야 했던 마을이다.

그러나 한 곳은 젊은이들로 가득한 생기 있는 마을로 거듭나고 있었고, 한 곳은 젊은이들은 어촌을 등지고 노인들만 마을을 지키는 전혀 다른 모습을 하고 있었다. 자연을 소중히 가꾸고 보존하는 일이 우리에게 소중하지만 후손들에게 더 살기 좋은 터전을 물려주려면 적절한 대책을 세우면서 부가가치가 있는 사업 또한 병행해야 한다고 생각한다. 단, 지역 주민의 여론을 수렴하고 그들의 생의 터전을 먼저 생각하는 행정이 어우러진다면 무조건 반대한다는 편견은 없어질 것으로 생각한다.

  1박 2일의 짧은 일정이었지만 학생들이 산행을 통해 심신을 수련하였고, 갯벌 체험을 통해 환경을 체험하였다. 제일 중요한 체험은 농어촌 마을에서 살고 있는 두 마을의 대조적인 분위기를 통해 서로의 느낌이 각각 달랐으리라는 것이다. 자신이 잡은 조개를 집에 가지고 갔을 때, 가족과 대화의 장이 열릴 것이다. 나의 큰아들 생일이 다음 날 15일이기 때문에 우리 가족도 아침에 바지락을 첨가한 미역국을 먹으면서 전날의 갯벌 체험 이야기로 생일 아침을 자축하였고, 고3 수험생이지만 체험 활동에 동참한 아들이기에 더 뜻깊은 생일날 아침이었다. 체험 활동 수기를 과제로 제시하였다. 고등학교 학생들의 마음을 통해 2학기 수업 진행과 기숙사 생활지도에 많은 도움을 얻게 될 것이라 확신한다.

                - 2007.8.19. 개학 전날 기숙사에서 학생들을 기다리며.

이등병의 참회

논산 훈련소에서 무더위와 함께 조국의 수호를 위해 몸과 마음을 바쳐 충성한 제자 후니가 가장 먼저 떠올랐다. 우리 고장에서 이렇게 끔찍한 일이 벌어지리라고는 꿈에도 생각을 못 했었다. 그것도 나의 제자와 관련되고 우리 이웃 나아가 온 나라를 뒤흔들었던 위도 앞 바다의 서해 훼리호 침몰 현장에서 이등병인 후니의 부모 이름이 나란하게 적혀 있었다. 거대한 설악호가 서해 훼리호를 인양하고 실종된 내 이웃, 내 제자 그리고 국민을 잃은 슬픔에 모두들 격포 방파제에서 발끝을 치세우고 순조로운 인양을 기대하면서 마지막 한 가닥 희망의 불씨를 지피려 하고 있었다. 후니는 이 소식을 아는지 모르는지 논산 훈련소에서 국방의 의무를 다하고 있었다. 제자를 생각하며 가슴을 도려내는 아픔을 감수해야 했다. 1학년 2학기부터 2학년 때까지 담임을 맡았던 후니는 졸업 후 전주공업대학에 입학했다.

어느 날 군에 입대한다면서 나를 찾아온 것은 대학 2학년 때였다. "선생님 저 닷새 후에 군에 입대합니다. 저녁에 시간 있으시면 소주라도 한잔 사주시지요?" 나는 후니의 말을 듣고 이렇게 제안하였다. "이왕 입영 전 환송회라면 너의 부모님과 함께하면 어떨까?" 후니의 아버지는 현직 경찰관으로 나하고는 고등학교 동문이라 개인적인 친분이 있었던 터라 가벼운 마음으로 제안을 했었는데, 뜻밖의 대답을 했다. "선생님, 아빠랑 같은 자리에 있기 싫어요. 그러면 저 혼자 친구들과 간단히 한잔하고 입대할게요." 하는 것이었다. 사춘기 시절부터 경찰관이라는 아버지의 직업 때문에 마찰이 있었던 것은 알고 있었지만, 다른 문제도 아니고 자식이 입대한다는데 아버지의 얼굴도 안 본다는 말에 당황하지 않을 수 없었다. 몇 번 달래봤지만 막무가내였기 때문에 나는 호통을 치며 나무랐다. "부모가 천년만년 사는 것도 아닌데 부모 살아 계실 때 효도해야지."라는 말을 끝으로 후니는 아무도 배웅 없이 혼자 입대하고 말았다. 입대한 지 한 달 남짓 지났을 무렵 우리 고장에 큰 재난이 발생했고, 후니의 부모는 그 사건 희생자의 명단에 이름만 남긴 채 영원히 볼 수 없는 곳으로 떠나셨던 것이다. 마지막 실종자 명단이 발표된 순간까지도 나는 간절히 기도하였다. 훈련소에서 참회의 눈물을 흘릴 이등병에게 단 한 번의 기회를 줄 것을 애원하면서 기도하였다.

같은 해 크리스마스 때 한 통의 전화가 왔다. 순간 나는 지난 일을 상기하면서 마지막 순간에 한 번 더 타이르지 못한 스승으로의 죄책감에 하염없는 눈물을 삼키며 전화 통화를 이었다. "선생님, 선생님 말씀처럼 부모님 살아 계실 때 효도를 해야 하는 건데…." "용기 잃지 말고 살자. 부모님의 빈자리를 내가 채워 줄 수 있을지 모르겠다. 제대하면 선생님 찾아와라." 그 후 가끔 휴가 나왔을 때 잊지 않고 전화를 주곤 했었다. 그리고는 세월이 약이라는 말처럼 까맣게 잊고 지냈다. 후니와 같은 반 아이였던 병선이로부터 첫 주례를 부탁받고 한참을 망설였다. 불혹의 나이에 첫 주례라니. 생각해보니 처음 교단에 섰을 때 남다른 사명감과 젊음이 있었기에 학생들과 깊은 인연을 갖게 되었다고 생각하면서 오랜 생각 끝에 주례를 수락했다. 신랑 신부보다 더 떨리고 설레는 마음으로 주례 입장을 했을 것이다.

  한동안 주례사를 낭독하는데 하객 중에 후니의 모습이 어렴풋이 보였다. 애써 못 본 체 주례사를 이었다. 녀석과 눈이 마주치면 내가 당황할 것 같아서 눈을 외면했다. 주례사를 마치고 다시 바라보니 분명 후니가 틀림없었다. 여러 제자들 틈바구니에 후니도 한자리를 하고 서 있었다. 식이 끝나고 나는 제자들과 같이 우인 대표로 사진을 찍으면서 옆에 있는 후니의 손을 꼭 잡으며 이렇게 말했다. "후나~~ 앞으로는 나를 부모처럼 생각해 줄 수 있겠니?" 했더니 의외의 대답이 바로 나왔다. "선생님. 선생님은 이미 오래전부터 저의 부모라고 생각했습니다. 때론 큰형님 같기도 하고요. 선생님 저 장가갈 때도 꼭 주례해 주셔야 해요?" 우리는 그렇게 주례를 약속하고 헤어졌다. 3~4년쯤 이어진 또래의 제자들 주례를 여러 차례 볼 때마다 후니는 서울에 살면서도 꼭 지방까지 내려오곤 했었다.

작년 4월 어느 일요일 어느 모임에서 진행을 보는 나에게 한 통의 문자메시지가 도착했다. 후니가 보고 싶다는 내용의 문자를 보내왔다. 나는 나의 위치를 알려주고 약속 시간에 차 한잔하면서 후니를 기다렸다. 내 앞에 나타난 후니는 정말 어엿한 성인이 되어 있었다. 아름다운 자신의 신붓감까지 데리고 나타난 것이었다. 우린 그동안 살아왔던 이야기며 앞으로 어떻게 할 것인지 한참을 이야기했다. "예전에 한 약속 잊지 않으셨지요?" 하면서 주례 이야기를 꺼내기에 나는 흔쾌히 수락을 하였다. 후니와 나는 32살~44살 띠동갑이었다. 주례사에 하객들에게 이렇게 전했다. "여기 이 땅에 우뚝 선 신랑은 10여 년 전 우리에게 큰 아픔을 주었던 훼리호 사건을 딛고 오늘 이 자리에 섰습니다. 모든 하객 여러분들이 신랑 신부의 아버지요, 어머니요, 형제라 생각하고 오늘 출발하는 신랑 신부에게 아낌없는 격려의 박수와 지속적인 관심 부탁드립니다." 이렇게 말했다. 한꺼번에 부모를 모두 잃고 살아왔던 젊은 시절 나하고의 인연은 이렇게 새롭게 이어졌다.

후나 지금 잘살고 있지? 신혼여행 다녀와서 들리곤 아직 소식이 없구나. 너의 2세를 아마 너보다도 더 간절히 원하는 사람이 있을 것이다. 더운 여름이 오면 그날의 아픈 기억이 다시 되살아난다. 이번 휴가에는 꼭 들리렴. 너의 2세도 궁금하고 너의 댁하고 같이 부모님 찾아뵙고 싶구나…. 이등병의 참회는 훈련소에서 끝이고, 어른이 되어서는 다시는 그런 참회할 일 없어야겠지? 너도 아빠가 되었다면 이젠 그 말의 의미를 알 것이다. 후나~~ 올여름이 다 가기 전에 꼭 한번 들려주렴. 형 같고, 아버지 같은 너의 선생님이 2005년 6월 14일 오후에.

탈주범의 이야기

- 하진수(72년생. 경남 진주) 온 나라를 떠들썩하게 했던 탈주범 이야기

그와의 인연은 3년 전으로 거슬러 올라간다. 전주교도소에서 무기형을 받고 수감 중인 그는 기능 자활을 통해 제2의 수감생활을 하고 있었다. 해마다 4월이면 지방 기능경기대회가 열리고, 10월이면 전국 기능경기대회가 열린다. 하진수와의 만남은 3년 전 내가 미장 심사위원으로 기능경기대회에 참가했었고, 하진수는 선수로 참가했었다. 다른 재소자와 비교될 만큼 딱딱한 인상이었다. 경기 내내 면회 오는 이도 없었다.

나는 작년 목포에서 열린 전국 기능경기대회 때부터 특별한 관심을 갖게 되었다. 우리 도 대표로 출전한 선수이기 때문에 남다를 수밖에 없었다. 작년에는 부족한 부분이 있었기에 메달 권에는 진입하지 못했으나 그의 소질과 뛰어난 체력은 금메달을 따는 데 충분한 요건들 중 하나였다. 나는 그를 부를 때 "하군" 또는 "진수" 이렇게 불렀다. 하나라도 더 알려주고 싶고 격려하고픈 마음이 있었지만 심사위원은 항상 공정하고 공평해야 했기에 마음으로만 그에게 접근하고 있었다. 금년에는 기능이 한층 향상됐고 도면을 이해하는 것도 한결 좋아

졌다. 경기 도중에도 여러 차례 불러서 그와 다른 선수들에게 공통으로 틀린 부분을 지적해 주었지만 사실은 하진수에게 하나라도 더 알려주고 싶은 마음에서였다.

이번에 주어진 과제는 장식벽 바르기다. 총 18시간 과제였는데 그의 주변에는 교도관이 여섯 명이나 그의 주변을 그림자처럼 따라다녔다. 일반인이 보기에 심할 정도로 경계를 하는 것이었다. 다른 선수들은 대부분 학생들이었기 때문에 경기장에서의 분위기는 무겁게 느껴질 수밖에 없었다. 경기 종료 100분 전 거의 마무리 단계에서 하진수의 손놀림이 빨라졌다. 시간과의 싸움 또한 기능 못지않은 중요한 요인이다. 나는 심사위원석에서 중간평가를 하고 있었다. 특별히 실수만 하지 않으면 금메달은 하진수의 몫이었다. 그런데 잠시 경기장을 지켜보는데 날쌔게 움직이는 물체가 있었다.

"하진수 거기 서. 탈주야!!" 1초도 안 되는 순간이었다. 나는 그 순간을 날다람쥐라고 인터뷰하였다. 매스컴에서는 교도관들의 경비 허술을 지적하지만 현장에서 지켜본 나로서는 어쩔 수 없었다고 본다. 나는 하진수가 탈주하는 모습을 목격하였고 거의 동시에 교도대원과 함께 소리를 질렀다. 그리고 추격전. 아! 하필 내가 책임진 경기장에서 이런 일이. 저 녀석 이번엔 금메달이었는데 나하고 전국대회에서 하나의 작품을 만들려고 했는데, 부산에서 부산 갈매기를 부르며 금메달, 감형, 출감 등 여러 마리의 토끼를 사냥할 참이었는데, 내가 도와주고 싶었는데…. 순간의 선택이 너무 많은 사람들을 힘들게 하였고 경기장에 같이 왔던 교도관들은 큰 책임이 뒤따르는 건 불 보듯 뻔한 일이었다. 온종일 전화가 울렸다. 탈주범을 목격한 유일한 심사위원이었기에 인터뷰 세례가 쏟아졌다. 21시간 만에 검거되어 탈주 동기를 들어보니 자기의 작품이 맘에 안 들고 완성하기 힘들어서라고 진술했다고 한다. 나는 하진수의 실력을 믿었기에 충분히 가능하다고 판단했다. 도면 보는 법을 제대로 알려줬는데, 그래야 전국대회에서 승산이 있었기에…. 마음 한편으로는 검거되지 말고 영원히 숨어 지내길 바랐을지도 모른다. 너무나도 눈에 선한 하진수가 검거되었다고 아침뉴스에서 들었다.

밤새 빗속에서, 암흑 속에서 떨며 번민하며 제대로 자유로운 생활 한번 못 해보고 또다시 어두운 교도소 철창에 수감돼 있을 그를 생각하니 마음이 무겁다. 그에게 다시 재기의 길이 열릴지…. 그가 탈주했지만 경기를 끝까지 마무리하고 나는 마음에 큰 부담을 가져야 했다. 그 이유를 내 어찌 말로 표현할 수 있을까?

어제오늘 나는 꼼짝할 수 없었다. 언론에서 짐작하고 추측해서 보도하는 일이 없길 바랄 뿐이다. 그에게 꼭 재기의 기회가 생겨 나하고의 인연을 다시 한 번 맺는다면 나는 그에게 월계관을 씌울 수 있을 텐데….

    - 2003.4.19. 전북 기능경기대회 미장 심사위원 신진규.

후배들에게 (2003년도 전주공고 교지)
- 20년 후의 약속…. 그리고 또 10년 후

1980년 2월. 정든 진북의 교정을 떠나면서 우리는 20년 후에 만나자고 약속하였다. 우리는 불혹의 나이에 다시 만나자는 말을 남긴 채 교문을 나섰다. 대학을 진학한 친구들이나, 공무원 시험에 합격한 친구들, 설계사무소에 입사했거나, 군대에 입대했거나 우리 동기들은 100%의 진로가 결정되어 각자의 길을 나섰다.

나는 1979년 전주공고 3학년 때 건축직 공무원 임용고시에 합격하여 3학년 2학기가 시작될 무렵 공무원 생활을 경험했고, 대학에 뜻을 두어 충남대학교에 입학했다. 우리 동기들은 조국 근대화의 기수로서, 지구촌 곳곳에서 전공인의 긍지를 되새기며 진한 땀방울을 흘렸다. 모두 20년 후를 생각하면서 각자 맡은 바 최선을 다했다. 나도 학기 중에 군에 입대했는데 전공을 살릴 수 있는 공병으로 보직을 받았다. 제대 후에는 취업 때문에 밤잠을 설치며 준비하였고 계룡건설 공채 1기로 입사했다. 학교에서 배운 지식과 건설 현장에서의 2년 남짓한 경험은 나를 진정한 남자로 만들었고, 그때의 경험이 큰 도움이 되고 있다.

전주공고를 졸업한 지 16년 만에 교사로 다시 모교와 인연을 맺었다. 80년의 유구한 역사와 3만여 동문을 배출한 전주공고에서 근무하는 자체가 행복이었고 남다른 사명감을 가질 수밖에 없었다. 나는 96년 6월 동창회의 부름을 받고 총동창회에서 부총무로 일을 했다.

전국에 흩어져 있는 동문들의 소재를 파악해서 동창회 명부를 만드는 일과 동문들이 모아서 운영하고 있는 장학재단의 업무를 보면서 많은 감동을 받았다. 전주공고를 졸업했다는 그 인연 하나만으로 기꺼이 거금을 기부하는 선배들과 말없이 자신을 희생하면서 동창회의 집행부를 이끌어 가는 선배들 앞에서 저절로 머리가 숙어졌다. 하지만, 과거의 명성과는 달리 실업교육의 전반적인 침체로 인하여 사회 구성에서 대를 잇지 못하는 현실이 안타까웠다.

동창회의 일을 시작한 지 8년째, 함께할 후배를 아직 찾지 못하고 있다. 1998년 나는 우리 동기들의 소재를 파악하기 시작했다. 68명의 졸업생 중 50여 명의 소재는 알고 있었으나 나머지 동기들이 어떻게 지내고 있는지 소식이 단절된 상태였다. 졸업 당시 약속한 20년이 코앞에 닥친 것이었다. 친구들의 소재지를 일일이 파악하면서 명부를 작성하였다. 졸업 당시의 번호순으로 1번 외국어학원 원장, 2번 금은방 사장, 3번 건설회사 이사, 4번 건축사….

모두 20년 전의 약속을 지키려는 듯 하나같이 반듯하게 자리 잡고 있었다. 아마 공업고등학교 졸업생 중 한 반에서 건축사가 8명이 배출된 사례가 또 있을지 모르겠다. 내무공무원 7명, 교육공무원 4명,

법무부 소속 공무원 2명 등 사업가로 변신한 친구들도 많았다. 대부분 건축 전공 분야에서 일을 하고 있었지만 그렇지 않은 동기들도 여럿 있었다. 나는 우리 동기들의 졸업 20주년을 제안하였고, 경인 지방과 전북에서의 모임에서 만장일치로 결의하여 졸업 20주년 행사를 치르기로 하였다.

준비기간은 2년으로 하였다. 누군가는 해야 할 일이었기에 나는 총무를 자청하여 행사의 모든 기획과 사전 준비를 하였다. 행사비 1천5백만 원, 건축과 은사님들, 모교 교장 선생님, 총동창회 회장님, 그리고 우리보다 2년 선배와 후배들의 집행부를 초청하여 2000년 11월 24일에 우리의 가족 모두 참석한 가운데 성대하게 행사를 치렀다. 20년 후에 만나자는 그 약속을 지키기 위해 그동안 열심히 살아온 흔적들을 엿볼 수 있었다. 나는 사회를 보면서 은사님들에게 학창 시절의 1번부터 끝번까지 일일이 호명하여 그의 가족을 소개하면서 20년 동안 해왔던 일들을 하나하나 소개를 올렸다. 가슴 뭉클함을 느끼기에 충분하리만큼 우리 동기들은 모두가 불혹의 나이에 걸맞은 위치에서 사회의 중추적인 역할들을 잘하고 있었다.

행사를 준비하면서 힘들었던 것들이 일순간 머리에서 지워지고 우리는 고교 시절로 돌아가 은사님들과 옛 추억을 더듬으며 서까래와 왕대공에 관한 이야기를 밤을 잊은 채 나누었다. 교가와 응원가도 식을 줄 몰랐다. 졸업 당시 건축, 토목, 화공, 방직, 기계, 전기과가 있었지만 20주년 행사를 제때에 치른 과는 건축과밖에 없었기에 아쉬움은 남았지만 우리는 또 다른 약속을 하였다. 앞으로 10년 후에 다시 만나자. 그때는 우리 반만이 아닌 6개 과 모든 동기들이 다시 만나 졸업 30주년 행사를 이어가자고 굳은 약속을 하였다.

사랑하는 전주공고 후배들이여, 인생은 남을 위해 사는 것은 아니지만 그래도 20년, 30년을 위해 급우들과 선생님과의 다시 만날 그날을 위해 더 열심히 공부하고, 더 열심히 살아야 하는 까닭을 아시겠는가? 몇몇 불참한 친구들은 나름대로 이유는 있겠지만 명함 하나 보여줄 수 없는 위치 때문이 아니겠는가.

20년 후에 다시 만날 그날을 위해 여러분들도 지금부터 준비하세요. 어떤 모습으로 친구들과 선생님 앞에 나타날 것인지는 여러분들의 몫입니다. 전주공고 선배들은 여러분들의 자리를 비워두었습니다. 빈자리에 누가 앉을 수 있는지 생각해보세요. 선배들은 여러분들에게 사랑의 손길을 보내고 있습니다. 빈자리의 대를 여러분들이 이어보세요. 20+30은 여러분들이 전통을 이어가야 합니다. 저는 7년 후에 30주년 행사를 위해 기꺼이 총무직을 수락할 것입니다. 후배 여러분 20주년, 30주년은 우리의 경쟁력을 강화시켜 주기도 합니다. 20년 후에 여러분이 주인공이 되어 보세요.

국가의 정책을 믿자
- 제1회 고졸 취업 성공 수기 학부모 부문

저는 1979년 전주공업고등학교 건축과 3학년 재학 중 지방직 공무원 공채에 합격하여 9급(당시 5급 상당) 공무원으로 근무하다 대학에 진학했습니다. 현재는 특성화고등학교에서 교편을 잡고 있습니다. 당시에는 가정 형편이 어려워 실업계로 진학할 수밖에 없었고, 기회가 닿는 대로 공무원 시험과 대학 입시를 모두 응시하여 결국 대학 진학을 선택했습니다. 돌이켜보면, 그때도 시대 흐름에 맞춘 정책들이 있었고, 저는 그 정책들을 믿으며 자녀를 지도했습니다. 그 결과 두 아들은 모두 제 모교에 진학했으며, 큰아들은 국내 최고의 대학에, 둘째 아들은 최고의 공기업에 합격했습니다. 이공계 기피 현상으로 인해 특성화고등학교에 대한 편견이 여전한 만큼, 그 잘못된 인식을 바로잡고자 이 수기를 남깁니다.

들어가면서

오늘날의 특성화고 정책이 '선先 취업 후後 진학' 방향인 만큼, 큰아들이 서울대학교에 입학한 이야기는 간단히 정리하겠습니다.

2005년 당시 실업계고는 주로 성적이 낮은 학생들이 선택하던 곳이었지만, 중학교 내내 상위권을 유지하던 큰아들이 공업고에 진학한 것은 아들의 뜻을 존중한 결과였습니다. 더 나아가 공고에서도 우수한 대학에 진학할 수 있는 여러 입시제도가 있음을 알고 있었기에, 저는 흔쾌히 찬성했습니다.

2005년에 발표된 정책 중에는 2008학년도 대입부터 적용되는 새로운 내신 등급제도, 그리고 지역 균형 선발제도가 포함되어 있었습니다. 이는 실업계 학생이라도 정규 교육과정을 충실히 이수하고, 수능에서 일정 수준 이상을 받으면 지역 균형 차원에서 우선 선발할 수 있도록 한 제도입니다. 이러한 정책을 믿고 큰아들을 공고에 맡긴 결과, 그는 마침내 서울대학교 건설환경공학부에 합격했고, 그 노력과 성취는 제7회 대한민국 우수 인재상(현 대통령 인재상) 수상으로도 이어졌습니다(언론에도 여러 차례 소개되었습니다).

둘째 아들도 나의 동문이 되다

4년 후, 둘째 아들도 제 모교이자 큰아들이 졸업한 전주공고 토목과에 진학했습니다. 중학교 내신이 전체 상위 30% 정도였던 둘째는 공부와 다양한 체험 활동을 병행하기 위해, 방과 후 활동이 비교적 자유로운 전문계 고등학교를 스스로 선택했습니다. 그는 방과 후 좋아하는 운동을 하며 건전한 여가 시간을 보냈고, 시간 날 때마다 글짓기와 경시대회에 참가하여 다양한 분야에서 우수한 성과를 거두며 공업고 생활에 잘 적응했습니다. 모의고사에서도 꾸준히 우수한 성적을 유지하여, 학교에서 우수 대학 진학 가능성 1순위로 손꼽힐 정도였습니다.

특히 수학 경시대회에서 3년 연속 최우수상, 과학 발명상 '발명왕' 수상, 과학전람회 우수상 등을 받으며 자기 주도 학습력을 키웠습니다. 또한, 통일·효행·기능·환경 주제 글짓기 대회에서도 여러 차례 상을 받았는데, 이는 모두 방과 후 활동에 충실했기에 가능했던 결과였습니다. 봉사활동 분야에서도 성과가 두드러졌습니다. 캄보디아에서 9박 10일간의 해외 봉사를 수행했고, 전라북도 청소년 기자단에도 두 번째 응시 만에 합격하여 활발한 교외 활동도 병행했습니다. 2학년 시절, 그는 대학 진학이든 취업이든 내신 성적과 수능 준비를 철저히 병행하며 어느 쪽에서도 뒤지지 않는 준비 상태를 유지했습니다.

고졸 취업의 열풍을 예감하면서

고3이 된 시기, 국가의 교육 정책이 '선先 취업 후後 진학'으로 바뀌었습니다. 초반에는 정책의 효과를 반신반의했지만, 이미 1·2학년 동안 이룬 학교생활을 보면 언제든 대학에 갈 준비가 되어 있었다고 자신할 수 있었습니다. 특히 전 과목에서 1등급 평균을 유지했기에 가능했습니다.

그런데 교육청과 도청에서도 '스스로 노력하는 학생을 정부가 돕는다'는 취지의 발표가 이어졌습니다. 3학년 1학기가 끝날 무렵, 2012년부터는 기술직 공무원 채용 시 일정 비율을 특성화고 졸업자로 선발하겠다는 정부 발표가 있었고, 가족회의 끝에 둘째에게 공무원·공기업·대기업 취업 대비 교재를 선물했습니다. 강압이 아닌, 스스로 선택할 수 있도록 한 것이었습니다.

연이어 둘째는 수능 원서를 낸 후 결과를 기다렸습니다. 결과는 최상위 대학 기준에 2% 모자란 성적으로, '최고 대학'의 문턱은 넘지 못했지만 일반 대학 진학은 충분한 수준이었습니다. 다음날 곧장 진로를 공기업 중심으로 전환하기로 마음먹었고, 목표를 '공기업 1순위, 공무원 2순위'로 정한 뒤, 제도적으로 생길 수 있는 상황에 대비해 취업 재수 준비 계획까지 세웠습니다.

그러던 중, 설 연휴 이틀 앞두고 한국수자원공사에서 첫 고졸 공채를 실시한다는 공문을 접했습니다. 서류 준비기간은 단 3~4일. 설 명절이 한창인데도 불구하고 아들과 함께 서류를 준비하면서, 지금까지 3년간의 1등급 성적과 진솔한 자기소개서를 보며 감동의 눈물을 흘렸습니다. 여기서부터는 당시 작성했던 자기소개서 일부를 공개하고자 합니다.

자기소개서의 일부

1. 성장 과정

새만금 사업이 한창이던 시절, 저는 전북 부안의 작은 어촌 마을에서 14명의 대가족 중 막내로 태어났습니다. 할아버지, 할머니와 두 큰아버지 가족, 그리고 우리 가족 네 명까지, 모두 이북에서 월남한 가족이 함께 살던 집이었습니다.

아버지는 건축을 전공하신 전문가로, 직접 설계하신 집을 산과 바다가 어우러진 아름다운 해변 근처에 지으셨습니다. 저는 어릴 적부터 바닷가에서 뛰놀며 자랐고, 끝없이 펼쳐진 새만금 사업 현장을 바라보며 언젠가 미래의 주인공이 되고 싶다는 꿈을 키웠습니다. 고등학교에서 자연스럽게 토목계를 전공하게 된 것도, 바다가 준 운명 같은 선물이었다고 생각합니다. 제 형은 저보다 4살 위로, 같은 영향을 받아 건설환경을 전공했고 현재 군 복무를 마치고 서울대학교 복학을 준비 중입니다.

지금은 아버지의 직장 문제로 전주에 우리 가족만 따로 살고 있지만, 어린 시절 부안에서 보낸 시간은 제 인성 형성에 큰 영향을 주었다고 믿습니다. 아버지는 고등학교 건축과 교사로, 어머니께서는 전업주부로서 저를 보듬어 주셨고, 형과 함께 풍부한 사랑 속에 고등학교까지 잘 다닐 수 있었습니다. 이제는 그 사랑을 되돌려 줄 때라고 생각합니다. 제 목표 대학 진학은 잠시 뒤로 미뤘지만, 도전 정신은 대가족이 준 소중한 선물이라고 여깁니다.

2. 학교생활 외 특기 사항
3. 동아리 활동 및 특별했던 학창시절

4. 입사 동기

새만금 공사가 한창이던 시절, 할아버지와 아버지께서는 자주 "시화호처럼 실패해서는 안 된다."고 강조하셨습니다. 저는 고학년이 되고 토목을 공부하면서 그 깊은 뜻을 비로소 이해하게 되었습니다. 아버지께서는 "대학은 인생의 한 부분일 뿐"이라며, 진학에 대한 조바심을 덜어주셨습니다.

며칠 전부터 도서관에서 취업 준비를 시작했습니다. 그때 한국수자원공사가 고졸 신입사원을 채용한다는 사실을 알게 되었고, 저는 고민 없이 지원을 결심했습니다. 요즘은 '최고의 대학'이 곧 성공이라는 사회적 통념이 팽배하지만, 저는 대학보다 제 꿈을 더 빨리 실현하고 싶었습니다. 특히 업체 홈페이지 첫 화면에 보였던 슬로건, '물로 더 아름다운 세상을 만드는 수자원공사'를 보는 순간, 가슴이 뛰어 지원을 결심하게 되었습니다.

나오면서

나는 두 아들을 최고의 명문 대학과 최고의 공기업에 합격시킨 아버지로서 자부심을 느낍니다. 그러나 이 모든 것은 우연히 이루어진 것이 아닙니다. 지난 세월을 되돌아보면, 자녀에게는 자녀가 해야 할 몫이 있고, 부모에게는 부모가 자녀에게 해줄 몫이 분명히 있다는 것을 깨닫게 되었습니다.

두 아들을 학원 한 번 보내지 않고 이룬 성과는, 내가 아들들과 함께 목욕 봉사를 하며 인성을 함양하고, 공부에만 얽매이지 않도록 다양한 경험을 제공한 덕분입니다. 그들에게 다양한 정보를 게임처럼 즐기며 검색하게 한 것이 내가 해줄 수 있는 전부였다고 해도 과언이 아닐 것입니다. 또한, 주 5일제가 시행되면서 금요일 저녁부터 토요일 오전까지는 학교 교육의 연장선으로 생각하라는 나의 말을 잘 따라주었기에 가능했습니다.

마땅한 취업 기회가 없어서 어쩔 수 없이 진학했던 졸업생들에게 미안한 마음도 듭니다. 어쩌면 역차별이라는 말이 나올 수 있겠지만, 이번 기회에 특성화고등학교 학생들에게 좋은 일자리를 제공하여, 선 취업 후 진학 제도가 자리 잡고, 이공계 기피 현상이 줄어든다면, 국가 기반 산업 사회에 큰 역할을 할 수 있는 사람들이 바로 특성화고등학교 학생들일 것이라고 생각합니다.

두 아들을 둔 베이비붐 세대이자 특성화고등학교의 교단을 지키고 있는 7080세대로서, 우리의 세대가 자녀들에게 해줄 수 있는 일이 반드시 있다고 믿습니다. 나는 청소년들과 그들로 인해 함께 고통받고 있는 학부모들이 원한다면, 나의 노하우를 아낌없이 교육 현장에 기부하기 위해 이 수기를 썼습니다. 이 이야기는 나의 블로그에서 그대로 옮겨졌음을 밝히며, 블로그 주소를 공개합니다. www.jksin.wo.to 로 연락하기를 바랍니다.

- 한국수자원공사 근무 신윤택 군의 아버지 신진규.

이야기 셋

白頭에서 漢拏까지

 남북 정상회담이 이루어질 무렵 아버지께서 그토록 가시고 싶어 했던 고향 방문의 길이 열리려나 생각하니 일 년 전 돌아가신 아버지의 죽음이 더 큰 슬픔으로 다가왔다. 아버지와 어머니의 평생 소원은 북에 두고 온 가족의 생사 여부와 남북통일이었다.

 남북 화해와 통일을 위해 뭔가를 해야만 한다는 생각이 여름방학의 시작과 함께 추진되었다. 2000년 8월 6일부터 시작한 '白頭에서 漢拏까지'의 내용을 소개하기로 한다. 여행에 필요한 물건들을 챙겼다. 구급약, 우의, 물통, 태극기, 전주시 깃발, 간식 등 티셔츠도 여러 벌 준비했다. 앞에는 한반도 지도와 백두에서 한라까지라는 문구를, 뒤에는 민족화해 남북통일, 전주공고 총동창회라고 두 줄로 새겼다.

 8월 6일 오전 4시 코아 백화점에서 출발하는 리무진 버스를 탔다. 버스 기사가 찬미를 보고 걱정을 많이 했으나 다른 승객들의 협조로 제시간에 출발할 수 있었다. 김포공항에 도착하여 찬미의 검역을 받았다. 찬미는 시각장애인 안내견(guide dog)으로 5살이며 암컷이다. 일행 중 나의 친구이자 고등학교 동창인 송경태는 시각장애인이다. 그래서 친구의 곁에는 항상 찬미가 있다. 친구는 군대에서 수류탄 폭발로 두 눈을 잃은 1급 시각장애인이면서 국가유공자이다. 찬미의 검역을 마친 후 출국 절차를 밟았는데 공항에서 우리 일행만 전담하여 도와주는 사람이 있었다. 장애인을 대하는 나라의 정책이 선진국 수준에 도달하고 있다는 생각으로 중국 여행의 첫 출발은 상큼하게 시작되었다.

첫 도착지는 길림성의 도청 소재지인 長春이었다. 여기서 白頭山까지는 陸路로 1,000km 정도를 가야 한다. 백두산에서 가장 가까운 도시는 연길과 돈화이다. 장춘에서 연길보다는 돈화가 가깝지만 숙박시설이라든가, 조선족 동포가 많이 살고 있는 연길로 향할 계획을 가지고 있었다. 장춘에서 비행기나 열차를 이용하려 했으나 중국 당국에서 열차나 비행기에는 개를 태울 수 없다는 입장을 고수하는 바람에 우리는 비싼 택시를 이용해야 했다. 그러나 장춘시의 택시 기사는 대부분 한족이어서 우리나라 말을 할 줄 몰랐다. 할 수 없이 조선족 출신을 긴급히 찾아야 했다. 대부분의 택시도 개(안내견)를 태울 수 없다는 것이었다. 마침 친절한 조선족 동포를 만나 한국에서 발간된 우리 일행의 아침신문 기사 내용을 보여주고 장춘에서 연길까지 자가용을 이용하기로 하였다.

편도 1차선의 좁은 도로 장장 600km를 1,600cc 승용차에 몸을 싣고 장춘을 떠났다. 여기서 중국에 도착해서부터 지금까지의 몇 가지 느낀 점을 말하고자 한다. 첫인상 그것은 설렘으로 다가왔다. 착륙 전하늘에서 본 중국- 뭔가 질서가 있을 것 같은 절도를 느낄 수 있었다. 정돈된 논과 밭, 그리고 가지런한 주택의 지붕 모습에서 더욱 느낄 수 있었다. 그러나 공항에서 중국 입국 절차와, 공항의 화장실에서, 우리와는 전혀 다른 체제를 느낄 수 있었고 문화의 차이를 느낄 수 있었다. 우리가 지금 화장실 문화를 다시 만들고 있는 것을 퍽 다행으로 생각하였다. 말로 표현할 수 없을 정도로 우리와는 차이가 많았다. 그리고 도로에서 또 한 번 놀랐다. 도로에는 우리와 비슷한 형태의 신호등, 횡단보도, 기타 교통 표지판이 있었지만 도로의 흐름은 예측할 수 없을 정도로 혼잡스러웠다. 도로에 자동차, 사람, 자전거, 손수레, 오토바이 등이 뒤엉켜 방향과 차선이 없는 우리의 시선으론 분명 아수라장이었다. 내가 타고 가는 마음씨 좋게 생긴 조선족 기사도 예외는 아니었다. 좁은 편도 1차선 도로에는 농사철이라 많은 농부들이 소를 몰고, 또는 경운기를 몰고 있었다. 그런데 그 도로를 시속 120~140km로 달리고 있었다. 차라리 뒷좌석에 앉아 있는 시각장애인 친구인 송경태가 부러웠다. 나는 전방을 주시하다 보니 오금이 저려 더 이상 견딜 수 없었다. 그 덕분에 우리는 7시간 만에 연길에 도착할 수 있었다.

연길! 조선족 동포가 가장 많이 살고 있는 도시답게 거리의 간판에는 우리의 한글과 중국말이 같이 쓰이고 있어서 포근한 느낌을 느낄 수 있었다. 연길시는 장춘시보다 훨씬 작은 도시이며 중국 정부가 자치주로 인정한 곳이기도 하다. 몇 년 전만 해도 조선족 동포가 60% 이상이었는데 젊은이들이 탈농촌을 외치며 시골을 떠나 지금은 조선족과 한족의 비율이 50% 정도라고 한다. 우리에게 첫 밤을 맞게 한 연길에서 우리는 또 한 명의 조선족 동포로부터 아주 친절한 안내를 받을 수 있었다. 너무 늦은 시간에 도착해서 숙소를 정하는 문제라든가 다음날 백두산 등반에 이르기까지 우린 한 가지도 결정한 바가 없었기에 큰 구세주를 만난 것이었다. 숙소를 정했고 찬미(안내견)를 데리고 호텔로 들어갈 수 있었다. 그리고 다음 날 연길에서 백두산까지 이동할 차량을 소개받았을 뿐만 아니라 연길에서 불편함이 없도록 도움을 주었다. 중국에서의 첫날은 쉽게 잠을 청할 수 없었다. 우리나라의 포장마차 격인 꼬칫집에 들러 중구의 고량주를 한 잔씩 하고 잠자리에 들었다.

다음날, 새벽 5시에 어제 식당에서 이용진 씨가 소개해 준 조선족 동포인 이명수 씨가 호텔로 찾아왔다. 우리 일행보다 열 살 정도 위일 것 같은 그 사람도 첫인상이 좋았고 착하게 보였다. 뒤 적재함에 배낭을 싣고 차에 탔다. 찬미와 우리 셋이 가기에는 너무 비좁았다. 연길에서 백두산까지의 거리는 350km다. 일찍 나서야만 백두산에 오를 수 있는 거리였다. 우리는 아침 6시 30분에 한국의 KBS 라디오 방송국과 생방송으로 전화 통화를 하기로 약속이 돼 있었다. 안내 기사의 말로는 부지런히 가야 중간에 무선전화가 잘 통하는 곳까지 간다는 것이었다. 쉬지 않고 달려 도착한 곳은 소설 '마루타'에 나오는 그 탄광이었다. 그곳이 전화하기가 무난한 곳이라 하였다. 수많은 사람을 지하탄광에 가두고 생매장했다는 그곳에서 우리는 비교적 양호한 상태로 한국의 박지영 아나운서와 통화를 할 수 있었다. 날씨 맑음(백두산 천지에서의 맑은 날씨는 하늘의 별 따기). 모든 것이 순조로운 일정이었다.

아침 9시. 아침 식사를 해야 할 곳을 찾았다. 우리나라처럼 휴게실이 없어서 길가에 임시로 만든 집에 들렀다. 뜻밖에 북한에서 얼마 전에 넘어온 사람들을 만날 수 있었다. 사정을 이야기하고 우리가 한국에서 준비한 라면을 먹을 수 있도록 부탁하였다. 우리는 라면을 먹고 커피도 준비한 것으로 먹었다. 중국 돈으로 50원(한화 6,500원)을 주고 목에 걸었던 볼펜을 꼬마 아이에게 선물하였고, 조선족 젊은 남자에게는 우리가 입고 간 티셔츠(백두에서 한라까지가 새겨진)를 선물로 (너무 갖고 싶어 하기에) 주고 성급히 그곳을 떠났다. 백두산 가까이 이르렀을 때는 도로 양쪽에 원시림이 빽빽이 차 있었다. 길에는 한참 포장을 하는 중국인들을 볼 수 있었다. 우리나라에서는 70년대 초에나 볼 수 있었던 원시적인 방법의 도로포장. 중국의 변화하는 모습을 느낄 수 있었다. 드디어 백두산 입구에 도착했다. 중국에서는 白頭山이란 말 대신에 長白山이란 말을 쓰고 있었다. 배낭에서 미리 준비한 태극기 4개와 전주시 깃발을 꺼내 배낭밖에 꽂았다. 그리고 디지털 캠코더로 촬영을 하였다.

우리나라의 방송국으로부터 부탁을 받은 터라 촬영도 중요한 일정

중 하나였다. 갑자기 카메라 앵글에 나타난 중국 군인이 다소 상기된 표정으로 나에게 다가왔다. 태극기와 내가 찍고 있던 카메라를 빼앗았다. 갑자기 험악한 분위기였지만 중국 군인의 설명을 듣고 우리는 고개를 끄덕였다. 한국 사람들이 백두산 정상에서 태극기를 꺼내 "백두산은 우리 땅"이라고 외친다는 것이었다. 나는 그 중국 군인에게 이미 촬영한 태극기 부분을 삭제하기로 하고 카메라는 겨우 돌려받았다. 중국 군인의 입장에서는 당연히 화가 나는 일이라 생각하였다. 백두산은 엄연히 자기네 땅인데 웬 이방인이 자기 땅이라고 하니 그들의 입장에서는 얼마나 황당한 일이겠는가? 우리는 찬미의 상태를 마지막으로 점검하고 발에 바셀린을 발라주고 출발하였다. 백두산 중턱에 이르렀을 때 많은 비가 내리고 있었다. 준비해 온 비옷을 입었다. 찬미의 비옷도 있는 줄 그때야 알았다. 모 한국 기자가 백두산 천지를 촬영차 갔다가 촬영을 포기하고 왔다는 소리를 들었는데 우리가 산행할 때 비가 오다니 참으로 당혹스러웠다. 제1 코스는 편안한 코스를 택했다. 차에서 내려 정상을 향해 오를 때 많은 한국 사람들을 볼 수 있었다.

신천지가 펼쳐질 것 같았던 정상은 비로 인해 한 치 앞을 볼 수 없었고 간혹 운무와 안개만이 펼쳐져 있었다. 참으로 아쉬운 시간이었고 하산을 얼마 남겨놓지 않은 시점이어서 내일 다시 오를 수밖에 없다는 결론을 내릴 무렵 거짓말같이 하늘이 열리고 있었다. 물론 비도 그친 상태였다. 사진으로만 볼 수 있었던 천지가 눈 앞에 펼쳐질 때 우리 모두는 환호성을 질렀다. 내 친구 송경태는 앞을 볼 수 없어서 나의 설명만으로도 충분히 감동을 받고 있었다. 천지天池는 백두산 꼭대기에 있는 못이다. 하늘의 시작이고 땅의 끝이다. 우리는 순간 넋을 잃고 있었다. 그때 직업적으로 천지를 배경으로 사진을 찍어주는 조선족 동포가 우리에게 다가와 티셔츠에 새겨진 '백두에서 한라까지'란 문구에 대해 물어보았다. 설명을 듣다가 "언제 천지가 없어질지 모르니까 빨리 촬영 먼저 하세요"라고 하는 것이었다. 부산하게 촬영을 하는데 갑자기 천지의 모습은 오간 곳이 없고 시커먼 먹구름만이 앵글에 잡혔다. 정확히 2분 동안만 천지를 볼 수 있도록 배려한 것이다. 우리는 그것만이라도 만족을 느껴야 했다. 잠깐 만끽하였던 천지의 모습을 어찌 지울 수 있을까? 정상에 있던 모든 사람들이 찬미에게 격려의 박수를 보냈고 우리에게도 한라산 등반도 성공적으로 마치기를 기원해줬다. 그리고 남북통일의 염원도 함께 전했다. 하산할 때도 장대비가 계속되었다.

우리는 2차 코스인 장백폭포 옆으로 가는 길로 접어들었다. 중국 땅에서 바라본 천지. 저 반대편 북한에서도 천지를 볼 수 있으련만 아직은 갈 수 없는 저곳을 멀리하고 조금이라도 북한과 가까운 쪽에서 천지를 보려고 택한 코스였다. 천지에서 직접 떨어지는 장백폭포의 위엄 앞에 다시 한 번 발길을 멈추었다. 찬미와 우리 모두 장백폭포의 낙수(62m)를 직접 받아 마셨다. 하늘이 심상치 않았다. 앞을 구분할 수 없을 정도의 짙은 안개와 먹구름이 발길을 재촉하게 한다. 마지막 등반로인 철계단에 이르렀을 때 중국 공안 담당 군인이 앞을 막았다. 날씨의 영향도 있었겠지만 정상 부근에서 공사를 하고 있으니 출입을 할 수 없다는 것이었다. 하는 수없이 우리는 그곳에서 백두산의 흙과 물을 담고 하산을 하였다. 백두산 온천의 온도가 82℃여서 온천물로 계란을 삶아서 팔고 있는 진풍경을 마지막으로 보고 다시 연길로 향했다. 한 가지 밝혀 둘 사실은 백두산 정상에서 우리는 태극기와 전주시의 깃발을 흔들었다. 어렵게 배낭에다 태극기 하나(중국에서는 태극기를 가져가는 것을 금함)를 숨겨서 올라갔다. 그 태극기는 중국을 떠날 때 우리에게 친절을 베풀었던 조선족 동포에게 기념으로 주고 왔다.

　백두산 아래쪽에는 너무나도 맑은 하늘이었다. 워낙 높은 산이기 때문에 하루에도 몇 번씩 날씨 변화가 있다고 한다. 오후 4시 30분. 백두산에서 우리가 묶고 있는 연길의 숙소까지는 350km를 가야 한다. 다시 좁은 트럭을 타고 우리는 쉬지 않고 달려왔다. 밤 9시에 연길에 도착했다. 피곤하고 배고파서 일단 한국 요리를 전문으로 하는 식당을 찾았다. 꽤 늦은 시간이었지만 사람들이 많이 있었다. 대부분의 남자 손님들은 웃옷을 벗고 식사를 하였다. 그곳의 음식 중 갈치의 맛이 퍽 인상적이었다. 찬미 때문에 숙소를 쉽게 구할 수가 없었다. 서강대 호텔에서는 우리의 설명을 듣고 종업원들이 묶고 있는 3인실 침대방을 내주었다. 역시 좋은 시설은 아니었다. TV에서 나오는 한국의 마감뉴스를 볼 수 있었다. 그날 밤 우리는 피곤함에 지쳐 곤한 잠에 빠졌다. 찬미도 사람과 똑같이 코를 곤다는 사실을 그때야 알았다. 다음날 서둘러 호텔을 빠져나와 미화美貨를 중국 인민패로 환전을 해야 했었다. 은행(우리나라의 농협) 앞에는 암달러상이 꽤 여러 명 있었다. 우리가 알고 있는 상식으로는 암달러상은 위조지폐를 가지고 있다는 생각에 약간 불안했지만 은행과 환전 가격이 많이 차이가 있어 한 달러상을 데리고 식당으로 갔다. 밥을 주문하고 그 자리에서 환전하고 주인이 인민패의 가짜 여부를 확인할 때까지 식당에 함께 있었다. 오전 9시 연길역에 도착하였다. 그리 넓지 않은 매표소 입구에는 북새통을 이루고 있었다. 다음 목적지인 장춘까지는 기차로 11시간이 소요되는 거리였다. 열차 전체가 침대였으나 표를 구할 수가 없었다. 그것도 12시간 후인 밤 9시에야 열차가 있었다. 표를 구할 방법을 찾던 중 한 청년에게 얻은 정보는 택시로 10분 정도의 거리에 가면 암표상이 있으니 그리로 가보라는 것이었다. 암달러에 암표, 우리나라에서 말로만 듣던 단어가 피부에 와닿는 순간이었다.

    표를 구입한 시간은 오전 10시, 앞으로 11시간을 기다려야 했다. 어제 백두산을 안내했던 조선족 동포인 이명수 씨를 불러 연길에서 60km 떨어진 도문시를 안내해 달라고 부탁을 하였다. 도문시는 북한과 접경지대로서 우리나라의 TV 화면에서 자주 볼 수 있는 곳이다. 생각보다 삼엄한 경계는 아니었다. 압록강을 사이에 두고 북한군과 중국군이 대치하고 있는 곳. 북한 주민이 자주 국경을 넘는다는 그곳에서 1인당 5천 원씩을 주고 경계에 서서 사진 촬영을 할 수 있었다.

역시 VTR 촬영은 허락지 않았지만 어렵게 촬영할 수 있었다. 경계 지역의 전망대에서 찬미가 고소공포증이 있다는 사실을 알 수 있었다. 경사가 심한 철계단을 오르질 못했다. 도문시에서 교통수단으로 쓰이고 있는 자전거와 수레를 연결한 수동식 차는 퍽 인상적이었다. 중국 돈으로 1원(우리 돈 130원)이면 시내의 원하는 장소까지 안내해 주었다. 실업자가 많아서 무엇이든 일거리를 찾기 위해서 많은 사람들이 그 일에 종사하고 있었는데 역시 웃옷을 벗은 기사가 대부분이었다. 점심 식사는 냉면을 먹었다. 중국이 음식문화가 발달했다 하지만 냉면 맛은 정말 잊을 수가 없을 것 같았다. 도문시에서 연길까지의 길은 비포장이 대부분이었지만 한참 포장을 하고 있었다. 연길에 도착하여 재래시장에 들러 차*와 중국술을 구입했다. 시장에서 찬미를 에워싼 사람은 어림잡아 백여 명은 넘었을 것이다. 찬미의 인기는 대단했다. 열차 출발 시간은 아직도 3시간 정도 남아 있었다. 그동안 친절하게 우리를 안내해 주었던 이명수 씨에게 답례를 하고 싶어서 저녁 식사를 제법 근사한 데로 안내를 하였다. 그리고 노래방에 들러 중국노래를 배웠고, 이명수 씨는 우리 한국의 흘러간 노래를 아주 잘 불렀다.

부지런히 가야 열차에 탈 수 있는 시간이 되었다. 아쉬운 작별을 하고 기차에 올랐고 기적을 울리며 기차는 출발하였다. 열차는 첫 출발점에서 탄 사람들이 아직도 침대의 짐 정리를 하느라 어수선했지만 비교적 잘 정돈되어진 깨끗한 열차였다. 첫 번째 칸을 지나 두 번째 칸으로 들어서려는 순간 열차 승무원이 황급히 우리를 불러 세웠다. 예측은 했지만 너무 강한 어조로 말하는 것을 느꼈을 때 뭔가 심상치 않다는 느낌을 받았다. 찬미를 가리키는 것을 보고 설명을 해야 하는데 내가 겨우 한 말은 "디모동(나는 중국말을 모른다)"이었다. 중국에서 배운 첫 중국 단어다. 잠시 후 조선족 여승무원이 우리 앞에 나타났다. 우리는 찬미에 대해 열심히 설명했다. 다른 칸으로 모두 자리를 옮겼던 승무원들은 회의를 하고 다시 우리 앞에 나타나서 찬미를 수화물 칸으로 옮기라는 것이었다. 우리 일행은 난감한 표정으로 다시 설득을 하였다. 작년에 미국 대륙을 횡단한 이야기며 한국에서의 보도 내용 그리고 비행기를 타고 오면서 찬미의 행동, 찬미와 일반 개와의 차이점에 대해 한참을 설명하였다. 일부 승무원들은 충분히 알아들었다는 눈치였으나 또 다른 승무원들은 다른 승객들에게 피해를 주어서는 곤란하다는 표정이었다. 결국 특실 2인실 침대칸으로 친구와 찬미는 옮겨졌다. 중국 돈으로 90원(한화 11,700원)을 더 지불하였다. 그 시간 이후 찬미와 나는 종착역에 도착할 때까지 만날 길이 없었다. 열차침대의 3층은 한여름에는 참기 어려운 찜통이었다. 나는 아래층 복도에서 사람들과 이야기하려고 내려왔다. 장춘시 공업대학 전자과 2학년인 여대생과 많은 이야기를 하였다. Body language를 총동원했다. 유난히 찬미가 다른 칸으로 가는 것을 아쉬워했던 여대생이었다. 아침 8시 찬미와 다시 만날 수 있었고 많이 반가워했다.

장춘역에서 원광대학교 방송통신과 학생들을 만나 인터뷰 촬영이 즉석에서 이루어졌고 우리는 중국 여대생과 마지막 촬영을 하고 아쉬운 작별을 하였다. 처음 우리를 장춘에서 연길까지 안내했던 이일룡 씨를 다시 불렀다. 먼저 아침 식사를 위해 호텔 식당을 찾았으나 거절당했다. 찬미가 이유였다. 먼저 목욕하기로 하였으나 장춘시는 가뭄이 오래 지속되어 대중목욕탕을 모두 폐쇄하였다고 하였다. 그러나 우리를 안내하는 이일룡 씨가 특별한 곳을 안내한다기에 따라 갔더니 역시 그곳도 문이 굳게 닫혀 있었다. 잠시 기다리라고 하더니 우리를 뒷문으로 안내를 하는 것이었다. 하여간 우리는 가볍게 목욕을 하였다. 1960, 70년대 우리나라의 모습을 보는 듯했다. 사유재산을 인정하기 시작하면서 돈이면 다 되는 그런 모습을 보면서 중국에서도 많은 진통이 있었으리라 예상되었다. 조선족이 운영하는 변두리 식당을 안내받았다. 깨끗하고 음식도 맛깔스러웠고 종업원들도 아주 친절하였고 찬미를 끝까지 지켜주었다. 내일 한국으로 돌아가기 위해서 공항 장춘 지점을 찾아가 비행기표 OK 사인을 받으려 했으나 앞으로 10일 뒤에나 가능하다고 하였다. 순간 앞이 캄캄하였다. 일단 연락처를 남기고 한국의 여행사로 연락하여 사정 이야기를 하였다. 오후 일정은 모두 취소하고 한국에서 걸려올 전화를 기다리면서 휴식을 취하기로 하였다.

  오후 7시 한국에서 전화가 왔다. 내일 오전 11시 하얼빈 공항에서 탑승하면 된다고 하였다. 국사 시간에 배웠던 하얼빈역! 왠지 듣기만 하여도 가슴이 설레었다. 장춘에서 하얼빈까지 350Km였다. 그날 이

일룡 씨와 함께 잠을 자고 아침에 송화강에서 잡았다는 팔뚝만 한 자연산 메기로 요리를 해주었다. 하얼빈까지 가는 동안에 중국 대륙을 이해하는 데 도움이 되었다. 350km를 달리는 동안 산을 볼 수 없었다. 끝없이 펼쳐진 평야에는 옥수수농사와 벼농사가 대부분이었다. 광활한 평야의 진면목을 본 셈이다. 하얼빈 입구에 도착하니 목에 안내라는 문구가 적혀있는 팻말을 걸고 있는 사람이 여럿 서 있었다. 하얼빈이 복잡한 도시라 도시를 처음 찾는 사람들을 안내해 주는 사람들이었고 약간의 사례비를 받는다고 하였다. 시간이 촉박하여 그중 한 사람을 태워 안내를 받기로 하였다. 공항에서 찬미로 인해 벌어질 일을 감안해서였다. 중국에서 가장 차량이 많다는 국도를 끝으로 하얼빈 공항에 도착하였다. 아시아나 항공사 직원에게 우리의 티켓에 OK 사인 여부를 확인해보았더니 출발점이 베이징이라 곤란하다는 것이었다. 성급히 한국으로 전화를 하였다. 세 번의 전화 통화를 한 후 탑승 수속을 받을 수 있었다. 정말 진땀 나는 시간이었다. 그리고 우리는 한 시간 동안 하얼빈 공항 관계자들과 실랑이를 벌여야 했다. 우여곡절 끝에 비행기에 탑승하니 우리나라의 아시아나 항공사 직원들의 따뜻한 배려가 이어졌고 찬미와 우리를 반가이 맞이했다. 고국의 품으로 돌아온 느낌이었다. 일주일간의 중국 여행을 통해서 우리가 얻은 것은 참으로 많았다. 그중에도 특히 장애인들에 대한 배려가 전혀 없었다. 중국에서는 시각장애인들에게 안내견이 사람의 일부이기 때문에 모든 교통수단으로 이용되는 것에 똑같이 사용할 수 있는 점이 획기적인 사실로 받아들여졌다. 비록 북한이 아닌 중국으로 백두산을 올랐지만 그곳의 물과 흙을 가지고 한라산으로 향할 수 있어 마음이 한결 가벼웠다. 김포의 하늘은 역시 포근했다. 고생을 많이 한 터라 고국의 품이 더욱 따뜻하게 느껴졌다.

 나는 며칠 후 금강산을 갈 기회가 생겼다. 학교 측의 배려로 갈 수 있었던 터라 이번 나의 행사를 빛내기 위한 특별한 배려라 생각되어 지금도 모든 선생님에게 미안한 마음과 감사한 마음을 함께 갖는다. 9월 19일 아침 6시 금강산으로 향할 4백 70여 명은 전라북도 학생회관에 모였다. 어느 모임이나 한두 사람 때문에 차질을 빚는데 예외는 아니었다. 두 사람 때문에 30여 분을 기다려 동해항으로 출발하였다. 오대산과 대관령을 넘어 동해의 푸른 바다를 만나면서 벌써 북한의 고성항(장전항)을 떠올렸다. 간단한 출국 절차를 밟았다. 금강산에 가는데 출국 절차라고 생각하니 하루빨리 남북통일이 되어야 한다는 생각이 간절했다. 금강호는 생각보다 훨씬 크고 초일류급 호텔을 연상하게 하는 호화 유람선임을 느꼈다. 금강산 여행을 시작한 이래 이번 승선 인원이 가장 많고 처음으로 일본인에게도 금강산 여행을 허락하여 10명이 동행한다고 방송을 하였다. 저녁 식사 후 현대 측에서 준비한 순서에 의해서 조 편성과 대피 훈련 그리고 금강산 여행 시 지켜야 할 교육을 받았다. 금강호는 이미 칠흑 같은 공해상을 달리고 있었다. 도착시간이 정해져 있는 터라 배의 속력은 최고 속력이 아니었다.

 저녁에 교육받은 내용 중에 금강산은 전혀 오염되지 않은 깨끗한 곳이기 때문에 물 한 그릇, 풀 한 포기, 흙 한 줌도 훼손해서는 안 되고 가져와서도 안 된다는 내용에 나는 잠을 청할 수가 없었다. 내가 지금 금강산에 가는 이유가 분명했기 때문이다. 새벽에 눈을 떠 보니 자그마한 항구에 금강호가 도착하여 접안을 하고 있었다. 비가 많이 내리고 있었다. 아침 식사를 배에서 했다. 동이 트고 안개와 비 사이로 장전항이 보였다. 건물이 이상했다. 나는 건축을 전공했기 때문에 가장 먼저 건물을 유심히 봤는데 아무런 색色이 없었다. 콘크리트 자체의 색이었다. 어둡게 느껴지는 장전항에 첫발을 내릴 때 비로 인하여 엉성한 모습들을 하고 하선을 하였다. 비옷, 배낭, 디지털 캠코더, 사진기, 안경, 금강산 출입증 모두가 나를 불편하게 만들었다. 북한 세관 앞에서 처음으로 북한 사람을 대했다. 세관을 통과하면서 나의 디지털 캠코더가 문제가 되어서 1,700여 명 정도가 기다려야 했다. 나는 나의 입장을 애원하였다. 10여 분 실랑이 끝에 통과를 시켰다. 나는 나의 출입증에 나의 어머니와 작고하신 나의 아버지 사진을 밖으로 보이게 하고 다녔다. 북한 세관 직원을 이해시키는 데 도움이 되었고 나의 티셔츠에 새겨진 '백두에서 한라까지' 문구가 많은 도움을 주었다.

 해발 700여 미터까지는 버스로 이동을 하였다. 우리나라에서 흔히 볼 수 있는 관광버스는 길이 좁아 갈 수 없어서 현대에서 특별히 제작한 34인승 버스를 타고 갔다. 첫 코스는 만물상이었다. 비가 오는 관계로 멋진 금강산은 제대로 볼 수 없었으나 계절폭포는 금강산에 견줄만한 볼거리를 제공했다. 어느 곳에서든 다시 볼 수 없었던 그런 모습에 일행 모두는 감탄사를 연발했다. 안내양의 말로는 금강산에서도 흔히 볼 수 없는 모습이라고 한다. 78번의 등반 경험이 있는 안내양도 한 번도 볼 수 없었다고 한다. 충분히 위안으로 삼을 만했다. 어쨌든 정상까지 6시간에 걸쳐 다녀왔다. 간간이 비가 멈춘 사이 짙게 깔린 구름 틈으로 금강산이 최고의 명산이라는 칭송을 받을 만하다고 느꼈다. 일고여덟 군데 북한 주민이 2인 1조가 되어서 환경을 감시하고 있었다. 우리나라의 TV 뉴스 시간에 볼 수 있었던 미모의 감시원도 눈에 띄었다. 한마디씩 건네는 말에도 친절하게 대했던 그 감시원들이 아직도 눈에 선하다. 남북 정상회담 이후 많이 화해된 남북 관계를 느낄 수 있었다.

사전 교육 때 "들이나 바위에 새겨진 김일성, 김정일에 대한 글을 보고 절대로 비평하지 말라." 했던 것처럼 많은 바위에 큰 글씨로 그들을 찬양하는 내용의 글을 볼 수 있었다. 제대로 볼 수 없었던 금강산이었지만 계절폭포로 위안을 삼고 내일이라도 맑은 날씨를 볼 수 있길 기도하면서 나는 내가 이곳에 오면서 가장 두려워했던 흙과 물을 가져가기로 했다. 물은 계곡물이 많아서 눈에 띄지 않고 병에 담았으나 흙은 약간 흩이 들었다. 생각을 모아서 실행에 옮겼다. 준비해 간 빵을 간식으로 먹으면서 일부러 빵 조각을 땅에 흘렸다. 그리고 흘린 빵 조각과 함께 한 줌의 흙을 담아 배낭에 넣었다. 그 순간 얼마 전 금강산에 갔다가 거슬리는 말 때문에 북한에 억류되었던 여인의 모습이 생각났지만 그렇게 겁을 먹은 것은 아니었다. 세관을 빠져나올 때 나의 배낭이 투시되어 내용물을 확인하는 순간은 눈앞이 노랗게 보였다. 통과다.

 나는 긴 한숨을 내몰며 금강호에 다시 돌아왔다. 산행을 제외한 모든 일정은 금강호에서 이루어졌다. 그날 밤 나는 등 뒤에 새겨진 '남북통일 민족 화해 전주공고 총동창회' 티셔츠 덕분에 여러 명의 전주공고 선배들을 만날 수 있었다. 북한의 해상에 떠 있는 금강호 9층 스카이라운지에서 선배들의 격려를 받으면서 멋진 술잔을 기울였다. 빠트린 부분이 있어 첨언한다. 중국 흑룡강성 하얼빈에서, 그리고 도문시에서도 비슷한 일이 있었다. 전주공고는 세계 어디를 가더라도 깊은 뿌리를 내리고 있다는 사실을 깨달았다.

 다음날 눈을 뜨자마자 가판으로 나가 날씨를 확인하였다. 불안한 구름이 눈에 띄었지만 쾌청하였다. 나는 두 팔을 벌려 생각나는 모든 이에게 감사하다고 외쳤다. 첫날과 같은 방법으로 세관을 통과하여 구룡폭포로 향했다. 며칠 동안 내린 비로 폭포는 대장관을 이루었다. 첫날도 그랬지만 나이 드신 분들이 오기엔 난코스였다. 정상에서 본 폭포의 모습은 또 달랐다. 날씨가 심상치 않았다. 고산지대의 변덕스런 날씨는 예측할 수가 없었다. 철수하라고 외치는 가이드 조장들의 목소리가 여기저기서 들렸다. 하산하면서도 발걸음을 재촉할 수가 없었다. 어느 한 풍경도 지나칠 수 없는 금강의 아름다움에 디지털 캠코더는 쉴 사이가 없었다. 버스가 있는 곳에 이르렀을 때 나는 큰 행운을 얻었다. 빠른 걸음으로 내 옆을 스치는 사람의 옆모습이 어디서 많이 본 듯한 사람이었다. 뒤따라 보니 엄홍길 씨였다. 얼마 전 히말라야 14봉을 정복했던 유명한 산악인 엄홍길 씨를 금강산에서 보게 될 행운이 나에게 올 줄이야!

나는 엄홍길 씨의 어깨를 매만지면서 "이번에 큰일을 해내셨습니다. 정말 장하십니다."라고 말을 건넸다. 고맙다는 말을 건넸고 사인을 부탁했다. 나는 청소년들이 왜 좋아하는 연예인들에게 구름처럼 밀려 사인을 부탁하는지를 알게 되었다. 덕분에 기념 촬영도 하였다. 금강산 여행 중에 가장 큰 선물을 내게 주었다. 하산하여 점심은 비빔밥을 먹었다. 현대에서 북한에다 신축한 금강산 온천에서 온천욕을 즐겼다. 15,000원 정도의 요금이니 비싼 편이었으나 옛날 세조 임금이 자신의 피부병을 고치기 위해 금강산 온천을 찾았다고 할 정도로 정말 좋은 것 같았다. 현대그룹의 신입사원들이 금강산에서 연수를 하는 것도 퍽 이채로웠다. 금강산에서의 모든 일정을 마치고 마지막 세관을 통과하여 다시 금강호로 돌아왔다.

금강호의 입구에서부터 무사히 산행을 마친 것을 축하하기 위해 승무원들이 즉석에서 공연을 하였다. 러시아, 필리핀, 네팔 등지의 이방인들이 대부분 금강산의 승무원들이었다. 금강산 내에서 버스를 운행하는 기사는 전부 중국의 연변에서 온 조선족 동포였다. 저녁 식사를 맛있게 먹었다. 피곤하고 배가 많이 고팠었나 보다. 마지막 날 승객들을 위한 노래자랑도 열고 공연도 하였으나 나는 일찍 잠을 자야 했다.

아침에 동해항에 도착하면 군산으로 이동하여 찬미와 친구랑 만나서 한라산으로 향해야 했기 때문이었다. 마지막 날이라 쇼핑을 하는 사람들이 많았다. 나도 최소한의 기념품만을 구입하고 취침에 들었다. 평소에 일찍 일어나는 습관을 가진 나에게 두 번째 행운을 가져다 주었다. 습관처럼 일어난 그 시간 나는 캠코더를 짊어지고 9층 갑판 위로 나갔다. 동해항이 어슴푸레 시야에 들어왔다. 그리고 붉게 물들려고 하는 바다의 저 수평선 끝으로 뭔가 심상치 않은 일이 벌어지고 있는 듯했다. 육지가 아닌 바다에서 그것도 아름다운 금강호의 갑판에서 지금 황홀한 일출을 맞이하고 있는 것이다. 카메라 앵글에 잡힌 일출. 말로는 표현할 수 없다. 30여 분 동안 아무 말 없이 일출의 현장을 카메라에 잡았다. 보너스로 주어진 금강산 여행은 엄홍길 씨와 동해의 일출이 특별보너스로 추가로 제공하였다.

아! 아름다운 금강산이여, 동해의 황홀한 일출이여!
제주의 한라산에서 그대들을 다시 평가하리.

동해항에 도착하여 간단한 입국 절차를 밟고 3박 4일 간의 일정을 모두 마치고 관광버스에 올랐다. 어떤 드라마를 통해서 유명해진 정동진역正東津驛에서 동해의 짙은 내음을 다시 만끽할 수 있었다. 정동진에서 출발 시간 오전 11시 20분. 오후 6시까지는 군산공항에 도착해야 했는데 충분히 여유 있는 시간이었다. 오대산에서 점심 식사를 하고 다시 출발할 때 나는 약간 불안한 생각이 들기 시작했다. 일행이 많다 보니 휴게실에서 지체하는 시간이 많아서 생각했던 것보다 늦을 수밖에 없었다. 다음 휴게실에서 1호 차의 총 단장을 만나 사정 이야기를 했더니 가능한 한 최선을 다해 6시까지 도착할 수 있도록 해주겠다고 하였다. 이후 우리 일행의 차량 12대는 전주 인터체인지까지 쉼 없이 달려 나의 다음 일정을 도왔다. 그때 많은 선생님들께 감사의 말씀을 전한다.

전주 인터체인지에서는 동료 교사이자 후배인 권기석 선생님이 나를 맞이했고 군산 비행장까지 안전하게 데려다주었다. 비행장에 도착하니 서울 MBC에서 PD를 포함해서 다섯 명이 기다리고 있었고 백두산까지 동행하였던 찬미와 나의 친구 송경태 그리고 후원을 담당했던 진북회관 진송욱 사장도 함께하고 있었다. 군산 비행장은 너무 편안한 느낌을 주었다. 탑승 수속을 마친 우리 일행에게 아주 친절을 베풀었다. 이륙 후 불과 50여 분 만에 제주 공항에 도착함을 알렸다. 대한항공의 부기장님이 기내에서 줄곧 찬미를 쓰다듬는 모습이 너무 아름다웠다. 제주 공항에 도착하니 MBC에서 준비한 렌트 봉고가 기다리고 있었다. 저녁 식사를 위해 탑동으로 갔다. 탑동은 여러 번

왔었는데 멋진 곳이라고 생각했었다. 저녁 식사를 한참하고 있는데 MBC 9시 저녁 뉴스에 우리가 나오는 것이 아닌가? 송경태, 찬미, 그리고 내가 화면에 번갈아 나오면서 내일 한라산에 오른다는 우리의 소식을 제법 길게 다뤘다. 옆에서 식사하던 사람들이 그때야 찬미가 식당에 있는 이유를 알았다는 듯 박수를 보냈다. 예약을 하지 않은 상태여서 쉽게 숙소를 구할 수 없었다. 찬미 때문에 거절하는 곳은 없었다. 아침 일찍 일어나야 했다. 정상인도 아닌 일행을 이끌고 한라산 정상에 오르려면 빨리 출발해야 하기 때문이었다.

방송국 직원 다섯 명과 제주일보, 제민일보 등의 기자가 동행하니 한라산 등반길에 오르는 사람은 한 번씩은 다 쳐다보고 갔다. 출발 후 30여 분이 지나자 비가 오기 시작했다. 백두산도 비 때문에 고생을 했는데 한라산에서도 예외는 아니었다. 해발 1,000m 지점에서 점심 식사를 했다. 도시락을 준비했었다. 비를 맞으면서 도시락을 먹었지만 그 맛은 무엇에 비유할 수 있을까? 세 시간이 지나면서 찬미의 행동에 이상이 생겼다. 발바닥에 피멍이 지고 발톱 부분에 많은 상처를 입고 있었다. 정말 큰 일이었다. 준비한 약으로 임시 치료는 했지만 정상까지는 아직도 세 시간 정도가 더 걸린다. 빗줄기는 더욱 굵어지고 있었다. 진달래 휴게소에 도착하니 송경태와 찬미는 자리에 벌렁 누워버렸다. 찬미의 눈에 눈물이 맺힌 것을 볼 수 있었다. 평상시 찬미의 행동을 본 사람들이 나보다 낫다고 한 말이 떠올랐다. 더 놀란 것은 휴식을 취하고 있는 동안에 제일 먼저 자리에서 일어난 것은 찬미였다. 정상인도 어려운 한라산 등반인데 혼자도 아니고 주인을 이끌고 가는 찬미는 우리보다 훨씬 에너지가 많이 소비될 텐데….

자기와의 싸움! 여섯 시간의 사투 끝에 정상에 이를 수 있었다. 우리를 추월해서 먼저 올라온 사람들이 일제히 기립박수를 보내는 것이었다. 찬미와 송경태는 정말 큰일을 해냈다. 정상에서 휴식을 취할 여유도 없이 인터뷰를 했고 백록담의 물과 흙도 잊지 않고 챙겼다. 친구가 백록담과 백두산 천지를 비교해 보라고 하였다. 백록담에는 물이 거의 없었다. 가뭄 때문이기도 하지만 분화구의 성질과 형태가 다르기 때문에 비교할 수는 없었다. 맑은 하늘과 백록담을 볼 수 있는 것으로 대만족이었다. 20분 후 국립공원 관리공단에서 안내 방송을 하였다. 하산 시간을 지켜 달라는 것이었다. 한라산 등산코스가 길기 때문에 정해 놓은 시간을 지켜야 했다. 나는 관리공단 사무실에다 우리 일행을 소개하고 기록을 남겼다. '시각장애인 송경태와 그의 안내견 찬미가 2000년 9월 23일 한라산 정상에 오르다.'

전무후무한 일로 기록될 것이라 생각되었다. 나는 평소 다른 장애인보다도 시각장애인을 제일 불쌍히 여겼는데 오늘만큼은 아니었다. 신체 장애를 가진 사람은 한라산 등반은 불가하다는 생각을 갖게 했다. 저녁 7시 비행기를 타기 위해서는 쉬지 않고 내려가야 했는데 불가능한 시간이었다. 정상인도 부지런히 내려가야 가능한 시간이기 때문이다. 일단 시도해 보기로 하고 하산을 시작하였다. 하산 그것은 고통 그 자체였다. 길이 불규칙한 형태의 돌로 되어 있기 때문에 찬미의 안내를 받을 수가 없었다. 더욱이 찬미의 발 상태는 한 발자국도 움직일 수 없는 상태였다. 송경태는 나의 오른쪽 팔을 잡고, 찬미는 진송욱 사장의 어깨 위에 메어졌다. 나는 친구 송경태를 보면서 얼마나 힘이 들까 생각하니 모든 것이 은혜로웠고 모든 것이 감사했다. 건강한 신체를 가진 것이 가장 큰 기쁨이었고 앞으로 나보다 신체적으로 못 한 사람들을 위해 더욱 헌신할 것을 스스로 다짐하였다.

하산길에 몇 번이고 주저앉은 친구를 끝까지 부추겨 하산에 성공하였지만 이미 비행기 출발시간보다 30분이 경과한 후였다. 공항에 전화를 해보았지만 불가능하였다. 우리 모두의 몸 상태가 무리였다. 우리는 성판악에서 찬미를 치료하고 대충 씻었다. 남은 점심 도시락으로 배고픔을 달랬다. 전화로 내일 아침 첫 비행기를 예약하고 공항 근처의 여관으로 갔다. 찬미는 얼마나 피곤했던지 코를 드르렁드르렁 골면서 잠을 잤다. 25일 비행기에서 제주일보와 제민일보의 기사를 보았다. 승무원들도 알아보고 우리를 깍듯이 대해주었다. 우리의 한라산 등반 사진이 컬러로 제법 크게 실렸다. 전주에 도착하여 백두산, 금강산, 한라산의 물과 흙 그리고 전주시 깃발과 우리가 입고 있었던 티셔츠를 시청에 기증하였다. 2002월드컵 경기장 옆 만남의 광장이 조성될 그곳에 합수 합토하여 통일의 염원과 함께 우리의 토종 무궁화를 심기로 약속을 하였다. 이번 20일간의 행사를 도와주신 많은 사람들에게 고마운 뜻을 전한다. 최진호 21C복지회 회장, 남노송동 동장, 독일약국 약사, KBS MBC 보도국장, 그리고 355-E지구 도나지 라이온스 회원들, 학교의 모든 선생님들, 전주공고 총동창회에게 깊은 감사의 말씀을 전하면서 하루빨리 남북이 화해하고 통일을 이루길 간절히 희망한다.

  나의 조국 한반도가 하루빨리 하나가 되기를 간절히 희망하는 바람으로 이 여정에 참가하였다. 남과 북의 두 정상이 만나고 50만의 이산가족이 상봉하는 이 시점에서 무한한 기쁨과 축하를 해야 하는데 왠지 나의 마음은 무겁기만 했다. 나의 아버지는 월남한 실향민이다. 그토록 통일의 그날을 기다렸지만 아버지는 1년 전 50년의 응어리진 한을 남긴 채 다른 세상으로 가셨기 때문에 더욱 마음이 아팠다. 그래서 남과 북의 최고봉을 정복하고 그곳의 물과 흙을 합수 합토하여 2002월드컵이 열리는 이곳 전주월드컵경기장에 우리의 토종 무궁화 나무를 심어서 통일의 염원을 담기로 하였다. 조국 수호를 위해 눈을 바친 나의 친구 송경태도 분단이 빚어낸 비극이기 때문에 더 이상 이 땅에 같은 비극은 없어야 하겠다. 남과 북의 모든 시각장애인에게도 꿈과 희망을 주어야 한다는 일념으로 시작하였다.

讚美의 죽음

　讚美. 여덟 살의 어린 여자아이. 그 아이가 우리의 곁을 떠났다. 내 친구의 안내를 맡았던 忠犬이었던 讚美. 나와 함께 백두에서 한라까지의 이벤트 행사를 무사히 견뎌냈던 그 아이가 우리의 곁을 떠났어. 중국 공항에서 안내견이란 인식을 심어 주었던 讚美. 백두산에서 같이 태극기를 휘날렸던 그 讚美. 한라산에서 힘에 겨워 누워버렸던 찬미 그 讚美를 내 등에 업고 내려와서 밤새 앓아누워 눈물지으며 코를 드르렁드르렁 골았던 그 찬미. 전주 군산 간 마라톤 대회에서도 중간에 포기하면서까지 주인을 지키려 했던 그 아이. 아마도 스트레스로 인해 얻은 암이 아니었나 싶다. 암 수술을 성공적으로 마쳤다고 했을 때만 해도 그렇게 쉽게 우리의 곁을 떠나리라고는 생각도 못 했는데…. 내일 장례를 치른다고 한다. 그동안의 공을 인정받아 용인의 에버랜드에 묻힌다고 한다. 참 아까운 견공이었는데. 찬미야 하늘나라에서도 너는 너의 주인을 위해 우직한 충견으로 남아 있을 거야 다시 태어난다 해도 넌 너의 주인을 위해 몸 바치리라 생각한다. 너의 영전에 삼가 애도의 뜻을 표한다. 백두산 장백폭포에서 찍은 사진을 보면서.

새해 첫날의 다짐

癸未年 한해도 정신없이 우리 곁을 떠나 버렸다. 이렇게 해서 나이만 한 살 더 먹게 되었나 보다. 나이에 걸맞게 살았나? 나이에 맞는 생각을 했나? 부족한 것이 있다 하더라도 새해엔 더 열심히 살자고 다짐해본다.

갑신년 새해에는 아들이 중 3이 된다. 아들에게 거는 기대만큼 아빠로서의 역할도 잘해야겠다는 생각을 한다. 요즘 아이들 그렇게 뜻대로 되는 것도 아닌데 부모들의 욕심이겠지. 나는 고등학교를 선택할 때 아무도 상의할 사람이 없었다. 터놓고 얘기할 사람이 없었지. 어렸을 때부터 혼자 결정하고 혼자 생각했었기 때문에 아들하고 이야기를 많이 나누려고 한다. 아들 녀석 잘하리라 굳게 믿는다. 아빠도 열심히 최선을 다하니까 그런 모습 보면서 느끼겠지.

새해에는 나와 가족의 건강 그리고 아들들에게 더 큰 관심과 사랑으로 큰 날개를 달 수 있도록 도와줘야지. 그리고 주변 사람들과 더불어 사는 참 의미를 실천해야지. 말로만 더불어 사는 것이 아니고 몸으로 실천하는 그런 갑신년 새해를 맞이하겠다고 스스로에게 다짐해본다.

 부안에 계신 어머님께도, 서울의 장모님께도, 진북동의 고모님께도, 유성의 하숙집 어머님께도 새해 문안 인사 올리며 바쁘다는 핑계로 자주 찾아뵙지 못하는 송구스러운 마음을 언제나 떨쳐버릴 수 있을지…. 금년에 다시 되새겨본다. 은혜에 보답하겠다고.

먼저 간 친구에게

여보게 친구! 그렇게 아무 소리 없이 남아 있는 자들에게 어찌 그렇게 큰 짐을 주고 가시는지? 자네는 그 어려웠던 시절 대통령을 만들어냈던 인물 아닌가? 민주화를 위해 그렇게 처절히 당하면서도 굴하지 않고 끝내는 '준비된 대통령'이란 마지막 선거 전략으로 큰 인물 뒤에 자네가 모든 것을 책임졌던 그런 사람이 자네가 아니었던가?

2001년 여름 어느 날 월요일로 기억하네! 나를 청와대로 초청해서 청와대 구석구석 구경시켜 주고 총리 관저 근처에서 맛있는 점심을 사주면서 자식들 이야기며 지금까지 살아온 이야기며 우리 얼마나 진실한 이야기를 나누었던가? 돌아오는 길에 제자들하고 맛있는 저녁이라도 먹으라고 하면서 미리 준비한 빳빳한 새 돈을 봉투에 넣어서 주던 너의 모습이 아직도 눈에 선한데….

작년에 모친상을 당했을 때 그 많은 조문객 중에도 나의 손을 꼭 쥐면서 모교를 위해 애써달라고 했던 자네의 모습이 아직 선한데 갑작스럽게 자네의 소식을 접하니 어찌 그 큰일을 나에게 믿으란 말인가? 자네가 못다 한 일은 나는 엄두가 나질 않네. 자네는 우리나라를 짊어지고 갈 큰 인물이질 않았나?

  윤 국장님. 잘 가시게. 자네가 우리를 위하여 조국을 위하여 불사른 정열을 나는 작은 마음으로 2세 교육에 조금이라도 더 열심히 조금이라도 더 큰마음으로 정진하겠네! 자네의 몫을 내가 알기에 난 자네의 작은 자리 자네의 빈자리에서 우두커니 서 있을 수밖에. 윤두석 국장님. 자네의 영전에 삼가 애도의 뜻을 표하면서.
  부디 좋은 곳으로 잘 가시게.

  남아 있는 자들이 자네의 그 큰마음을 알고 잘할지 모르겠네! 우리에게 너무 큰 친구였기에뭐라 할 말이 없네. 윤 국장 잘 가시게…. 부디….

- 자네의 친구 신진규.

어머님께 드리는 글
- 고희를 맞아

  8개월 된 막내를 등에 업고 남편의 시력을 되찾으려 병원을 찾았던 참담했던 그 당시를 떠올려 봅니다. 꽃다운 젊은 나이에 치장 한번 제대로 해보지 못하고 젊음을 바다에 바쳐 평생 조개잡이를 하셨던 나의 어머니.

  살아오면서 보람도 있었겠지만 얼마나 힘들었을까, 상상으로만 어머니의 지난 세월을 떠올려 봅니다. 실명한 남편과 자식 셋을 위해 40년 동안 남자들이 해야 할 일을 마다치 않고 어머니는 그렇게 깊게 팬 주름을 표나지 않게 간직하셨습니다. 오늘 고희라는 경사스러운 일로 조촐한 자리를 만들었습니다만 깊게 팬 주름을 어찌해야 다시 펴 드릴 수 있단 말입니까?

  어머니. 초등학교 5학년 때 윤택이만 할 때 부모님의 곁을 떠나 큰고모님 댁에서 자라면서 정말 어머니의 품이 얼마나 그리웠는지 모릅니다. 그래도 가족들의 기대에 어긋나지 않게 잘 견뎌왔습니다. 세준이가 때로 속상하게 했지만 지금 생각해보면 저를 더 성숙하게 할 수 있었던 것 같습니다.

어머니. 오늘 어머니의 칠순을 맞이하여 가족이 모두 함께했습니다. 특히 저와 아주 가까이 지내는 몇몇 친구들이 함께하여 이 자리가 더욱 빛나는 것 같습니다. 조촐하게 준비한 음식입니다만 어머니의 만수무강을 기원하는 모든 이의 마음을 굽어살피소서. 특히 오늘은 큰고모님의 생신까지 같이 할 수 있어서 너무 다행입니다. 이 자리를 빌려 고모님께 진심으로 감사의 말씀 올립니다.

제게는 네 분의 어머니가 계십니다. 오늘 고희를 맞으신 저의 어머니와 고모님, 그리고 대학 시절부터 지금까지 친자식 이상으로 저를 사랑해 주셨던 하숙집이 아닌 어머니로서 저를 감싸주셨던 유성의 어머니. 또 한 분은 제 가슴속에 아직도 머무는 뉴질랜드의 양어머니 모두 저의 어머니이십니다.

유성에서 여기까지 쉽지 않은 거리임에도 불구하고 찾아주신 효승이와 유성 어머님께도 진심으로 감사의 말씀을 올립니다. 지난번 작은고모님의 회갑 때 저희가 챙겨드리지 못해 정말 죄송합니다. 작은고모님의 회갑도 늦었지만 축하드리고요. 저희 삼 형제가 두 분 고모님께 작은 정성을 모았습니다. 두 분 고모님 감사드리고요. 앞으로도 저희 형제들 많이 사랑해 주세요.

- 2003년 11월 2일 막내 진규 올림.

친구에게 보낸 편지
- 30년 지기 친구 병노 친구에게 (2008.5.25)

안녕? 벌써 30년이 지났네. 그때 머리 빡빡 깎고 시커먼 교복 입고 교정에서 만났을 때가 엊그제 같은데, 지금은 그 자리에 아파트 단지가 들어섰다더라. 도심 한복판이 되어버린 그곳을 상상하니, 우리의 옛 교정이 먼 옛날이야기가 된 것 같은 느낌이다.

추억의 교정, 파란 잔디구장에서 건축과 너희 반 '토목과'가 함께 서 있었던 모습이 생생히 기억나. 고3 때 공무원 시험도 같이 붙었고, 등록금 때문에 싼 국립대에 동시 입학한 것도 인연 깊었네. 서로 가난했기에 더 끈끈했던 시간들이 지금 돌아보면 참 소중하다.

아파트에서의 우연한 만남이었지. 교직으로 전직하고 7~8년쯤 됐을 때, 같은 아파트에 살게 될 줄 누가 알았나! 자넨 꼭대기 층 나는 1층. 돌아서면 반갑게 인사하던 날들이 마음에 남아 있다.

그리고 다시 만난 교단. 5년 전 이사 간 뒤 끝난 줄 알았는데, 3년 전 모교 교단에서 다시 만난 건 정말 뜻밖의 기쁨이었지. 자넨 나보다 1년 먼저 왔기에 든든했고, 교단에서 함께 목숨 걸고 학생 가르치던 게

국화빵처럼 달콤한 삶 같았다.

 기억하나? 너는 딸 셋, 나는 아들 둘. 아내가 셋째 소라에게 주던 옷가방을 보면 단지 우정을 넘어 두 가족 모두의 인연 같더라. 특히 한나는 인형 같고, 화목한 너희 집 분위기를 보며 나도 많이 배우고 있다.
 우린 자식 교육의 동반자였지. 전공을 살린 자식들 진로 덕에 주위 사람들 반응이 어땠는지 기억나네. 한나는 건축과, 경택이는 토목과. 졸업 후 기숙사에서 와장창 공부하던 모습이 어제 같다. 소수의 점수 차이로 한나가 조금 아쉬웠지만, 너와 내가 묵묵히 인도하던 덕분에 둘 다 훌륭하게 성장해 준 점이 너무 자랑스럽다.

 기억 속 이야기들을 다시 꺼내자면 작년 스승의 날, 한나에게 문자·편지 받은 일 아직도 눈물 나더라. "평생 은인"이라 불린 그 말에 가슴이 뭉클했지. 경택이는 내게 뭐라고 문자를 보냈는지 기억나? "전주공고 졸업이 제일 자랑스럽다."라는 말은 우리의 교육이 제대로 통한 걸 증명했어.

 앞으로의 시간들을 생각한다. 이제 윤택이도 우리 학교에 오고 싶어 하더라. 다시 돌아온 교단에서 너는 소라를, 나는 윤택이를 맡게 될지도 모르겠다. 한나와 경택이가 대한민국 이공계 미래를 짊어질 인재란 생각에 가슴 뛰는 기대를 품는다. 아이들과 함께 만든 '모의 수능'이나, 애쓴 학생들 모습도 어제처럼 생생하다. '꿈은 이루어진다! 조금만 더 힘내자'라는 기숙사 공붓벌레들의 합창을 들으며, 우리의 그 시절이 또 다른 아이들에게 이어지고 있다.

친구야, 멀리 있더라도 후배들 응원하고 있어 줘. 너는 지금 학생 야영장에서, 나는 기숙사에서 각자의 자리에서 최선을 다하고 있으니 말야. 올해도 좋은 소식 많이 들으리라 믿어. 허련이 인재상 지원도 잘 되었고, 4일 남은 모의 수능도 자신감 차더라. 이 편지, 지난 5월에 적어두고 이제야 보낸다. 편지로라도 내 마음 닿길 바라며, 건강하고 맑은 공기 마시며 다시 교단에서 웃으며 만날 날을 기다린다. 사랑한다, 정병노.

- 전주공고 사감실에서 삼십년지기 친구, 진규가.

친구로부터 받은 답장

친구에게!

이곳 지리산 자락에는 서늘한 기운이 웅장했던 녹음을 새로운 옷으로 단장할 준비를 하고 있는 듯하다.

친구의 편지를 읽고 보니 우리는 참으로 끈질기게 관계되어 살아왔구나.

내 인생에 있어서 지울 수 없는 존재임을 다시 한번 되새기게 한다.

멀리 있어 사람이 그리워질 때 가만히 허공을 지켜보고 있노라니 옛 생각들이 되살아나는 듯하다.

무엇을 위해서인지 모르게 분주하게 뛰었던 일들.

곧 후회할 것인데 너무 급하게 행동하고 열을 올렸던 일들….

사랑이 무엇인지도 모르면서 내가 제일 아이들을 사랑한 척한 일들….

잘나지도 못하면서 혼자 설치고 돌아다녔던 일….

하잘 푼 놈이 모교를 살려본다고 이집 저집 누벼가며 인재를 구걸하고 다녔던 일….

인재 육성 자금이 없어 모임마다, 자본가들을 마다하지 않고 구금하던 일….

우리 맘을 외면하는 경영자들과 답 없는 입씨름을 하던 일….

교육부 감사가 온다고 우리 아이들을 소집하고 인재 육성팀을 해체해야 하나 마음 졸이던 일….

슬퍼하고 걱정하는 모습을 달래며 소주잔을 나누던 친구들과의 추억에 남을 일….

많은 생각들이 나를 생각하게 하여 지금의 날 만들어 온 듯하다.

생각만 해도 아찔한 고비를 넘긴 듯 지금은 조금 평온한 마음으로 더듬어 본다.

못 잊을 친구야!

그대는 내가 외로울 때 즐거울 때 슬플 때 항상 옆에 있어 주었던 고마운 친구지.

언제나 우정을 잊지 말고 살자.

각자의 일들이 바빠 마음으로 표현하지 못하는 일들까지 사랑하며 살자.

난 그대와 같은 친구가 있어 천하를 얻는 것보다 자랑스럽고 고맙게 생각하고 있단다.

아마도 먼 훗날 머리가 파뿌리 되어 세상을 돌이켜 볼 때면 가장 먼저 생각나게 될 친구가 바로 신진규 당신이 될 거이네.

그래 전주공고의 생활은 참으로 고민도 많았고 부담도 많았지.

진규는 워낙 훌륭한 놈이라 지혜롭게 잘 해냈지만 부족한 난 좀 힘에 버거웠나 보네.

그러나 후회는 없네.

내가 가장 근무해 보고 싶은 곳이 그곳이었으나 인연이 늦게 되어 아쉽긴 하지만 난 내가 전주공고 출신임을 자부하고 살아왔고, 그곳 생활도 마찬가지였었네.

어려운 일 만큼이나 보람도 많았지.

어려울 때 친구의 도움이 얼마나 큰지 모르겠네.

그중 제일 큰 보람은 세상에서 멋진 너를 만나 우정을 다질 수 있음이고, 또 하나는 그래도 최선을 다해 모교를 위해 봉직했다는 것이네. 그 결과 자랑스럽게도 서울대를 2명이나 보낼 수 있었고, 불가능이 없다는 자신감을 가지게 되었지.

참으로 고마운 만남의 연장이었단다.

훌륭한 친구의 교육 대상의 시상식에서 얻은 '관심'이라는 책 알지?

정말이지 나의 초능력을 의심케 하는 책이었지.

그 속에 이런 말이 생각난다.

"관심이란 지금 몰입하고 있는 일을 멈추고 주변을 보는 것"이란 말.

내가 하는 일을 멈추고 남을 이해 한다는 것은 불가능한 일일 것이다.

이제 우리도 우리의 욕망을 잠시 멈추고 주변을 한번 볼 수 있는 여유 있는 관심이 필요할 때가 아닌가 싶다.

사랑하는 경택이, 한나!

너의 말대로 우리의 관계처럼 잊혀지지 않는 좋은 관계로 지속되고, 우리의 대를 이어 전주공고를 빛내는 얼굴들로 남았으면 좋겠다.

친구의 계속되는 조언과 지도가 필요할 것이네.

사랑을 멈추지 말고 계속 관심으로 돌보아 주길 바라네.

너의 감탄스런 편지를 읽고 나도 너에게 너무 많은 기억들을 한번 외쳐보고 싶은 마음으로 시작되었는데 시간이 이것마저 허용하지 못하나 보다.

밖에서 교육생들의 어수룩한 교관을 기다리나 보네.

못다 한 말은 다음에 또 기회가 있음 다시 전함세.

사랑한다 친구야.

화이팅하고 마지막 과업을 당신에게 맡기고 떠난 친구를 원망해다오.

열심으로 성공된 드라마 한 편이 또 탄생하길 기원한다.

허련, 지훈, 재협이의 성공 사례가 지리산까지 울려 퍼져 전주공고의 기상이 만천하에 드러날 수 있도록 하자.

그럼 친구의 건승을 기원하며 이만 줄이겠네.

안녕. 친구 병노가.

아름다운 생일

　어느 카드회사에서 케이크가 배달되었다. '신진규 VIP 고객님 HAPPY BIRTHDAY TO YOU'
　내 생일은 음력으로 6월 2일이다. 그런데 카드회사에선 양력으로 내 생일을 알고 있었던 것이다. 냉장고에 보관하고 오후에 내가 맡고 있는 기능특기생들을 불러 모아 케이크를 먹으면서 제목을 가짜 생일이라고 붙였다. 그리고 어제 음력 6월 초이틀 나의 진짜 생일이었다. 그런데 나와 내 아내, 그리고 나의 아들들도 내 생일을 까맣게 잊고 있었던 것이다. 출근을 하여 메일을 검색하니 몇몇 축하 메일이 도착되어 있었다. 고교 친구의 문자메시지도 물론 포함되어 있었다.
　생일의 특별한 의미보다는 왠지 서글픈 생각으로 하루를 마무리할 무렵 내가 지도하는 특기생들이 나를 데리고 간 곳은 제도 실습실이었다. 케이크에 통닭 그리고 음료수와 과자 제법 근사하게 꾸며진 생일잔치를 준비하였고 생일 축하 노래를 불렀다. 머슴아이들 치곤…. 마음으로 표현을 못 하는 그 마음 잊지 못할 또 하나의 교단 일기를 쓰고 있었다. 지난 양력 생일 때 한 녀석이 음력으로 기억을 하고 있었던 것이었다.

    퇴근 후 나는 아내에게 귓말을 전했다. 여보 아버지 좀 어때? 장인어르신이 노환으로 많이 편찮으시기 때문에 요즘 정신이 없다. 내 생일을 잊어버려 미안해할 아내에게도 최상의 서비스를 제공해줬다. 어제는 잊지 못할 생일로 기억될 것이다.

샘터에 실린 글: 샘터탐방
- 샘터 오윤환 기자

산과 바다와 계곡의 풍류를 한 바람에 즐길 수 있는 전라북도 부안군. 그렇지만 정작 이곳에 20년 넘게 살면서도 바닷가에 한 번 안 나가 본 사람이 있다. 하서면 평지 마을에 사는 신중하 노인(63세. 부안군 하서면 장신리 1730)이 바로 그이. 그이는 젊었을 때 입은 눈의 상처로 해서, 이제껏 문만 열면 파도가 출렁이는 바닷가에 한 번도 안 나가 봤다.

그가 살고 있는 마을 입구에 가면 까만 돌로 만든 비석 하나가 오롯이 서 있는데, 그 비석에는 이런 글자가 새겨져 있다. '愼重夏氏 功勞善蹟碑'. 이 비석은 7년 전 마을 사람들이 신중하 씨를 위해 세운 것이다. 빛이라고는 한줄기 볼 수 없는 그가 도대체 마을을 위해 어떤 일을 했기에, 마을 사람들은 그를 위해 비석을 세운 것일까?

망치 소리로 깨는 아침

요즘도 신중하 씨는 새벽 4시에 28년 동안 단 하루도 쉬지 않고 해 온 일을 위해 잠자리에서 일어난다. 어둠뿐인 신새벽. 그는 늘 하던 대로 침대 밑의 옷을 챙겨 입고는 더듬더듬 벽을 짚으며 집 밖으로 나와, 작업실 안으로 들어선다. 그리고는 보이지 않는 불빛이건만 습관처럼 전등을 켜고, 익숙하게 손바닥만 한 앉은뱅이 의자를 찾아 앉는다. 잠시 후 그는 보지 못해 애타는 감정을 허물 듯 망치질을 시작한다. '뚱땅, 뚱땅, 뚜다당!' 어둠을 깨뜨리는 투명한 소리. 그 소리를 들으며 그는 자신의 유일한 감각인 귀를 열어놓으며 아침을 맞는다. 신씨가 이 세상의 빛을 마지막으로 본 것은 1962년 3월. 어릴 때 이미 녹내장으로 한쪽 눈을 잃었던 그는, 장가를 간 지 8년 후에 나머지 한쪽 눈도 실명했다. 그 사고 후 신중하 씨의 삶은 180도 급변했다. 아이 셋을 잘 키워보겠다며 성실하게 일하던 삶이, 고통스러운 절망감에 자살을 생각하는 상황으로 바뀌었다. 눈이 물그릇처럼 흔들리는 통증은 그렇다 치고, 빛과 가족들의 얼굴을 보지 못한다는 안타까움은 이제껏 상상조차 할 수 없었던 괴로움을 안겨주었다. 혹시나 해서 전국의 이름 있는 병원을 모두 찾아다녔지만 영영 감긴 시력을 되찾을 수는 없었다. 빈털터리가 된 그는 전주 생활을 포기하고 친척이 있는 인천 송도로 올라왔다.

그런 그에게도 희망의 불빛이 비쳤다. 장님 새끼들이라고 놀림 받는 자식들을 위해 뭔가 보여주어야만 했는데, 어느 날 개흙에 나갔다 들어온 아내가 흘린 말에 귀가 번쩍 뜨였다. '호미보다 더 좋은 도구가 있으면 조개를 더 많이 캘 수 있을 텐데….' 가족들의 생계를 위해 많은 여자들이 개흙 속의 조개를 잡는데, 그게 호미로는 신통치 않는다는 것이었다. 그는 목공 일로 다져진 자신의 손재주를 생각하며 뭔가 가능성을 엿보았고, 이내 실행에 옮겼다. 밤잠을 안 자며 기존의 갈고리와 호미를 구해다가 손으로 낱낱이 훑어보며 어떻게 하면 좀 더 나은 도구로 만들 수 있을까 궁리했다. 원리는 간단했다. 개흙이 잘 파지게 만들면 되었다. 그것은 자기와의 무자비한 싸움이었다. 더듬더듬 대며 내리치는 망치질에 손이 찢기고, 줄질에 살이 잘려 나갔다. 그러나 그의 우직한 손은 단 하루도 쉬지 않았다. 그 싸움에서 이겨야만 자신에게, 자식들에게 떳떳할 것 같았기 때문이다. 마침내 흔들거리던 자루가 고정되고, 날이 반듯하게 선 갈고리가 만들어졌다. 그것은 직경 5mm, 길이 40여cm의 강철을 나무 손잡이에 연결해 갈퀴 모양으로 구부린 다음 끝을 망치로 때려서 2cm 정도의 넓이로 납작하게 편 것이었다. 다음날, 그의 아내 박순옥 씨(60세)가 그것을 들고 개흙에 나가 작업을 했다. 결과는 성공, 대단히 만족스러운 것이었다.

"그제야 전 캄캄한 세상에도 제가 할 일이 있다는 걸 알았습니다. 그리고 이제껏 아무것도 보지 못한 게 제 눈 때문이 아니라 마음 때문이란 걸 알았습니다. 그걸 깨달았을 때 저는 더없이 기뻤습니다." 19번의 수공으로 만들어지는 그의 단단한 갈고리는 금방 소문이 났고, 많은 사람들이 그것을 사 갔다. 그러나 그가 캄캄한 눈으로 만드는 갈고리의 숫자는 한정되어 있었다. 하루에 이십 개 정도. 그렇지만 주문이 들어오면 다 받았고, 신용을 위해서는 잠 한숨 안 자고 손톱이 수없이 빠지면서도 갈고리를 만들어냈다.

그러나 그 기쁨과 행운은 그리 오래가지 못했다. 뚱땅거리는 망치질 소리에 식구들이 어느 정도 면역이 되어갈 즈음 인천 앞 바다에 폐수가 유입되면서 각종 패류가 떼죽음을 당하는 일이 생긴 것이다. 바다에 죽은 패류의 껍데기가 끔찍스럽게 나 뒹굴었다. 그러자 갈고리의 주문이 뜸해졌다. 그는 어둠이 몸 안으로 비집고 들어오는 것을 맛보아야 했다.

산 사람을 위해 세운 공적비

삶의 터를 다시 옮긴 것은 1972년. 식솔들을 이끌고 일면식 하나 없는 부안으로 내려왔다. 그때 부안 바닷가에서는 백합조개가 많이 잡히고 있어, 그는 비교적 자릴 잘 잡은 셈이었다. 이곳에서도 그의 미덕은 유감없이 발휘되었다. 특유의 정직함으로 신용을 지켰던 것이다. 전남북 해안가 마을 사람들이 그의 갈고리를 사러 몰려오면 단 하루도 어기지 않고 제품을 건네주었다. 그 신용을 위해 하기에 그는 피곤한 줄 몰랐다. 그만큼 캄캄한 어둠 속에서 일하는 즐거움이 컸고, 바람에 실려 온 갯내가 좋았다. 신기한 것은 그의 몸이었다. 앞을 보지 못해 반찬이 많아도 늘 한두 가지만 먹는 데도 몸이 쇠처럼 단단했다. 그가 만드는 갈고리 또한 자루와 날 중, 자루가 헐렁하거나 날의 각도가 맞지 않으면 쓰기가 영 마땅치 않은데 그는 신기하게도 그런 부분을 완전할 정도로 보완해냈다. 기우뚱거리던 삶이 안정을 찾기 시작했고, 그때부터 그는 소박하기 이를 데 없는 작은 꿈 하나를 키우기 시작했다. '내 손으로 집을 한 채 지어 보는 것'. 그것이 그의 소망이었다. 마을 앞에 그의 공적비가 세워진 것도 그 무렵이었다.

  그가 처음 평지마을에 왔을 때, 마을은 이불 없이 사는 사람과 노는 여자들이 태반이었다. 더구나 높은 지대 사람들은 어렵게 아랫마을까지 내려와 물을 길어 먹고 있었다. 그는 우선 수중의 돈을 뚝 떼어 간이상수도를 만들었다. 그리고 어수선한 길을 포장했고, 쉴 곳 없는 노인들을 위해 방 두 칸을 빌려 경로당 안에 가스레인지, 녹음기, 싱크대, 보일러 등을 기증했다. 미심쩍은 눈초리로 그의 행동을 지켜보는 마을 사람들을 위한 그의 노력은 그칠 줄 몰랐다. 일 년에 한두 번 마을 어른들과 며느리들을 데리고 효도관광을 시켜줬고, 마을의 고장 난 형광등이나 재봉틀들을 일일이 수선해주기도 했다. 이상한 것은 눈 뜬 사람들이 아무리 고치려 해도 안 되는 것이 그의 손만 닿으면 멀쩡히 되살아난다는 거였다.

  그제야 마을 사람들은 그의 심신을 이해하게 되었고, 그 고마움에 보답하고자 공적비 세울 의견을 내놓게 되었다. 그 사실을 알고 신 씨는 완강히 거절했다. 이유는 '비석 세울만 한 일이 뭐 있어?'라는 거였다. 그러나 마을 사람들도 막무가내였다. 그는 졌다. 그 대신 공적비에 '내가 한 그깟 일은 새겨 넣지 말라'고 신신당부했다. 그래서 그의 공적비엔 여느 비석과는 달리 공적 내용이 새겨져 있지 않은 것이다.

이 세상의 주인 된 자

그를 따라 그가 평생 만들어온, 갈고리가 만들어지는 작업장으로 가보았다. 여느 시각장애인과 다름없이 막대기를 집고 안내를 하는 그의 발걸음이 가볍다. 작업실은 몹시 어두웠다. 그는 익숙하게 전등의 불을 켰다. 그리고는 기자에게 뺏긴 시간을 보상받기라도 하듯 작은 앉은뱅이 의자에 앉아 이미 깎아놓은 나무자루, 길이가 50cm 남짓한 강철을 유난히 큰손으로 잡고는 작업을 시작했다. 우선 굵은 스테인리스를 나무자루에 끼운 다음 그것을, 더듬더듬 다른 공구를 찾아 빳빳한 쇠를 갈퀴처럼 구부렸다. 그리고는 이내 망치질을 시작했다. '뚱땅 뚱땅 뚜 다당!' 망치질 솜씨는 민첩하고 날렵했다. 망치질로 단단한 스테인리스 끝이 오리발처럼 퍼졌다. 그는 그것을 줄 대신 전기숫돌로 갈기 시작했다. 위험하기 짝이 없는 일이었다. 살짝 닿기만 해도 살가죽이 벗겨나갈 것 같았다. 그 모습을 보고 있으니까, 한석봉 어머니가 아무리 어둠 속에서 떡을 가지런히 잘 썰었다 해도 그의 앞에서는 고갤 숙이지 않을 수 없을 것 같았다. 날을 간 다음, 그는 갈퀴발을 일일이 손가락으로 훑으면서 사이를 가늠했다. 그래서 약간의 오차만 느껴지면 여지없이 망치로 내리쳐 다듬었다. 이윽고 그가 매끈하게 완성된 갈고리를 내밀었다. 갈고리를 받는 기자의 손이 경이로움에 약간 떨렸다. 그리고 만족스러워하는 노인의 얼굴 앞에서 잔뜩 주눅이 들고 말았다. 요즈음 그는 가끔씩 소주를 마시고 일을 한다. 술에 취해도 손을 안 때릴 만큼 망치질에 자신 있기 때문이다. 그리고 시끄러운 망치 소리만 들어온 자신의 귀를 위해 가수 박일남이나 김정구 씨의 노래를 듣는 여유도 갖게 됐다. 더구나 지난해 자기가 설계해 지은 집을 갖게 된 후로는 마음에 여유가 생겨 또 다른 욕심(?)을 내고 있다. 하나는 전쟁 나고 한 번도 못 가본 북녘의 고향 땅 옹진에 가보고 싶은 것이고, 또 하나는 형편이 어려운 소년·소녀 가장을 돕고 싶은 것이다.

조금도 구김새가 없이 말하는 그의 얘기를 들으며 기자는 그의 꿈이 분명 이루어지리란 믿음을 가졌다. 돌아오는 길에 그가 3만 개 이상 만들었다는 갈고리를 내려다보는데 이런 생각이 들었다.

'누구나 일생에 한두 번쯤 좌절을 겪는다. 그것에 꺾이지 않고 삶의 새로운 가치와 기쁨을 발견한 사람만이 세상의 주인이 될 수 있다. 그런 의미에서 그는 이 세상의 주인이 되는 사람이다.'

시각장애인들의 눈과 손발 역할의 숨은 봉사자
- 서림저널(1면 커버스토리) 1992.10.15_ 글 · 사진 이석기 취재부장

모두가 쉽게 접근하기 꺼리고 가족들마저도 동행하기를 창피하게 생각하며 알리는 것조차 기피하는 앞을 보지 못하는 시각장애인들. 그 시각장애인들의 눈과 손발이 되어 묵묵히 일해 오는 사람이 있어 이를 전해 들은 군민들로부터 칭송이 자자하다. 부안고등학교 교사인 愼鎭揆 씨(32)가 바로 그 주인공.

이에 본지에서는 지난 15일 제13회 흰 지팡이의 날을 맞아 신 씨를 커버스토리로 소개, 사회에 귀감이 되도록 하기 위해 본지에 소개한다.

남몰래 부안군 내 시각장애인들의 눈과 손발이 되어 묵묵히 일해 오며 '한국 시각장애인 복지 연합회 부안군 분회'의 간사를 맡아 자신의 호주머니를 털어 가며 시각장애인들에게 힘과 용기, 자립의 정신까지 심어 주는 사람이 있어 군민들로 칭송이 자자하다.

신진규 씨(부안군 교사)가 바로 그 주인공이다. 모두가 쉽게 접근하기 꺼려하고 가족들마저도 동행하기를 창피하게 생각하며 기피하

는, 앞을 보지 못하는 사람들에게 편지 써 주기 등의 작을 일에서부터 자립의 힘을 북돋아 주기 위한 사업 구상까지 관내 수십 명의 시각장애인을 친가족처럼 돌보아 주는 신 씨. 시각장애인들을 돕는 일이 그리 쉬운 일이 아니며 신 씨와 같은 투철한 봉사 정신이 없이는 해낼 수 없는 일이기 때문에 더욱더 귀감이 되고 있는 것이다.

1961년 6월 신 씨는 건강한 부모의 사이에서 삼 형제 중 막내아들로 태어났다. 6·25 때 월남한 부모 밑에서 매우 억척스럽게 사는 것을 배우며 성인으로 성장한 신 씨.

신 씨는 1살 때 건설 현장에서 눈을 다쳐 실명한 아버지(신중하, 63, 하서면 장신리 평지) 때문에 우울한 어린 시절을 보내면서도 주위 사람들로부터 항상 효자라는 소리를 들어왔단다.

신 씨는 지금도 초등학교 시절에 있었던 슬픈 기억을 잊지 못하고 있다. 앞 못 보는 아버지의 손을 잡고 거리에 나가 친구들이나 학교 선생님을 만났을 때 아버지를 길거리에 세워둔 채 골목 등에 숨어버리고 어디서나 아버지를 아버지라 소개하지 못했기 때문이다.

성인이 되어 지난날들을 후회하고 가슴 아파하던 신 씨는 아버지와 같은 불행을 겪고 있는 시각장애인들의 손과 발이 되어 작은 도움이라도 주고자 하는 생각으로 지난 1989년 자신이 다니던 직장(계룡건설(주) 1급 기사)까지도 부안군 내 학교(부안고등학교 기술과 교사)로 옮겼다. 부안으로 직장을 옮긴 신 씨는 틈만 나면 아버지와 같은 처지의 관내 시각장애인들의 소재를 일일이 파악했고 드디어 지난 1990년 8월 20일 행정기관의 협조를 얻어 '시각장애인 복지 협회 부안 지회'를 창립하기에 이르렀다. 이때부터 신 씨는 직장에서 퇴근한 후에는 시각장애인들과 함께하는 또 다른 일과가 시작되었고 시각장애인들의 가정을 방문하여 불편한 점을 해결해주는 한편 시각장애인들의 복지에 관련된 제반 행정 업무를 솔선하여 수행하는 등 적극적인 봉사활동을 펴왔으며 부안 천주교, 로터리클럽, 밀알회 등과 같은 사회·종교 및 봉사 단체와도 자매결연을 맺고 불우한 회원들을 도울 수 있는 일이라면 무엇이든 해내려 최선을 다하고 있다.

그뿐만 아니라 신 씨는 어머니(박순옥, 59)가 바다에 나가 채취한 굴, 바지락, 낙지 등 해물을 자신이 직접 동료 교사나 주변 사람들에게 직거래함으로써 생기는 이익금과 자신의 용돈을 아껴 모은 돈으로 시각장애인들에게 효도관광을 시키고 시각장애인용 손목시계를 구입해 전달하고 여가선용을 위해 풍물까지 마련하는가 하면 관내 시각장애인들이 외출하고자 할 때는 일일이 그들과 동행. 그들을 안내하고 뒷바라지함으로써 가족들마저도 꺼리는 수많은 시각장애인과의 동행을 스스로 자청해 말없이 해내고 있어 봉사, 바로 그것을 실행에 옮기므로 사회에 등불이 되고 있는 것이다.

신 씨는 부모에 대한 효성과 장애인들에 대한 따뜻한 관심을 교직자로서 몸소 실현하는 스승 상을 제자들에게 보여줌은 물론 진정한 효행 정신의 의미를 깨우치게 하였고 시각장애인 가족들에게도 부끄러운 마음이나 위축된 기분을 떨쳐낼 수 있도록 용기를 불어넣어 주고 있는 것이다.

"어려움이란 이루 말할 수 없죠. 그러나 모든 것을 어려움이라 여기지 않고 주어진 여건에서 최선을 다하고자 합니다. 굳이 대답하라면 작은 모임에서 큰 행사에 이르기까지 무엇보다도 경제적인 어려움이 가장 크다고 볼 수 있습니다." 2년 동안 시각장애인복지협회 부안 분회 간사 역을 자청해 맡으면서 어려움을 묻는 기자의 질문에 대한 신 씨의 답변이다.

시각장애인인 관계로 활동이 부자연스럽고, 생계유지마저도 어려움이 많은 영세 시각장애인들을 돌보기 위해서는 어려움도 어려움이라 말할 수 없는 모양이다. 신 씨의 어려움보다 더 큰 어려움을 시각장애인들은 가지고 있기 때문일 것이다. 작은 모임을 마련하는 데 있어서도 시각장애인들이 교통비마저 마련을 못하는 것을 보며 안타까운 때가 한두 번이 아니었다고 신 씨는 털어놓았다. 그 어려움 속에서도 전북 지부가 주최하는 하계 극기 훈련을 부안 분회가 유치하여 올 여름 성공적으로 치를 수 있었던 숨은 일꾼이다.

부안 군수와 부안 읍장 그리고 각 기관 단체의 협조와 관심으로 경제적인 어려움 없이 치를 수 있었던 고사포 해수욕장에서의 전북 시각장애인 극기 훈련은 무엇보다도 자진해서 봉사활동을 펼쳐 준 부안고등학교 동료 교사들의 따뜻하고 메마르지 않는 인정 덕분이라고 신 씨는 덧붙였다. 또한 시각장애인들이 해송들과 부딪혀 이마에 피가 나고 발을 헛디뎌 곤두박질하면서도 주위의 따뜻한 관심에 한없이 감회의 눈물을 흘렸다고 한다.

"길을 가다 앞에서 시각장애인이 오면 팔을 붙잡고 길을 안내하기보다는 저만치 피해 가는 학생들이나 군민들을 볼 때 눈물이 앞을 가립니다. 우리 부안 군민이라도 아니, 학생들만이라도 신체장애인을 따뜻하게 대해주었으면 하는 바람입니다."라고 말하는 신 씨는 한 손으로 안경을 벗어 내리고 한 손으로 눈물을 훔치며 한 개에 일만 원 하는 소모품인 흰 지팡이를 시각장애인들에게 풍족히 지급하지 못하는 것을 안타까워했다.

신진규. 흰 지팡이의 파수꾼 신진규. 그는 시각장애인 아버지를 위해 또는 같은 처지의 많은 시각장애인들을 위해 어떤 어려움이 있다 해도 감수하리라 믿는다. 설령 아버지가 시각장애인이 아니었다 하더라도 그는 오늘보다 더 무거운 짐을 지고 그들을 위해 봉사하리라는 확신을 가지면서 부모와 형제 그리고 조카들과 함께 사는 그의 아름다운 마음을 신은 알고 있으리라 믿는다. 신 씨와 같은 따뜻한 마음을 가진 사람들이 우리 사회에 살고 있는 한 우리 사회는 그저 어둡기만 한 것은 아니며 세계의 모든 장애인들이 신 씨와 같은 봉사자가 있기에 오늘도 좌절하지 않고 사회의 냉대 속에서도 꿋꿋이 살아가고 있는 모양이다.

이야기 넷

즈니지(12시)

 오늘은 장애인의 날입니다. 다른 사람들은 흰 지팡이가 있었지만 아버지의 곁에는 항상 제가 있었지요. 지난 일요일 아버지를 모시는 기분으로 제 친구와 함께 전주 군산 간 국제마라톤 대회 하프코스에 도전하여 완주하였습니다. 제 친구는 군대에서 훈련 도중 수류탄 파열로 양안의 시력을 모두 잃은 아버지와 같은 시각장애인입니다. 아버지에 대하여 잘 알고 있었던 친구를 돌아가신 후에 만났습니다. 그 친구는 결혼하여 부인과 두 아들이 있지만 곁에는 항상 찬미라는 시각장애인 안내견이 있습니다. 찬미와 친구 그리고 저는 함께 벚꽃이 만개한 도로에서 화이팅을 외쳐주는 일반 참가자들과 시민들의 환호를 저버리지 않고 끝까지 달렸습니다.

 아버지! 저희들의 곁을 떠난 지 벌써 계절이 여섯 번이나 바뀌었습니다. 앞을 보지 못하셨던 당신께서 우리 사회에 베푸셨던 그 정신을 제가 이어가려고 하고 있지만 항상 생각으로만 멈춥니다. 지난해에는 친구와 함께 이 지역의 시각장애인들을 위해서 점자 및 전자도서관을 만들었습니다. 앞을 볼 수 없다는 것만으로도 슬픈 일인데 그 친구는 다른 장애인들을 위해서 정말 헌신하고 있습니다. 학교에서도 학생들의 도움을 얻어 입력 봉사를 하여 소리로 들을 수 있는 디스켓을 제작해서 기증하였습니다. 도서관 부관장직을 자청하였습니다.

아버지께서 병원에서 마지막으로 제게 고쳐오라고 하셨던 그 시계는 평소 아버지를 무척 존경하였다는 다른 시각장애인에게 기증하였다가 다른 시계를 사 드리고 그 시계는 아버지의 옆자리에 함께하고 있습니다. 꿈속에서 아버지가 제게 애원을 하였습니다. "막내야 제발 내 시계를 찾아다오."

지난 한식날 어머니와 형 그리고 동네 아저씨들 다섯 명과 함께 산소의 잔디를 보충하고 나무를 심었습니다. 점심시간이 되어 식사하려고 하는데 아버지의 무덤에서 작은 소리로 저희들에게 시간을 알려 주었습니다. "즈니지" 12시를 알리는 소리를 듣고 '분명 아버지도 지금 산일을 하고 있다는 사실을 알고 계시구나'라고 느끼면서 많이 울었습니다. 아버지는 저승에서도 앞을 보지 못하고 계시다는 생각이 들어 너무 안타까웠습니다.

아버지 아십니까? 아버지가 가시고 나서도 100일 동안 얼마나 많은 사람들이 추모하였는지요? 탈상 때 스님께서 "아버지는 구천의 세계에서 좋은 곳으로 인도되었으니 안심하시고 아버지의 뜻대로 좋은 일 하시면서 사십시오." 저희 삼 형제는 손을 잡고 기도하였습니다.

"저승에서라도 눈을 뜨게 하소서." 다음 주에는 아버지가 그토록 보고 싶어 했던 막내 윤택이를 데리고 찾아뵙겠습니다. 윤택이가 벌써 초등학교 2학년이 되었습니다. 가끔씩 할아버지 테이프를 보자고 하여 눈물바다를 연출하게 하는 그 녀석이 지난번 산에서 시키지도 않았는데 막걸리를 따르고 절에서 하는 식으로 할아버지께 절을 올리는 모습을 보면서 많이 울었습니다.

방송국에서 아버지의 소식이 궁금하다며 장애인의 날 특집으로 다루겠다는 프로듀서의 전화에 더욱 아버지의 모습이 그립습니다. 아버지의 프로그램을 담당했던 그 PD 선생님도 아버지께서 돌아가셨다는 말에 목이 메었습니다. 아버지 용서하십시오. 그토록 보고 싶어 했던 고향 땅 북한을 제가 대신해서 다녀왔습니다.

저의 곁에는 항상 앞을 못 보는 친구가 있습니다. 그 친구와 안내견을 데리고 백두산에 올랐습니다. 중국을 통해서 갈 수밖에 없었지만 장애인도 할 수 있다는 자신감을 심어주었습니다. 그리고 금강산을 갈 때는 찬미와 친구는 갈 수 없었습니다. 아직까지는 북한의 관광이 제약이 많아 저 혼자 다녀왔지만 출입증 가운데 아버지의 사진을 같이했습니다. 북한 세관원에게도 허락을 받았습니다. 북한에서 오는 길에 친구와 안내견을 합류시켜 한라산의 백록담에 올라 세 곳의 물과 흙을 합水 합土하여 아버지의 무덤 옆에 식수를 했습니다.

아버지! 평소에 더불어 사는 세상이 되었으면 좋겠다고 말씀하셨던 것처럼 막내 진규는 그렇게 살려고 노력하고 있습니다.

  아버지. 기쁘면서도 가슴 아픈 소식을 올립니다. 남북 이산가족들이 벌써 여러 차례 상봉을 하였습니다. 할아버지 할머니께서 연세가 많으셔서 돌아가셨을 거라고 하셨는데 연세 많이 드신 분들도 아직 생존해 계신 분이 많았습니다. 아직 저희 차례는 돌아오지 않았지만 다짐합니다. 꼭 할아버지 할머니와 삼촌들을 찾도록 노력하겠습니다. 그래서 피난 후에 비록 불구의 몸은 되셨어도 아버지가 살아오셨던 장한 모습을 전해 올리겠습니다. 아버지께서 제게 강한 정신과 튼튼한 몸을 주셨기 때문에 얼마나 고마운지 모르겠습니다. 그 튼튼한 몸과 마음으로 이 땅의 모든 사람들이 더불어 살아가는 세상을 만들도록 노력하겠습니다. 다음에 뵐 때는 '즈니지'라고 크게 들리도록 건전지를 교환해 드리겠습니다.

                                          - 2001.4.20. 막내아들 진규 올림.

아파트 노인정과의 아름다운 인연

해마다 이맘때쯤이면 고등학교나 대학교에서는 입시 전쟁을 치른다. 중고등학생 수가 격감하다 보니 정원을 채우는 학교보다 훨씬 못 미치는 신입생 충원율 때문에 선생님들은 일과 외적으로 바쁘게 입시 홍보 전선에 나서는 시기가 요즘이다.

내가 근무하는 학교처럼 특성화(공업계) 고등학교는 더 큰 어려움을 겪고 있다. 특히 잊을만하면 터지는 고3 학생의 현장 실습 안전사고. 얼마 전 여수의 한 특성화고등학생이 현장 실습 과정에서 아까운 목숨을 잃었다는 뉴스는 이미 세상을 또 한 번 놀라게 했고, 그 여파는 고스란히 내년 신입생 입시에도 직격탄으로 이어지고 있다. 나는 내가 하는 업무 중 전라북도의 초·중·고 학생들의 진로와 직업 목공 체험 외에 이런 어려움을 극복하기 위한 작은 과제를 수행하게 되었다.

우리 학교에 대한 인식의 전환이 필요하다고 생각할 즈음에 작년에 내가 사는 호남제일문 영무아파트 관리사무소와의 인연을 매개로 하여 진행했던 사업을 공유하고자 한다. 학교에서 사용기간이 지나

폐기하려고 쌓아놓은 의자 더미에서 재활용이 가능한 것 중 철재와 목재 부분을 구분하여 벤치를 만들었다. 우리 아파트 노인정에 기증하면 좋겠다 싶어 드렸는데 생각했던 것보다 반응이 좋았다. 올해에는 실내 벤치와 짝을 이룰 수 있는 우드 슬래브Wood slab 테이블을 만들어 기증하게 되었다.

관리사무소에서 나의 목공 실력을 인정하여 우리 아파트 승강기 18대의 입구에 필요한 장의자 겸 임시 쉼터 의자를 만들어 달라는 부탁을 받고 흔쾌히 수락했고, 재료비 정도 받고 만들어드렸다. 많은 주민이 감사의 뜻을 밴드에 올려주기도 했었다. 호응도가 너무 좋아서 우리 동네 주변의 아파트 관리사무소 직원들을 대상으로 우리 학교도 홍보할 겸 목공 체험을 무료로 해드리게 된 것이고, 폭발적인 반응이 있어서 연차 사업으로 추진하려고 계획 중이다, 인원의 제약이 있어서 주로 관리소장들이 많이 참여했지만, 차후에는 일반 동민들에게도 기회를 줄 생각이다.

내 나이 올해 환갑이다. 노인정 가입자격이 65세라고 한다. 나이 먹는 것이 좋은 사람은 없겠지만 나는 우리 아파트 노인정 정식 회원이 되면 나의 장기인 목공 기능을 발휘하고 싶은 마음에 벌써 설렌다. 내 손길이 필요한 곳이 있다면 언제든지 달려갈 준비가 되어 있는 사람, 전라북도 목공 체험 센터장을 찾으면 됩니다.

- 전라북도 교육청 목공 체험 센터장 신진규.

하숙집 어머니

나에게는 어머니가 있다. 어머니 없는 사람은 없겠지만 나는 어머니가 많이 있다. 나를 낳아주시고 길러주신 어머니, 8년 동안 친자식들의 틈바구니에서 나를 더 아끼면서 가르쳐 주신 고모님도 나의 어머니요, 인천 송도에서 정말 춥고 배고픈 시절에 양어머니로 내 학비며 학용품이며 일용할 양식을 주셨던 뉴질랜드의 그분도 내 어머니시다. 그러나 지금 내가 어머니라고 소개하고픈 또 한 분은 그냥 평범한 하숙집 아줌마로 시작한 그분이 어른이 되는 과정에서의 내 어머니이시다.

나의 친어머니는 이 세상 누구보다도 험한 길을 걸으셨다. 6·25를 겪으면서 부모 형제와 생이별해야 했고 피난 시절 만났던 아버지와의 인연이 나를 있게 했지만 스물여섯의 꽃다운 나이에 시각장애인 남편의 뒷바라지를 해야 했던 어머니의 이야기는 어차피 따로 해야 할 것 같다.

뉴질랜드에 계시는 양어머니에게는 할 말이 없다. 분에 넘치는 사랑을 받고도 무지의 소치로 아무런 감사의 말도 못 한 채 청년기를 맞앉기 때문에 정말 할 말이 없다. 내가 제일 가고 싶은 나라는 그래서 양어머니의 나라 뉴질랜드이다. 양어머니의 이야기는 따로 할 말이 없다. 언젠가 그분의 나라에 가서 그분에게 고개를 숙이는 걸로라도 인사를 대신해야 한다.

고모님. 친정 조카인 나와 시댁 조카인 두 살 아래인 세봉이를 자신의 자녀들과 한 지붕 아래에서 기울지 않는 사랑을 베푸셨던 그분의 큰사랑을 이제는 알 것 같다. 내가 자식을 낳고 키우고 교육을 해보니까 그게 얼마나 어려웠을 거라는 생각을 이제야 해보게 된다. 그러나 대학 시절 하숙집 아줌마는 정말 제일 먼저 표현해야 할 이 시대의 가장 위대한 나의 어머니 중의 한 분이시다. 그래서 나의 부모님과 고모님을 뒤로하고 하숙집 아줌마를 먼저 소개하고자 한다.

79년 가을. 한창 공부해야 할 고3 수험생이 중병이 났다. 공업고등학교를 다니던 나는 고3을 맞아 심한 갈등을 하였다. 시골에 계시는 아버지와 그 아버지를 대신해서 나를 키웠던 고모님의 생각은 꿈 많은 나의 이상과 너무 많은 차이가 있었다.

남들이 준비하는 대학의 꿈을 접고 내가 택한 길은 공무원 시험 준비였다. 어렵지 않게 공무원 시험에 합격은 했지만 그 시절 내가 방황했던 것은 처절함이었다. 그래도 나에게 희망을 주었던 분은 아버지였다. 대학을 보낼 수 없다는 가정환경 때문에 조건 없이 따라야 했던 공무원이었지만 꼭 대학 시험만이라도 보게 해달라는 간곡한 부탁에 아버지가 제안해 주셨다. 입시를 준비하는 나보다도 더 많은 정보를 가지고 있었던 아버지는 시각장애인이셨기 때문에 늘 라디오를 청취해서 얻은 정보를 나에게 그대로 전해 주셨다.

"대학 시험은 보되, 학비가 제일 싸고 우리 형편에 맞는 충남대학을 선택하라."고. 충남대학교는 그 당시 특성화대학으로 건축을 전공한 나에게 정말 희망의 불을 밝혀준 곳이다.

79년 늦가을. 시험도 보기 전에 나는 고속버스를 탔다. 내가 가야 할 대학을 미리 가보고 싶어서였다. 대전 시내에서 유성으로 캠퍼스를 옮기는 중이라 내가 생각했던 학교의 모습은 아니었지만 나는 그 자리에서 오늘 소개할 어머니를 만난 것이다. 객지에 나가면 배는 왜 더 고픈 건지 겪지 않은 사람은 모를 것이다.

'아담한 칼국수' 작은 공간의 식당이었지만 맛으로는 꽤 유명한 집이었나 보다. 사람들이 많이 있었다. 나도 칼국수 한 그릇을 시켜서 너무 맛있게 먹은 기억밖에 없었다. 그리고는 전주로 다시 돌아왔다.

예비고사를 치르고 8년 만에 부모의 품으로 돌아왔다. 두 달 동안의 긴 방학. 합격 발표를 기다리는데 동네 이장이 방송을 하였다.

"신진규 학생 전화 받으세요."

그때만 하더라도 시골에 전화가 없어서 이장 집으로 달려가서 수신해야 했던 시절이었다. 뜻밖에도 전화의 주인공은 유성의 칼국수 아주머니였다. 수첩에 적힌 나의 비망록을 보고 전화를 주신 거였다.

나의 수첩을 본 아줌마는 나에게 큰 감명을 받았다고 하셨다. 요즘 학생 중에 이렇게 반듯한 글씨로 자신의 느낌과 감정을 숨김없이 메모를 할 수가 있느냐는 것이었다. 아버지의 덕으로 얻어진 메모하는 습관 때문에 생긴 결과이다. 아줌마는 대학에 합격하면 꼭 수첩을 찾아가라고 하셨다. 칼국수를 먹고 수첩을 놓고 온 그것이 그분과의 첫 인연이었고 그 인연의 고리를 연결한 것은 아줌마의 전화였다.

80년 3월. 정말로 꿈에 그리던 대학생이 되었다. 우리 마을에서 몇 안 되는 대학생의 대열에 내가 낀 것이다. 아주머니는 마땅한 하숙집이 없으면 같이 지내자고 하셨다. 그러나 나는 생각할 것도 없이 거절하였다. 아저씨의 인상이 너무 무서웠고 아이들이 너무 어렸다. 7, 8, 9살의 연년생의 아이들, 그리고 내가 지내야 할 구석방, 모두 내 꿈을 짓밟을 분위기였다.

그리고 시작한 하숙 생활. 나는 한 달을 넘길 수가 없었다. 하숙비가 없어서가 아니라 갑자기 찾아온 자유가 방종이 되고, 전문 하숙집에서의 상업적인 딱딱함 등이 견딜 수가 없었다. 나는 한 달 가정교사로 갔다. 내가 가르친 학생은 맘에 안 들었지만 너무 좋으신 어른들, 예쁜 딸이 셋, 너무 황홀한 시간이었다.

그리고 두 달 후. 5·18 광주사태가 터지면서 무기한 휴교령이 내려지고 나는 고향에 내려갔다. 그리고 부모님의 고생을 눈으로 목격했다. 피와 땀이 범벅이 되어 내리치는 아버지의 망치 소리는 항상 마을의 새벽을 열고, 그 새벽의 망치 소리를 등 뒤로 어머니는 바다의 조개잡이…. 모두가 나를 위한 전주곡이었다. 나는 그때 결심을 하고 다시 유성으로 향했다. 그리고는 가정교사를 했던 집에 정중히 사과하고 짐을 챙겼다.

'아담한 칼국수' 너무 쉽게 부른 첫마디 "아저씨, 어머니 저 왔습니다." 아버지 어머니가 아니었다. 아저씨 어머니였다. 그 후로는 아버지 어머니였지만 처음은 그랬다.

너무 행복한 시간. 두 분은 정말 나를 친자식으로, 그것도 어린 당신의 아이들을 나한테 맡길 정도의 큰아들로 인정을 해 주신 것이다. 모든 사람들한테 나를 큰아들로 소개를 해 주셨다. 넘치는 인정이 있었고 손님들은 항상 많았다. 바쁠 때는 나도 쟁반을 들고, 주문을 받고, 여느 식당의 아르바이트 학생처럼 돕기도 했다. 아이들도 나를 너무 잘 따라 주었다. 칼국숫집 외에는 아무 기억이 없는 대학 생활 그리고 입대.

입대. 남자라면 의무가 아니던가? 진정한 성인이 되기 위한 차례이기도 하고. 그때까지만 해도 나는 그분들의 고마움을 잘 몰랐다. 제대 후 복학을 하기 위해 찾아갔을 때는 아담한 칼국수가 아닌 오색의 깃발이 꽂혀 있었다. 변두리로 이사를 하셨다. 장사가 너무 잘 되니까 집주인이 계약을 연장하지 않아서 그랬던 것이다. 물론 그 집주인이 칼국수를 하다가 문을 닫았다고 한다. '장사는 아무나 하나.' 그렇게 잘 나가던 식당은 간데없고 변두리의 어스름한 집에서 집주인은 역술인이 되어 있었다. 제대하고 온 나에게 두 분은 이렇게 말씀하셨다.

"우리는 너하고 같이 지내고 싶지만 보는 바와 같이 집이 이렇게 누추하니 알아서 하라."는 것이었다. 나는 고향의 아버지에게 긴급 요청을 하였다. 시골 우리 집은 가족들의 노력으로 살림이 넉넉해졌기 때문에 유성 식구들이 먹을 식량을 대 달라고 하였다. 아버지는 흔쾌히 승낙하셨고 나는 조금이라도 부담을 줄여 다시 같이 지내기로 하였다. 복학생이 된 나는 공부에만 전념할 수밖에 없었다. 도서관에서 책과 씨름을 하였다. 시골에서는 대학교에 갔다고 떠들썩했는데, 우선 직장을 구해야만 했었다.

나는 밤 12시에 도서관을 나섰다. 밤공기를 마시며 하숙집에 도착하면 나는 어느 가정에서도 느끼기 힘든 정을 듬뿍 받을 수 있었다. 어머니는 전기밥통에 밥이 있는데도 돌솥에다 나의 밥을 따로 하고 계셨다. 2년 동안 이어진 정성, 그리고 새벽마다 나를 위해 기도해 주시던 그 어머니. 어떻게 내가 그분에게 감사를 드려야 하는지.

유성 가족들의 걱정 속에 나는 건설회사의 공채에 합격하여 회사 생활을 시작하였다. 부안의 나의 가족과 유성 식구들과의 만남은 졸업식에야 공식적으로 이루어졌다. 부안 부모님들께서는 내가 그렇게 극진한 보살핌을 받은 줄은 잘 모르셨을 것이다. 두 가족은 나를 관계로 친동기간보다도 더 친하게 지내게 되었다. 졸업 후 나는 전북의 봉동 현장에서 군 공사를 마무리하고 서울의 현장으로 자리를 옮겼다.

　결혼을 하여 아내는 임신 중이었다. 나는 서울의 생활을 2년 만에 청산하고 아들 경택이가 생후 15일 되던 날 짐을 꾸렸다. 나를 낳아주신 부모님께서 하루가 다르게 늙고 병들어 가는데 그분들을 모실 기회가 없었다. 초등학교 5학년 때부터 떨어져 살다가 29살의 아이 아빠가 되어 부모의 곁으로 돌아왔다. 1989년 나는 부안고에 교사로의 첫발을 내디뎠다. 평생 어둠 속에서 망치와 함께한 아버지와 맞잡은 손은 여기부터 다시 시작되었다. 처음으로 소개한 유성의 어머니에게 그 어머니보다도 감사한 말씀을 드리면서 다음에 다른 어머니의 이야기를 하기로 하고….

고개 숙인 가장

10년 전 어렵게 내 집 마련의 꿈을 이루었다. 32평의 아파트로 가족 모두의 꿈과 희망을 실은 채 입주했다. 결혼해서 10번째의 봇짐을 옮기면서도 내 집 마련의 꿈이 있었기에 힘든 줄 모르고 지나온 세월이었다.

그런데, 11월쯤이 되면 나는 고개 숙인 가장이 될 수밖에 없었다. 아파트 호수와 평수를 결정할 할 때 내 의지와는 관계없이 동향에 1층 그리고 계단형 평면 때문에 우리 집은 추위로 떨 수밖에 없었다. 햇빛이 앞 베란다까지만 아침에 잠깐 인사를 하고 간다. 아이들도 저학년이라 일찍 귀가하고, 아내도 전업주부이기 때문에 점심 이후에는 나를 제외한 사랑하는 가족이 겉모습만 멀쩡한 아파트 내에서 추위와 싸우고 있었으니 내가 어찌 고개를 들 수 있었을까?

아무리 보일러를 오래 틀어도, 온도를 높여도, 바닥은 지하 주차장의 차디찬 공기가 열을 빼앗아 가고, 각각의 방에서 문을 꼭꼭 닫아도 냉기는 쉬 가시질 않았다. 한 달에 한 번씩 현관문 앞에다 도시가스 사용량을 월별로 기록하는 기록표를 누가 보았다. 다른 통로 다른 집과 비교해 보니 우리 집이 세 배 이상 많은 양을 쓰고 있었다.

건축을 전공하고 공업학교에서 건축을 가르치는 내 집이 이 모양이니 자존심이 많이 상할 수밖에 없었다. 아이들의 공부방만이라도 바닥의 열기를 채워 주고 싶어서 전기 패널을 설치해 주었다. 물론 패널은 버려진 물건을 재활용했다. 참으로 오랜만에 따뜻함을 느낄 수 있었지만 한 달 후 우리 가족은 또 한 번 놀라지 않을 수 없었다. 연료비는 연료비대로, 전기료는 전기료대로 감당할 수 없을 정도로 많이 나왔다. 6년을 이렇게 살았다. 결국 젊은 신혼부부에게 집을 양도했다. 양심을 속일 수 없어서 집 구조와 채광 문제에 대해서 설명했지만 신혼부부는 반값도 안 되는 가격 때문에 쉽게 결정을 내렸다.

남쪽을 바라보는 따뜻한 임대아파트로 옮긴 후 우리 가족은 그동안의 깊은 상처를 묻은 채 행복을 되찾았고, 아이들도 건강하고 공부도 열심히 하고 있다. 나는 아파트 단지 계획 시 중요한 사항이 많이 있지만 특히 채광 문제는 특별히 신경 써야 한다고 생각한다. 건설회사의 영리만을 추구하는 계획보다는, 주택 마련을 위해 모든 꿈을 접고 사는 사람들을 한 번 더 생각한다면 배치 계획단계부터 제일 먼저 고려가 되어야 한다. 나도 현장에서 건축기사로 근무하면서 아파트를 시공한 경험이 있지만 처음 기획 단계부터 영리만을 추구해서는 안 된다는 것이다. 1층은 어떤가? 요즘은 특별히 신경을 써서 시공한다. 그렇지 않으면 분양 자체도 어렵다. 연령층이 높거나, 장애 가족이 있는 경우는 어쩔 수 없이 1층을 희망하게 되므로 더더욱 단열 문제를 신경 써야 한다. 내가 6년 동안 살던 집과 이웃하고 있는 다른 아파트를 비교해 보니 연료 사용량이 연평균 300% 정도 더 나왔다. 국가적인 측면에서 본다면 얼마나 큰 손실인가?

일반 국민들은 작은 것에서부터 에너지 절약을 실천하고 있지만 거국적으로 에너지 절약 차원을 한 단계 상승시키려면 건물 시공에서의 투자가 과감히 이루어져야 한다. 남향으로의 배치, 그리고 단열재의 성능 향상, 최상층과 최하층의 단열 문제만 해결된다면 에너지 절약 차원에서 큰 부가가치가 창출될 것이다. 한 가정에서 겪었던 내용이지만 비단 우리 집만의 일은 아닐 것이라 본다.

새롭게 평화를 찾은 우리 집의 사는 모습을 보면, 18층 중 8층, 그리고 정 남향이다. 일렬로 나열된 형태의 배치지만 일조량의 침해는 없다. 동 간 거리가 충분히 고려되었기 때문이다. 월동 철에도 한낮에는 난방을 위한 연료 사용이 거의 없는 상태이다. 밤에는 보일러 타이밍 장치를 이용해 3시간마다 15분 정도만 가동시킨다. 초등학생과 고등학생의 아들들은 同性이기 때문에 공부방과 취침방을 따로 두어 두 아이가 같이 공부하고 취침한다. 밸브를 이용해 공부하는 시간대와 취침 시간대 한 곳은 에너지 사용을 억제할 수 있다는 것이다.

주방의 구조상 냉장고를 뒤 베란다에 배치하였다. 냉장고가 10년 전에 구입한 것이기 때문에 문이 두 개인 일반적인 560리터짜리다. 베란다 문을 열고 냉장고를 여닫는 시간과 그로 인해 북쪽의 찬바람이 하루에도 몇 번씩 주방과 거실로 들어온다. 나는 아내에게 특별 보너스로 주방의 싱크대 사각진 곳에 45리터짜리 작은 냉장고를 선물하였다. 매일 먹는 밑반찬이나 자주 사용하는 작은 반찬그릇은 가까운 곳에 두고 사용하다 보니 에너지 절약도 되지만 주부의 동선도 많이 줄여주는 이중의 효과가 있었다. 그 후 우리 가족은 큰 냉장고에 어떤 것들이 있는지 본 적이 없다. 작은 냉장고만 열만 하루 세 끼의 밥 먹는 데 아무 지장이 없었다. 아내로부터 사랑을 듬뿍 받을 수 있는 행운까지 나에게 돌아왔다.

주변을 돌아보면 아주 작은 곳에서 아끼고 절약할 수 있는 부분이 산재해 있다. 큰아이가 고등학교에 입학하면서 기숙사에서 생활하기 때문에 주말에만 집에 온다. 주중에는 작은 아이만 같이 지내기 때문에 공부방을 개조했다. 책장을 붙박이장으로 하고 책상을 나란히 배치하면서 컴퓨터 전원을 다시 연결하였다. 쓰지 않는 전열기가 콘센트에 연결되고 있는 것을 막기 위해 분리해서 연결하였다. 책상 위의 스탠드도 연결이 쉽도록 해줬더니 공부하는 동안에만 전열기와 연결되는 효과를 얻을 수 있었다. 아이들도 쉽게 사용할 수 있도록 배려하니 아무 불편함 없이 사용할 수 있었고 작으나마 전기료를 줄이는 효과를 가져왔다.

어머니 생신과 함께한 하루

음력 10월 10일, 즉 양력 11월 15일은 우리 어머니의 생신입니다. 특히 저를 친자식처럼 돌봐주셨던 큰고모님의 생신도 같은 날이라 더욱 의미 있는 날이지요. 일요일 오후에 기숙사 사감 역할이 있어, 아내와 아침에 역할을 나눴습니다. 저는 부안 어머니 댁에, 아내는 고모님 댁에 들러 뵙기로 했습니다(고모님 선물은 아내가 준비하고, 저는 카드만 전달했습니다).

부안으로 향하는 길: 오전 10시 30분, 어머니 댁에 가기 전 전화를 드렸더니 작은형이 전주 예수병원을 퇴원한 후 부안 성모병원에 다시 입원했다는 소식이었습니다. "어머니 생신만 챙기고 저녁에 돌아갈게요." 하셨지만, 의사 소견상 발 수술 부위에 무리가 가지 않도록 입원 권유가 있었다고 합니다.

마을 어르신들과 망둑어 손질: 병원 다녀온 후 어머니 댁에 도착하니, 집 주변 할머니들이 망둑어를 손질 중이었습니다. 망둑어를 잘 말려 올겨울 무와 함께 국을 끓이면 정말 시원하죠. 잡아 온 망둑어를 모두 사서, 제게는 큰 것을 다듬는 일을 맡기셨습니다. 어머니의 "그만해도 돼"라는 말에도 "도와드리고 싶어요"라며 대형 채반에 펼치는 일을 기쁘게 도왔습니다. 그런데, 어머니께서 눈에 띄게 기력이 약해 보였습니다. "아들 병간호하느라 제대로 단풍 구경도 못 하셨죠." 쌀쌀한 날씨에도 망둑어 손질을 하시니 마음이 짠했습니다.

리모델링 중인 주방: 만두를 삶으러 부엌에 들어서니, 15년 전 설치한 싱크대가 낡아 리모델링 중이었습니다. 큰형께서 공사비 절감을 위해 익산에서 며칠 출퇴근하며 시공하고 계셨다니, 집안 곳곳에 온기가 묻어나는 듯했습니다.

하루를 마무리하며: 어머니의 생신을 축하드리러 왔다가 병든 형, 손수 도우시는 어머니, 리모델 중인 가족의 주방 등 소소하지만 진한 울림이 전해진 하루였습니다. 비록 평범한 일상이지만, 가족을 위한 사랑과 헌신이 깃든 이 순간들이 저에게는 무엇보다 소중한 생신 선물입니다.

고향 가는 길

추석·설 명절이 되면 늘 걱정이 앞섭니다. 우리 가족은 멀리 사는 사람이 없음에도, "차에서 ~하는 줄 알았다"는 얘기가 나올 정도로 명절 귀향길은 여전히 험난하지요. 하지만 사람들은 매년 이 시기면 어김없이 고향으로 향합니다. 이번 추석에는 남북 이산가족의 해후 장면을 보면서 흐느끼는 분들을 보았습니다. 아버지가 하늘나라로 떠나신 후, 그 이루지 못한 통일의 마음이 떠오르며 가슴이 저려옵니다. 그런데 올해는 서울에서 세 사람이 더 내려옵니다.

신현숙 신우택 조카와 대학생인 큰아들 신경택. 대중교통을 이용해야 하는 초년생들이라 걱정되는 마음이 컸지만, 다행히 큰아들은 고향 친구와 함께 내려오기로 했다고 하네요. 올 추석은 어머니의 병환으로 조용히 가족끼리만 보내기로 했습니다. 이 여름, 어머니께서 위기를 넘기고 쾌차하셔서 얼마나 감사한지 모릅니다.

이제야 '효$_{孝}$'라는 단어가 진정으로 와닿습니다. 또한 형제간 우애도 더욱 돈독해졌고, 작은 형수님께 어머니를 모시느라 수고하신 고마움도 깊이 느끼게 되었습니다. 아내는 어머니 병간호와 수발을 극진히 해 주었고, 팔순이 넘으신 고모님도 시누이 병원을 매일 다니시며, 간병비라도 주겠다며 거금을 내미셨습니다. 그 모습을 보며 형제·자매의 정이 무엇인지, 우리 집안의 큰 어른으로서 고모님을 다시 한 번 존경하게 되었습니다.

오늘은 아이들의 마지막 중간고사 날입니다. 지난 4일 동안, 3학년 학생들의 자기소개서를 읽어 주었는데, 몇몇 학생들은 뜻밖으로 자신을 잘 표현했고 시간이 흐를수록 아이들 안에 연륜이 배어 있는 걸 느꼈습니다. 그리고 우리 둘째 아들 그 아이는 공부도 스스로 해내고, 기숙사 생활도 즐기며, 친구들을 따뜻하게 품는 겸손한 리더입니다. 나는 둘째가 정말 예쁘고 자랑스럽고, 그에게는 무한한 신뢰가 있습니다. 가족에게 전하는 사랑, 큰아들이 내려오는 이 추석은 그저 흥겹기만 합니다.

"둘째야, 너도 자랑스러워." 아이들은 내게 최고의 선물입니다. 아빠는 전어랑 대하를 준비해서 할머니 댁 마당에서 작으나마 잔치를 벌일 겁니다. 기대해도 좋습니다.

졸업식 날의 단상

정말 유구한 역사를 자랑한다. 91회 졸업식. 작년에는 소화기 난동 사건이 있었다. 직원회의 시간에 이번에는 소화기를 하루만이라도 거두자고 하여 소화기 사건은 없었다. 그런데 졸업식 날 아침에 누구의 짓인지 유성 래커로 온 담장과 벽면에 낙서라고 하기엔 지나칠 정도의 문구들이 난무하였다. 응급조치가 필요했다. 유례없는 많은 내·외빈이 졸업식장을 가득 메웠다.

내가 어떤 행사 때마다 국민의례 시간에 흥분하는 이유가 무엇일까? 문화가 이유도 모르면서 나쁘게 바뀌고 있다. 애국이니 호국이니 이런 말 자체를 아이들은 모르는 것일까? 어쨌든 마지막 동창회 입회 선서와 인증서를 수여하면서 졸업식은 끝났다. 학교장 상패 6개, 운영위원장 상패 6개, 총동창회 회장 상패, 재경동창회 회장 상패 각각 6개, 기숙사 학부모 감사패 3개, 정년퇴임 선생님들 감사패 3개 등을 준비하였다.

대한민국 어떤 학교에서 상패로 수여하는 학교가 있을까? 나의 아이디어로 작년부터 상패로 전달하기 시작했는데 끝마무리의 내 마음은 왜 이렇게 허무하다는 생각이 드는 걸까. 나도 어쩔 수 없는 이기적인 선생님일 수밖에 없나 보다. 그래도 3년간 아이들에게 열과 성을 다해 지도하였다. 그중에는 무에서 유를 창조하게 했던 녀석들이 상당수에 있다.

　모든 것을 다 버리고 아이들에게 집중했다. 밥과 반찬 그리고 식사 때마다 어떤 국을 끓여 줄까? 여름이면 급식 사고가 있을까 봐 노심초사하면서도 나는 모든 휴일을 그렇게 보냈다. 그런데 형설의 공을 쌓고 나가는 마당에 사진 한 장 같이 찍자고 하거나 고맙다고 인사하는 학생이 과연 얼마나 있었을까? 서울대학교를 보내고 국립대학교를 그렇게 많이 보내는 산파 역할을 했다고 자부하는데. 올해만 그런 것은 아니지만 졸업식 끝나고 허탈해하고 허전한 마음은 시간이 갈수록 더해만 간다. 결국 나도 별수가 없는 선생님이기 때문에 이런 생각이 드는 것일까?

밝은 눈이 내리는 꽁꽁 얼어붙은 새해 첫날

 밝은 눈이 내리는 꽁꽁 얼어붙은 새해 첫날의 몹시 추운 날이다. 오늘은 늦게 자도 힘들지 않을 것 같은 그런 새벽이다. 새벽이라 하기에는 좀 이른 시각 제야의 종소리가 울려 퍼진 지 벌써 2시간을 넘기고 있다. 올해 무자년 한 해를 마감하면서 다른 사람들은 다사다난했다고 하나 나에게는 정말 의미 있는 한 해가 되었다.
 전주공고에 다시 둥지를 튼 지 벌써 3년이 되었다. 학창 시절 3년, 건축과 교사로 9년째이다. 2006년 3월 2일 전입교사 대표로 인사를 한 때가 엊그제 같았는데 벌써 3년이란 세월이 흘렀고 크고 작은 일들이 많이 있었다. 금년은 소띠의 해라고 한다. 2006년 다시 모교를 찾으러 오던 해 '대교 눈높이 교육 대상'을 받으면서 전라북도 교육의 등불이란 말을 듣게 되었다. 2007년에는 나의 아들이 뒤를 이어 '2007 교육 현장 체험수기' 입상과 '21세기를 빛낼 우수 인재상' 수상, 서울대학교 합격 등의 굵직한 획을 긋고 전주공고를 졸업하였다. 개인적으로 경택이를 포함하여 서울대학교에 2명을 합격시키는 1등 공신이 되었으니 남다른 감회가 있다.

또한 동반 상승효과로 국립 4년제 대학에 68명이 합격한 것은 우리 기숙사의 역할이 절대적이란 것을 부인할 사람은 아무도 없다. 작년이 되어 버린 2008년도 수석교사 시범운영에 동참하면서 1년 동안 전국 사무총장 역할을 나름대로 충실히 했다고 자부한다. 연말에 항상 그랬듯이 '2008 교육 현장 체험 후기'에 공모해 나의 아들과 같은 등급으로 입상하였고 또 '아름다운 교육상'에 공모하여 대한민국 최고의 대상 수상자로 이름을 올리기 직전이다.

작년처럼 서울대학교도 2명 보냈다. 아, 숨이 가쁘게 달려온 3년만큼 또다시 3년은 우리 둘째 윤택이와 함께할 것이다. 이미 시작된 윤택이 프로젝트는 작년 중국 배낭여행 때 확신을 가질 수 있었다. 그 혹한의 겨울 날씨에도 다 커버린 어엿한 남아의 모습을 보였기에 이제는 너라는 확신을 하였다. 지난번 안구 기증 글짓기를 시작으로 경택이와 같은 길을 걷기 시작하였다. 내일모레 3일부터 중국으로 떠난다. 혼자 가는 만큼 많은 경험도 쌓고 더 성숙해서 돌아올 것을 믿어 의심치 않는다.

2009년 소띠 해가 밝았다. 부지런함, 우직함, 또 성난 수소처럼 나는 3년을 또 준비해야 한다. 신진규. 나는 너를 믿는다.

- 2009.1.1. 아침 2시 26분 덕양 신진규 쓰다.

수능 고사장 분위기

- 2003년 대입 수능 고사장 감독 2명. 감독은 고교 교사, 부 감독은 중학교 교사. 정 감독은 교단의 정중앙에 위치, 수험생 유의 사항 전달, 시험지 답안지 배부, 인물 대조 및 감독관 확인 도장 시험 종료까지 정 중앙에서 전체적인 고사를 지휘한다.

부 감독은 교실 뒤쪽에 자리하면서 정 감독이 교실을 순회할 때 반대편으로 순회하는 보조 연출자. 그런데 어제의 수능시험에서 나와 함께했던 4명의 부 감독은 교실에 들어오자마자 뒷자리에 앉아서 꼼짝도 안 하는 공통점이 있었다. 생각 같아선 다른 학교 교사지만 귀싸대기 한 대 올리고 싶었다. 나 혼자로도 충분히 감독할 수 있었기에 참았다. 90분, 100분, 120분, 70분 총 380분이니까 6시간 20분을 꼬박 서서 감독한 셈이다. 얼른 생각해보면 아무것도 아닌 것 같지만 중노동이 아닐 수 없다.

어제는 날씨가 너무 좋아 그나마 다행이었다. 1교시 듣기평가가 있는 시간이라 신경 쓰이는 게 많았다. 한 녀석이 긴장했는지 듣기평가가 시작되면서부터 마른기침을 하는 것이었다. 이럴 때가 감독으로서 난처한 경우다. 다른 아이들은 그 아이를 주시하면서 어떻게 해주기를 바라지만 시험이 시작되었기 때문에 어쩔 수 없는 상황이었다. 어렵게 듣기평가가 끝나고 인물 대조를 하는데 하필이면 그 아이가 우리 학교의 화공과 학생이었다. 현장 실습 나갔던 여학생이었는데 다른 학교 교실이 어색했었나 보다. 32명의 여학생. 재학생 26명, 재수생 4명, 검정고시 2명이었다. 그들 중 인문계 출신이 30명 실업계 출신이 2명이었다. 4횡 8열 옆자리가 멀어서 부정행위는 거의 불가능한 상태다. 나는 그들을 대상으로 재미있는 통계를 내고 있었다.

32명 중 안경을 쓴 아이가 20명, 반지나 팔찌를 끼고 있는 학생이 8명, 청바지를 입은 학생이 17명, 운동복 차림이 8명, 기타 면바지가 7명이었다. 치마를 입은 학생은 단 한 명도 없었다. 긴 생머리가 8명, 단발머리가 6명 나머지 18명은 짧은 묶음의 머리였고 염색을 한 학생들은 의외로 적은 숫자였다. 교실마다 4~6명 정도였다.

제자 중 안경학과를 졸업한 학생이 있었다. 내가 주례를 데뷔하게 했던 그 제자가 요즘 나에게 가끔 전화한다. 자기 인생에서 고3 때 나와의 진로 상담이 결정적인 역할을 했다는 이야기다. 4년제를 포기하고 안경학과가 있는 전문대를 가도록 권유한 내 생각에 따랐던 그 학생에게 지금도 가끔 고맙다는 전화를 받는다.

우리의 자녀들이 중3 고3이 되었을 때 부모들의 욕심이 자녀들의 진로에 커다란 악영향을 미칠 수 있다는 이야기다. 4년제 대학, 유학,

명문대학 등등의 고정관념을 이제는 우리 세대가 떨쳐야 한다. 무조건 실업계보다는 인문계를, 전문대학보다는 4년제 대학이라는 생각. 우리가 살아온 날들을 뒤돌아보자. 중3 때 처음으로 나의 의지대로 하는 인생의 첫 선택, 그 선택이 평생을 좌우할 수 있는 중요한 선택 되는 것이다.

나는 고등학교를 선택할 때 주변 사람들의 모든 우려를 떨치고 공업고등학교 건축과를 택했다. 중학교 때 기술 선생님으로부터 칭찬을 많이 받은 것이 큰 영향을 미쳤던 것 같다. 한 번도 후회해 본 일이 없다. 성인이 된 지금도 공업학교를 졸업했다고 해서 불편함, 불이익, 삶의 보람 등 어떤 경우에서든 나는 더 잘할 수 있었다. 어제 시험을 치른 고3 수험생들이 받을 스트레스를 생각해보자. 잘 본 사람이나 못 본 사람이나 이제부터는 그들의 전쟁이 시작되었다. 우리의 부모들이 그들의 마음을 더 무겁게 해서는 안 된다는 이야기다.

어제 세 명의 여학생이 눈물을 흘리면서 나에게 애원하였다. 수학능력시험에서 한 문제 더 맞는 것보다 중요한 걸 그들이 몰랐던 것이었다. 나는 매시간 끝날 때마다 녀석들에게 가볍게 교육했다. 다음 시간의 시험에 영향을 주지 않게 하기 위해서 시험이 다 끝나면 날 찾아오라고 하였다. 내 소속과 이름 석 자를 밝히고 그들에게 충고하였다. 시험장에서 흔히 있을 수 있는 이야기였지만 아마 그들은 어제 내가 해 준 이야기를 평생 가슴속에 묻고 살 것이라 확신하고 싶다.

오늘은 우리 학교 2003학년도 신입생 원서 마감 날이다. 우리 과의 정원은 60명이고 우리 학교 전체의 정원은 420명이다. 어제까지 20여 명이 접수했고 오늘 5시까지 50명이 접수를 하여 열 명이 희망하지 않은 과로 옮겨야 한다. 그런데 중요한 것은 우리 학교에 원서를 낸 아이들의 성적이 95~100%까지가 대부분이다. 앞으로 이런 아이들을 데리고 3년간 가르쳐야 한다고 생각하니 너무 힘들긴 하다. 나는 중학교 3학년 담임들과 학부모들에게 묻고 싶다. 인문계, 실업계를 구분하여 원서 쓸 때 과연 그렇게 성적순으로 구분해야 하는 것인지. 학생들의 적성과 취미, 그들의 능력과는 무관하게 원서를 써주는 담임들과 부모들에게 걱정 어린 눈총을 보낸다. 우리의 40대가 기수가 되어 고정관념을 깨야 하는데 그렇게 힘이 드는 모양이다. 물론 우리나라의 교육 정책이 잘못된 모순투성이지만, 우리들의 마음부터 바꿔야 하지 않을까. 오늘부터 나는 3년간 논문을 준비하려 한다. 오늘 우리 학교에 원서를 낸 학생들을 열과 성을 다하여 가르친 3년 후, 우리 학생들보다 더 우수한 학생들과 비교할 것이다.

자신 있다. 그들에게 꿈과 희망을 주어 당당히 사회에 내보낼 것이다. 마음이 착잡하다. 우리 학생들이 3년간의 고통을 잘 견디게 할 또 다른 묘책을 찾아야 한다. 왜냐면, 그들은 벌써 공부하고는 완전히 담을 쌓은 꼴찌들의 집합이기 때문에.

- 신입생 원서 마감하는 현장에서.

수학 못 하는 여자는 좋아할 수 있지만 산수 못하는 여자는 싫은데

이번 신입생 학부모가 되실 나의 고등학교 선배님. 그 형수가 김을 주문해서 택배로 보냈습니다. 그런데 김값이 잘못 계산되어 입금된 것을 알았습니다. 입금이 부족했다면 말도 못 하고 넘어가겠지만 입금액이 넘치니 좋기도 하고 걱정도 되었습니다. 그래서 혼잣말로 "나는 수학 못 하는 여자는 좋아할 수 있지만 산수 못하는 여자는 싫은데 ㅎㅎ." 그리고 이내 생각하였습니다. 평소에 한 말씀 한 말씀이 사려 깊은 분이었기에 어떤 깊은 뜻이 있겠다고 생각하였습니다. 얼마 전 제 블로그를 방문해서 우리가 살아가는 가족 이야기를 보고 왕팬이 되었다고 했던 그분. 어떤 뜻이 담겼을까? 아니나 다를까! 내 연수 기간에 아내의 생일임을 블로그에서 알게 된 후 연수 끝나고 집에 갈 때 선물이라도 사서 가라고 배려했던 가장 아름다운 돈이었습니다. 어리석었던 저를 질책하였습니다. 다행스러운 것은 아주 짧은 시간 동안 스스로 그 깊은 의미를 알아봤다는 것입니다. 이 아침 성탄절에 다시 한번 미소를 더금게 했던 형수의 아름다운 마음을 이 세상에서 가장 사랑합니다.

서울에서 아들을 제게 맡겨 주신 탁월한 용기 또한 사랑합니다. 나는 자신 있다. 지금까지 해 온 것보다 조금만 더 열정을 보인다면 어떤 어려움이라도 극복하는 것 나한테는 문제가 될 것이 없다. 오늘 모처럼 밥 도둑놈 김 때문에 아침을 맛있게 먹었다. 또 아름다운 배려 한 수를 배웠다. 기분 좋게 오늘 하루 잘 보낼 것 같은 느낌이다. LET ME SEE.

가평에서 수석교사 연수 중

연수 첫날. 경기도라는 땅, 어린 시절 인천 송도 바닷가에서 해 질 녘 노을을 보면서 마음도 몸도 성장했던 땅 인천. 오늘은 가평이다. 강원도 오고 갈 때 몇 번 지나쳤던 곳, 가평에서 올 마지막 수석교사 연수가 있는 날이다. 이번 연수에서도 나의 역할은 분명히 있을 것이다.

기분 좋은 연말. 해마다 나는 마지막 마무리하면서 꼭 기쁜 일을 스스로 만들었다. 교사로서 큰 욕심 없이 하나 이상의 것을 만들자는 생각으로 나는 나의 브랜드를 만들기 위해 하나씩 하나씩 쌓아 왔다. 내면의 브랜드는 나만이 알아주는 것이지만 외면의 브랜드는 아~ 신진규! 하면 떠오르는 트레이드 마크.

올 연말에는 세상에서 가장 아름다운 선생님이 되는 것이었다. 그 아름다운 선생님이 되기 위해 연수 중 분명 나에 대한 기대와 역할을 수석교사들은 바라고 있을 것이다. 연수 중 최고의 집중력을 발휘해서 또 하나의 실적을 쌓아야겠다.

오늘은 둘째 녀석이 세상에서 처음으로 자신의 글을 써서 상을 받는 날이다. 교육감상. 큰애보다 빠르다. 큰애는 고1 5월 처음 외부 상을 받았는데 상은 받아 본 사람만이 그 기쁨을 안다. 둘째도 자신감을 느끼는 계기가 되었으면 좋겠다. 너무 착하고 여리기만 했던 둘째가 이제부터 세상에 도전할 것이다. 내일은 마나님 생일인데 가장 없이도 두 아들이 엄마한테 잘하겠지. 어제 녀석들이 엄마 선물을 옷으로 했다고 이야기할 때 좋아하던 아내. 아마 처음일 것이다. 아빠가 집을 떠나 있으므로 녀석들이 아이디어를 낸 모양이다.

   큰애야. 오늘 동생이 상을 받는 거 사진 잘 찍어줘라. 이젠 네가 있어 더 든든하다. 그리고 많이 성장한 것을 느꼈다. 2호선의 주인공이 될 자격을 갖추었더라.

- 신경택 집 떠나서 잠을 설친 날 아침에.

장미가 주는 메시지

　즐거운 성탄 아침. 수석교사 연수 후유증도 없다. 있어서는 안 된다. 산더미처럼 쌓인 일이 있기 때문이다. 한 해를 마무리하는 시점에서 조용하게 뒤를 바라보면서 어떻게 신년을 맞을 준비를 할지 생각해야 하는 시점인데 너무 많은 과제를 가지고 연수를 마쳤다.

　초라해지는 모습을 발견했다. 정말 열심히 교단을 지키는 동료 선배들을 보고 나는 너무 나만 앞세우지 않았나 하는 자책을 해본다. 말은 안 하고 있었지만 수석교사들의 열망을 나는 느낄 수 있었다. 그래서 진행하는 동안 나는 앉을 수도 없었고 마이크를 놓을 수도 없었다. 저녁에 다리가 퉁퉁 부어오름을 느끼기도 전에 코를 고는 소리가 요란하다는 선배 수석님들의 소리를 의식하며 2박 3일을 그렇게 보냈다. 아니 나는 3박 4일이었다.

　성탄 아침. 세상을 여는 조용한 외침은 이제부터 시작이다. 연수 기간 내내 나를 응원해 준 사람들이 많다. 이제는 초등과 중등을 구분할 정도의 인간관계 그래도 많은 수석으로부터 과한 말을 많이 들은 터라 나는 다시 한 번 수석교사 조직에서도 공인임을 인정했다. 그렇기에 어떤 일을 할 때나 어떤 말을 꺼낼 때나 항상 공인임을 알아야 했다.

 응원해 준 사람들에게 글을 마치면서, 그래도 당신은 탁월했습니다 라고 큰 소리로 악수 또는 포옹한 것이 연수의 결과라고 자찬해 본다. 마지막 시간에 장미가 주는 메시지에 대해 내가 한 말이 생각난다.

장미가 주는 글

신 선생님
어제 아내의 생일에
장미꽃 한 송이라도 보내야 하는데
보내지 못했지요?
이 장미가
신 선생의 아내에게 향기와 함께 전해드릴게요

- 성탄 이브에 장미 올림

어부 아들의 아르바이트

80년 봄. 청운의 꿈을 안고 유학을 떠났다. 시골에서 몇 안 되는 대학생. 나는 아버지께서 챙겨주신 김 두 박스를 직행버스에 옮겨 싣고 유성으로 향했다. 집에서 농사지은 김 두 박스는 제법 큼직한 짐 보따리였지만 내 1학기 생활비이기도 했다. 품질은 보증할 수 있었기 때문에 그 김을 팔아서 대학 생활을 시작할 수 있었다.

요즘 아이들의 아르바이트하고는 차원이 달랐다. 어부의 아들이었기 때문에 당연히 받아들여진 상황이었다. 새내기 대학 생활이기보다는 하숙방 모퉁이에서 하나씩 줄어드는 김을 보며 두 달 남짓한 대학 생활을 보냈다. 대학 생활을 느끼기도 전에 맞이한 5·18 광주사태. 긴 휴교령과 장발 머리, 막걸리, 두부 김치찌개, 최루탄. 당시의 상황들은 새내기 대학생들에게 무기한 휴교령 앞에서 제각기 봇짐을 챙기게 했다. 그러나 나는 끝까지 유성에서 자리를 지켰다. 여름방학이 끝날 무렵, 나는 아버지가 준비해 주신 망둑어 꾸러미를 들고 다시 유성에 돌아왔다.

초가을쯤이면 강둑어가 제철이다. 망둑어를 잘 말려서 10마리씩

대나무에 꽂아 10단을 쌓으면 제법 상품 가치가 있게 포장이 되고 나는 그것을 들고 생맥줏집을 다녔다. 술안주로는 그만이었다. 아마 그 무렵이 우리가 즐겨 마시던 생맥주가 처음으로 등장한 게 아니었나 싶다. 술을 입에 댄 것도 그 무렵이었을 것이다. 어부의 아들이었기 때문에 망둑어가 나의 아르바이트의 매개체가 된 것이다.

10월 중순. 나는 지금도 가끔 아들들과 망둑어 낚시를 다닌다. 제법 팔뚝만 한 망둑어를 잡아 올릴 때마다 아버지의 손길을 느끼곤 한다. 앞도 못 보시는 분이 어쩌면 그렇게 깨끗하게 대나무에 꽂아서 상품화할 수 있었을까? 지금도 아버지의 대단함을 느끼게 하는 부분이다.

시간당 2,000원씩 받고 아르바이트하는 요즘 학생들과 집에서 잡은 망둑어를 가지고 한 아르바이트와 어떤 차이가 있겠는가? 나는 다시 대학 생활을 한다 해도 어부의 아들답게 김과 망둑어를 택했을 것이다. 이번 여름방학이 시작되기 전에 대학생이 된 몇몇 제자가 찾아왔다. 방학 동안에 일자리를 찾아다녔지만 쉽지 않았던 모양이다. 시대가 변했기 때문에 요즘 젊은이들에게 딱 맞는 일자리를 구해 준다는 것이 부담스럽지만 나는 나에게 찾아오는 제자들에게 20여 년 전 나의 학창 시절에 잊을 수 없는 어부 아들의 아르바이트 이야기를 들려준다.

젊은 대학생들이여! 젊어서의 고생은 일부러 한다는 말을 기억하길.

- 군장대학 신문사 귀중.

-이리공업고등학교 건축디자인과 교사 신진규.

특수교육 실천 사례

월급 모아서 임플란트할래요, 노트북 살래요.

소속: 이리공업고등학교 직위:교사 이름: 신진규

　나의 둥지를 떠난 지 일 년이 되어가는 우리 학교 특수학급 출신 3명의 취업 당시를 생각하면 아직도 눈시울이 적셔지는 이유는 왜일까? 취업에 성공했다는 홍보용 배너가 교문과 교정 곳곳에 설치됐었다. 그런데 3개월이 지날 무렵 인사 담당자로부터 한 통의 전화를 받고 많이 당황했었다. 이틀 전에 기업에 방문했을 당시만 해도 우리 학생들이 잘하고 있다는 칭찬 일색이었었는데 "회사의 인적 쇄신 차원에서 인원 조정이 있을 것 같습니다. 그러니 다른 곳에 취업처를 미리 준비해 두세요."라는 한 통의 전화를 받았다. 아이들의 담임과 나는 회사로 달려가 사정하였다. 아이들이 나에게 보낸 편지 내용을 보여주었다. '월급이 더 모이면 임플란트를 하고 싶다는 아이와 노트북을 사서 인터넷 강의를 듣고 싶다'라는 아이들의 소박한 소망을 남긴 채 회사 문을 나섰다. 휑한 찬 기운을 느끼며 돌아왔던 당시의 기억이 너무 생생하다. 그 아이들이 어떻게 해서 입사를 했는데, 어떤 꿈을 가지고 입사를 했는데 3개월 만에 입사 지원서에 잉크도 마르기 전에 정리해고를 당하다니. 기업의 횡포를 몸소 느끼면서 아이들과 함께 자격증을 취득하기까지의 힘들었던 과정을 도저히 접을 수가 없었다.

대부분의 특성화고등학교는 3학년 1학기의 교육과정이 국가기술자격을 취득하기 위한 것이지만 특수학급 학생들은 너무나 당연하게 응시자 명단에서 제외되는 것이 현실이었다. 우리 학교의 특수학급은 이제 두 번째 졸업생을 배출한 햇병아리이기 때문에 그것이 당연하다고 느꼈을 것이다. 교장 선생님은 나와 같은 해인 2012년 3월에 우리 학교에 부임해 오신 분이다. 교장 선생님께서 나를 부르시더니 "우리 학교가 올해 직업거점학교로 지정받았기 때문에 특수학급 학생들도 직업 전선에 나설 방법을 세우시오." 우리 학교는 2010년에 처음 특수학급을 인가받았기 때문에 짧은 역사 속에 단 한 명의 자격증 취득자도, 취업에 성공한 학생도 없었다. 나는 취업 부장으로서 지적 장애가 있는 학생들이 그나마 취업에 성공하기 위해서는 전문 분야의 자격증 취득이 최우선이라고 생각했다. 내가 맡고 있는 도장기능사 자격시험에 도전시키기로 하고 내가 수업이 없는 시간과 휴일을 이용하여 학생들을 지도하였다. 3학년이 다섯 명이었는데, 그중 한 학생은 휘발성 도료 알레르기가 있었고, 한 학생은 도면을 이해하는 데 너무 큰 부담을 갖는 것 같아서 1차로 3명의 학생을 대상으로 지도

하였다.

　지도 과정을 어찌 다 설명하겠는가? 결과는 3명 모두 합격하였다. 같은 장소에서 시험을 치른 일반인 몇 명도 탈락하는 마당에 우리 아이들 세 명 모두의 합격은 큰 의미를 부여하였다. 그 후 특수학급 세 명의 선생님(정규직 교원 1명, 기간제 교사 1명, 특수교육업무 지원 1명)들을 학생들과 똑같은 방법으로 지도하여 100%의 자격증을 취득하게 하였다. 공립학교는 교사들이 순환 전보로 다른 학교로 옮기기 때문에 내가 없어도 그들을 지도할 수 있는 능력과 자격을 갖추게 하기 위함이었다.

　자격증을 취득한 후 익산 고용센터를 방문하여 취업과 관련된 정보를 얻어 고용센터 담당자와 같이 취업처를 개발한 곳이 학생들에게 희망을 주었던 일터였는데 3개월 만에 그 꿈을 접어야 하는 순간이었다. 나는 전화위복이라는 말을 믿고 아이들의 이력서를 다시 작성하게 하고, 3개월간의 경력을 자기소개서에 첨부하여 익산의 ㈜고덴시라는 전자 부품을 만드는 회사를 방문하였다. 아이들의 이력서와 자기소개서, 국가기술자격증, 지적 장애 2급의 복지 카드 사본 등과 학생들이 수업 시간에 기록했던 노트 한 권씩을 책상에 놓고 취업에 대한 말을 꺼냈다. 인사 담당자의 대답이 너무 야속했다.

　"우리 회사는 전자회사라 일반 사람들은 작은 칩을 만드는 것으로만 생각할 텐데, 위험한 화학 약품도 많이 다루어야 하므로 고용할 수가 없습니다." "팀장님 우리 학생들 제가 보장합니다. 일단 학생들이 면접이라도 볼 수 있게 해주세요." 한 시간가량 굽실거림과 떼를 부렸다 해도 과언이 아니었을 것이다. 겨우 면접 일정을 잡고 돌아와서 아이들에게 면접을 지도하였다. 어눌한 말, 이상한 몸짓 등은 면접에서 일반 사람들이 편견을 버리고 보기가 쉽지 않으리라 생각하고 아이들의 장점 등을 글로 적어 학생들의 목에 걸어서 면접 장소로 데리고 갔다. 뜻밖의 결과였다. 3일 후 사장님께서 세 명의 아이들을 직접 보고 싶다고 하여 인솔하고 다시 회사를 찾았다. 회사에서 아이들의 취업을 허락하게 된 결정적 계기가 학생들의 노트였다고 한다. 자기소개서만큼은 본인들이 직접 쓰게 하려고 항상 또렷하게 정자로 쓰는 것을 반복 훈련 시켰다. 그 노트가 취업의 문을 연 것이다. 지금도 당시의 상황을 생각해보면 전율을 느끼곤 한다. 왜냐하면 면접조차도 보지 않겠다고 했던 회사에서 지원자 모두를 채용하겠다는 것은 너무 큰 선물을 우리 아이들과 학교에 준 것이었다. 회사를 옮긴 지 일 년이 되어간다. 월급날만 되면 전화벨이 울린다. 겉모습은 잘생긴 미남이지만 잘 알아듣지 못하는 어눌한 말투는 여전하였다. 그래도 '고맙습니다.' '잘 다니겠습니다.' 라는 말은 또박또박 건네곤 한다.

나는 작년에 취업시킨 세 명의 아이들과의 인연으로 자주 특수학급에 들리곤 한다. 아이들과 자주 접하다 보니 뜻하지 않은 좋은 일들이 기다리고 있다. 특수학급의 게시판에 걸린 각종 정보를 보고, 그 정보에 맞는 아이들의 재능을 발견하려고 한다. 19명의 학생 중 누군가는 잘할 수 있는 아이가 있다. 잘하는 재능을 발견하려면 일단 자주 그들과 접해야 한다. 올해 6월 나도 우연한 기회에 장애를 체험하게 되었다. 갑작스럽게 찾아온 난청 때문에 10일 정도 입원 치료를 받아야 했다. 한쪽 귀로는 반을 들을 수 없다는 것을 배우고 난 후 특수학급에서 지적 장애인 기능경진대회가 있다는 것을 보았다. 우리 학교에서 처녀 출전하게 되었다. 2학년 학생 수인이를 6주 동안 목공을 지도하여 호남권역 대회에서 당당히 금메달을 받았다.

수인이의 금메달 사냥 이야기는 내년에 수인이가 취업에 성공했다는 이야기와 함께 다시 세상에 공개하고 싶다. 장애가 있는 학생들의 취업을 등한시했던 학교의 교육과정. 그러나 이제 직업거점학교로 지정받으면서부터 많은 관심과 투자를 아끼지 않는다. 추석 전 특수학급에서 구수한 누룽지 냄새가 난다. 학교 급식실에서 남은 밥을 이용하여 누룽지를 만들어서 선생님들에게 판매하는데 학생들의 통장에 자신이 노력한 만큼의 땀방울이 모인다고 한다. 이것이 학교 기업으로 발전할 수 있는 발판이고 장애가 있는 우리 아이들의 취업전선에도 청신호가 아닐까? 나는 이리공고의 취업 부장이다. 첫 단추는 잘 끼워졌다. 특수학급의 19명의 학생과 새롭게 맞이할 새내기들의 취업도 이제부터 시작이다.

이야기 다섯

화제

- 우등생이 공고로 간 까닭은

[연합뉴스 2004-11-11 09:19] 공업고로 진학한 우등생

(전주=연합뉴스) 홍인철 기자 = "친구들이 '너, 미쳤냐'는 소리를 많이 했어요. 복도에서 마주치는 선생님들도 '참 아깝다'고 했어요."

우등생인 전주 풍남중 3년 신경택(15. 愼京澤) 군이 인문고 대신 전주공업고교에 지원하자 주위에서는 고개를 갸우뚱했다. 그도 그럴 것이 신 군은 3년 내내 학급에서 1~2등을 놓치지 않았고, 최근 몇 차례 치러진 모의고사에서도 180점 만점에 평균 174점을 맞을 정도로 학교에서도 줄곧 최상위권에 속한 영재였기 때문이다. 그런 그가 또래에서 선망의 학교로 통하는 자립형 사립고나 과학고, 외국어고등학교를 제쳐두고 전주공고 토목과에 지원서를 내민 것은 신선한 파격으로 받아들여진다.

신 군의 공고행行은 이리공고 건축디자인학부 교사인 아버지 진규(44) 씨의 영향도 컸다. 전주공고 출신인 진규 씨는 "자식이 소위 잘 나가는 인문고교에 들어가 내로라하는 명문 대학에 진학했으면 좋겠

다는 생각을 어느 부모인들 하지 않았겠느냐."면서 "아들의 꿈과 실업계 고교의 부흥을 바라는 나의 소망이 맞아떨어진 셈."이라고 말했다.

그는 또 "정부에서 이공계에 엄청난 투자를 하는데도 이공계 대학 진학의 기피 현상은 좀처럼 개선될 기미가 보이지 않는다는 것을 현장에서 뼈저리게 느꼈다."면서 "공학도가 꿈인 아들의 소망이 실현되면 침체된 실업계 고교도 희망을 찾을 것으로 본다."고 덧붙였다. 물론 신 군의 공고행이 순탄한 것만은 아니었다. 어머니 이경이(42) 씨는 아들의 공고 진학 결심에 충격을 받아 식사를 거르고 자리에 눕기까지 했다. 해결사로 나선 진규 씨는 궁리 끝에 아내를 전주공고로 직접 데려가 인재 프로그램에 참여하고 있는 5~6명의 재학생들을 만나게 했다.

아들의 확고한 결심과 남편의 설득, 공고 학생들의 열의를 눈으로 확인한 경이 씨도 이제 더는 인문고 진학을 고집하지 않고 "최선을 다해 뭔가를 보여 달라."며 오히려 아들을 격려하고 있다. 종합학원에 다닌 것을 제외하고는 과외 한번 받지 않고 내내 최상위권을 유지해 온 신 군은 "명문 대학에 진학, 나라에 보탬이 되는 훌륭한 공학도가 되고 싶다."면서 "선택에 후회는 없다."며 밝게 웃었다.

젊음! 이공계가 살아나려면
- 전북일보 오피니언 2005.5.26. 전주공고 1학년 신경택

    1962년부터 시작된 경제개발 5개년계획의 목표는 공업화였다. 정부의 지원으로 많은 공업고, 공업대학교가 설립되고 공장을 세우는 등 이공계는 눈부시게 발전하였다. 그러는 과정에서 많은 학생들이 인문계가 아닌 이공계를 택해왔다.
    그러나 지금은 어떠한가? 이공계 기피 현상이 날로 심화되고 있다. 대학교 이공계가 그러하니 기능인 양성을 목표로 하는 공고의 사정은 더 열악하다. 열악하다 못해 공고생 너도나도 대학에 들어가 취업률보다 진학률이 더 높은 지경이다. 그러나 의사, 판·검사, 변호사 등이 대우받는 우리나라와는 달리 여러 선진국에서는 기술자가 대우받는다. 가령 국가경쟁력 5위안의 핀란드의 경우 경제활동인구의 76% 정도가 이공계열이라는 점을 봐서도 알 수 있다.
    우리나라에서도 변화가 필요하다. 더 이상 의대, 법대만을 선호할 것이 아니다. 이공계열 대학을 살려야 한다. 당연히 정부가 나서야 한다. 일회성이나 선거용 대책이 아니라 '국가 존망의 열쇠'라는 인식이 전제되어야 함은 물론이다. 솔직히 요즘 각 중학교 상위권 학생들

이 인문고 자연계를 가는 이유는 대부분 이공계열이 아닌 의대에 진학하기 위해서라고 해도 과언이 아니다. 모르긴 해도 많은 돈을 벌 수 있고, 명예를 가질 수 있다는 생각 때문일 것이다. 그러나 과학고뿐 아니라 실업계도 살아나야 한다는 게 나의 생각이다. 실업계(공고)야말로 국가산업경쟁력의 중추이자 원동력인 기술 인력을 길러내는 곳이기 때문이다. 실업계가 살아나려면 어떻게 해야 할 것인가?

첫째, 실업계에 대한 안 좋은 편견을 버려야 한다. 요즘 중학생이 알고 있는 실업계 고교는 질 나쁜 학생이 가는 곳이다. 학생들뿐 아니라 어른들도 그렇게 생각하고 있다. 전주공고에 재학 중인 나도 그렇게 생각했지만, 3개월 정도 지내다 보니 학우 대부분이 순진하고 착한 모습이었다. 단지 몇몇 학생 때문에 학교의 이미지가 좋지 못할 뿐인데, 그것은 인문고나 중학교도 마찬가지 현상이다.

둘째, 예전의 모습에서 바뀌어야 한다. 몇 달 전, 어느 기술대학을 간 적이 있다. 그곳에서는 실업계 학생이 약 90%를 차지하고 있었다. 그럼에도 학생들은 21세기에 걸맞은 최첨단 기술을 배우고 있었다. 나아가 앞으로 국가를 이끌어나갈 기술자의 꿈을 실현해 나가고 있었다. 과거에는 취직을 위한 실업계 고등학교였지만 경제가 발전하고 풍요로워지면서 그 역할이 바뀌게 되었다. 단지 취직을 위한 학교가 아닌 기술자 양성의 기초과정이 되어야 한다는 것이다.

몇 달 전 TV에서 요즘 실업계의 변화를 비판적으로 생각하는 사람을 보았다. "실업계의 정의가 바뀌고 있습니다. 이는 옳지 못합니다."

라는 말이 생각난다. 이는 시대에 뒤떨어진 생각이며 현재에 맞게 바뀌는 건 당연한 일이다.

인문계 입시에 떨어졌다고 울고불고하던 시대는 지났다. 미래는 판·검사, 의사가 아닌 기술자가 세계의 주역이 될 것이다. 우리 공고는 그 역할을 해내는 기초과정이다. 학벌 중시 풍조가 날을 세우고 있지만, 무엇보다도 '무조건 인문계'를 외치지 말고 자기 적성에 맞게 진학하는 게 중요하다.

작은 배려

- 양성평등 글짓기 장려상. 전주공업고등학교 1학년 4반 신경택

중학교를 갓 졸업한 나로서는 당연히 양성평등에 대해 특별히 생각해보지 않았다. 남녀공학, 나의 짝도 여학생이었기 때문에 학급과 학교의 구성원으로 생각했기에 낯설지 않았다.

아버지께서는 고등학교 교사시다. 우리 가족의 가장으로서 어머니께서 하시는 집안일을 제외하곤 모든 부분을 책임지고 계신다. 방과 후 집에 오면 항상 어머니께서 맛있는 간식을 챙겨주시고 잠들기 전까지 온통 나와 내 동생의 뒷바라지를 해 주신다. 빨래, 청소, 다림질 그리고 가족의 건강을 위해 맛있고 영양 있는 음식을 만드느라 모든 시간을 할애하고 계신다. 이렇듯 어머니께서 하시는 일은 모두 집에서 이뤄지지만 불평을 토하신 적은 없다. 나와 동생을 키우고 집안일을 하면서 느끼는 보람에 사신다고 하신다. 우리 집과 반대로 요즘엔 맞벌이 부부들이 증가하고 있는 추세다.

그러나 일에 치중하다 보면 아이들의 가정교육 문제가 소홀해질 수 있다고 본다. 주변에도 부모님께서 맞벌이하는 친구들이 많다. 여성의 사회 진출이 많아지면서 비행 청소년이 많이 생기는 현상은 내

주변을 보아도 알 수 있다. 나와 같은 또래 청소년들은 부모님들의 관심과 사랑이 절실히 필요하다고 생각한다. 아버지의 역할이 그만큼 커져야 어머니의 사회 진출이 쉬울 것이라 생각한다. 나라에서도 맞벌이 자녀들을 위한 각종 프로그램 개발 및 시설 투자에 대한 노력을 한다고 저녁 뉴스 시간에 들었던 기억이 있지만, 턱없이 부족한 실정이라고 한다. 선행되어야 할 큰일들이 해결되어야 여성의 사회 진출은 그만큼 폭이 넓어진다고 본다.

나는 작년 11월에 매스컴을 통해 전국적으로 알려졌다. 공부를 잘하는 학생이 공업고등학교에 입학했다는 이유만으로 한 달여 동안 신문, 방송, 인터넷 등 많은 지면을 차지했었다. 지금 전주공업고등학교 토목과 1학년에 재학 중이다. 처음 입학식 할 때 신입생 대표로 입학 선서를 할 때 깜짝 놀랐다. 여태껏 여학생이 없었던 토목과에도 여학생이 눈에 띄었다. 남자들만 다녔던 토목과에 여학생의 입학은 신선하면서도 남자들에게는 오히려 자극의 기회가 주어진다고 본다. 나는 소수인 같은 반 여학생을 동등한 구성원으로 생각하고, 동일 조건에서 경쟁하면서 같이 학급을 위해 협력할 것이다. 우리 반뿐만 아니라 전기과, 건축과, 전산과에도 여학생들이 있다. 여학생들의 숫자는 변수가 많기 때문에 학교에서도 탈의실, 화장실 등 시설부터 신경을 써야 한다고 본다. 장애우 한 명을 위해서 특별한 시설의 배려가 필요하듯 남학생들이 대부분인 학교에서는 특히 몇 안 되는 여학생들을 위한 배려가 있어야 한다.

　사회는 이미 그 틀이 깨져서 우먼파워라는 말까지 생겨났는데, 우리나라 사회 통념적으로 가정에서 남자가 해야 할 일과 여자가 해야 할 일이 엄격히 구분되어 있는 것은 잘못됐다고 생각한다. 호주제를 폐지하는 마당에서 양성평등이 더 이상 구호로 그칠 이유가 없다. 이미 우리 주변에서 너무나 많이 접할 수 있는 당연한 현실이 되었다. 국회에선 여성의원이 늘어가는 추세이다. 선생님께서도 몇십 년 후엔 국회 의석을 남성보다 여성이 더욱 차지할 것이라고 말씀하신다. 우리 동네의 우체국에서도 국장부터 전부 여자들만 근무하는 곳도 있다.

　단, 우리 아버지 어머니처럼 각자 맡은 일에 최선을 다할 때 가능하다고 본다. 나의 할아버지께서는 아버지가 태어난 지 1년도 안 되어 두 눈을 잃으셨는데 할머니께서 남자의 역할을 하시면서 가정을 이끄셨다고 한다. 장애를 극복하고 이 시대의 귀감이 되셨던 우리 할아버지의 신화적인 이야기는 이미 세상에 널리 알려졌지만 따지고 보면 할아버지 할머니의 양성평등적인 삶에서 이루어졌다고 본다. 물론 어쩔 수 없는 상황이었겠지만 결국 서로를 위한 배려가 있었기에 가능했을 것이라 본다.

　양성평등 더 이상 불필요한 수식어이다. 이성에 대한 작은 배려만 있다면 어떤 일이라도 구분 없이 할 수 있다고 본다. 가끔 성추행, 성매매와 관련된 뉴스를 볼 때마다 양성평등의 가장 큰 저해 요인이라고 생각하곤 했었다. 공익광고에서도 이런 문구를 볼 수 있다. "성별을 따지면 볼 수 없습니다. 진정한 능력을 보려면 벗어 던지십시오. 편견을 벗으면 더 많은 인재들이 보입니다." 위 문구처럼 현재 기업에서 인재를 등용하는 데 있어서도 여성은 피해를 입고 있다. 능력이 아무리 뛰어나다 하더라도 외모가 아름답지 못하면 취직하기 어려운 게 현실이다.

  남성 위주의 사회였던 과거와는 달리 현재는 능력 위주의 사회이다. 편견을 버리고 양성평등의 열린 의식과 사회제도 속에서 배려하고 선의의 경쟁을 하여 지금보다 더욱 발전된 사회를 만들기 위해 함께 노력해야 할 것이다.

소리

(제7회 광주대학교 전국고교생 백일장 차하 수상. 전주공업고등학교 토목과 신경택)

- 할아버지에 관한 추억

뚱땅 뚱땅~. 오늘도 우리 집 작업장에선 아침을 부르는 소리가 들려온다. 새벽 4시만 되면 지팡이를 짚고 작업장에 가시는 우리 할아버지. 그렇게 우리 마을엔 닭의 울음소리가 아닌 망치질 소리가 아침을 깨운다. 그 소리에 아버지 삼 형제도 일어나 할아버지가 계신 작업장으로 향한다. 그런데도 유치원생이었던 나는 그 소리에 잠을 설친 적이 한 번도 없다.

할아버지께선 내가 태어나기 전에 두 눈을 잃으셨다. 그런 장애에도 불구하고 정성을 다해 갈고리를 만드시는 할아버지를 보면서 장인정신이 무엇인지를 깨닫게 된다. 아침 식사가 차려지면 할아버지께선 오늘 반찬이 무엇이냐고 물으신다. 그러면 할아버지의 손발이신 할머니께선 할아버지 젓가락으로 반찬을 가리키며 "이건 김치고, 이건 당신이 좋아하는 생선이야."라고 말씀하신다.

식사가 끝나고 나면 쉴 새도 없이 다시 작업장으로 향하시고, 할머니께선 할아버지께서 만드신 갈고리를 들고 이웃 할머니들과 조개를 캐기 위해 나갈 준비를 하신다. 선생님이신 아버지께서 학교로 출근하시면 나와 사촌 형들은 할아버지 앞에 나란히 서서 인사를 한다. "할아버지 잘 다녀오겠습니다." 이구동성으로 말했지만 꼭 내 목소리가 어디서 나오는지 아시는 듯 한 사람씩 버스 차비를 주시면서 말씀하신다.

"경택아! 잘 다녀오련?" 나를 포함해 네 명의 손자들 목소리가 나오는 곳을 모두 알고 계신 것이 정말 신기하기만 했다. 그렇게 할머니, 아버지, 우리 손자들이 모두 집을 떠나고 나면 할아버지께선 그제서야 한숨 돌리고 동네 노인 분들과 술을 드시며 노래를 부르신다.

'고향이 그리워도 못 가는 신세~.' 할아버지는 한국전쟁 때 잃으신 가족을 그리워하며 눈물을 흘리시곤 하셨다. 아버지께선 할아버지와 같은 시각장애인들을 위해 헌신하신다. 일주일에 한 번은 꼭 시각장애인복지회관에 들러 봉사하곤 했는데 "우리 아버지께서도 여러분들과 같은 장애인이십니다. 하지만 저는 부끄럽지 않습니다. 장애를 극복하고 우리 가족만이 아닌, 자신과 같은 장애인들을 위해 봉사하시는 우리 아버지가 정말 자랑스럽습니다."라는 말과 함께 희망을 잃지 말라는 메시지를 남기셨다. 저녁이 되면 할아버지, 할머니, 친척들, 열네 식구가 마당에 있는 마루에 둘러앉아 화목한 시간을 보냈다. 하늘의 별을 보고 시원한 바람을 느끼며 들었던 할머니의 옛이야기가 아직도 떠오른다.

우리 형제와 사촌 형들이 뒤뜰에 있는 나뭇가지를 들고 칼싸움을 할 때 울음소리가 나기만 하면 지팡이를 짚고 한걸음에 달려오시던 우리 할아버지…. 지금은 영영 우리 곁을 떠나셨지만 난 아직도 "경택아!" 하고 부르시는 할아버지의 목소리를 잊지 못한다. 할아버지에게 소리란 세상과의 통신수단이자, 나와 연결하는 사랑의 고리였다. 얼굴은 보지 못했으나, 만나면 언제나 "귀여운 내 새끼."하고 웃으며 맞아주시던 할아버지가 너무너무 보고 싶다.

내 아들을 실업계 학교로 보낸 이유
- 전주기독교방송 생방송 시나리오&굿뉴스 chord +
〈굿뉴스〉 아나운서 최형재

생방송 '사람과 사람'이 금요일 2부에 마련하고 있는 '굿뉴스' 시간입니다. 여러분은 실업계 고등학교에 대한 이미지, 어떻습니까? 아마도 성적이 잘 나오지 않는 학생이 어쩔 수 없이 선택하는 학교, 이런 선입견이 있지 않을까 싶은데요. 그런데, 학교 성적이 최상위권에 속해 있는 자신의 아들을 실업계 고등학교에 진학시킨 분이 있습니다. 오늘 '굿뉴스' 주인공, 이리공업고등학교 신진규 선생님, 스튜디오에 나와 계십니다. 그리고 실업고에 진학하는 신경택 학생 나와 있습니다.

진행자: 선생님 장남을 실업계 고등학교에 진학시켰다고 소개했는데요. 이런 결정을 내리게 된 이유, 궁금한데요?

신진규: 먼저, 아무것도 아닌 지극히 평범한 결정을 했는데 이 자리에 나와서 송구스럽고요. 일단 본인의 의사를 충분히 존중했습니다. 또 아들이 주장이 강하고 뚜렷했기 때문에 별문제 없이 결정했습니다.

진행자: 신경택 학생, 왜 실업계를 선택했나요?

신경택: 이공계가 많이 어려운 상황인데, 제가 이공계 발전에 도움이 되고자, 토목과를 선택하는 결정을 했습니다.

진행자: 아이의 이런 결정에 후회는 없었습니까?

신진규: 아쉬움은 없고, 저도 그 학교를 나왔습니다. 그러나 염려는 됩니다만 7차 교육과정을 보면 3년 후에 아마 더 기쁜 소식을 전할 수 있을 거라 생각합니다.

진행자: 엄마는 반대 안 했나요?

신경택: 처음엔 그랬는데, 나중에 학교 시설도 보고 제 의견을 듣고 동의해주셨습니다.

진행자: 장남이 공부를 무척 잘했다고 들었는데, 성적을 물어봐도 될까요?

신진규: 중2 때부터 관심을 갖고 봤는데, 1학년 때는 그냥 놀게 하기 위해서 아예 성적표를 안 봤습니다. 그런데 2학년 초에 보니까 10~20 등을 하더라고요. 너는 그렇게 해도 충분하다고 얘기했더니 나중에는 전체 학교에서 7~8등을 하더군요.

진행자: 실업계 고등학교에 대한 잘못된 인식, 무엇이 가장 큰 문제라고 생각하십니까?

신진규: 이 시간에도 실업계 고등학교 교사들이 많은 고민을 할 겁니다. 국가의 정책과 학부모 편견, 오늘도 어떤 인터넷 기사를 봤더니 '모범생이 공고에 간 까닭은'이라는 타이틀을

달았더라고요. 저는 위험한 기사라고 생각했습니다. 그렇다면 공고에는 어떤 학생들이 가야 한단 말입니까. 저는 오늘 아침에도 아들에게 얘기했습니다. 네가 그걸 선택했기 때문에 잘만 한다면 공고가 한 단계 업그레이드될 수 있을 것이다. 경택이도 그 뜻을 알고 있고, 저도 제 아들을 통해서 실업학교에서 검증받고 싶다는 생각을 했습니다.

진행자: 선생님은 전주공업고등학교 출신이고, 모교에서 교편을 잡기도 하셨다고 들었습니다. 그런데 전주공업고등학교에서 아주 특별한 인재 육성 프로그램을 구상하고 추진하셨다고 들었는데요?

신진규: 제가 96년도부터 2001년까지 공고 건축교사로 재직할 대실과 보직교사였습니다. 실업고가 전체적으로 침체돼 있었기 때문에 실업고 활성화를 위한 과제를 줬습니다. 저도 고민했고, 법인으로 돼 있는 전주공고 동창 장학재단에서도 우수한 인재 육성에 대한 요청이 있었는데, 내부를 돌아보면 참 답답했습니다. 정말 실업계에는 공부 못하는 학생들이 오는 곳이라는 인식이 있기 때문에 어떤 부모도 진학을 안 시키려고 했단 말이죠. 그래서 2001년 마지막쯤에 프로그램을 만들었습니다. 가난한 학생들을 위해서 기숙사비도 지원해주고, 방과 후 보충학습 지원을 해 준다거나, 인터넷을 통해 스스로 공부하게 하도록 하는 인재 육성 프

로그램입니다.

진행자: 어떤 목표로 부모님의 기대에 부응?

신경택: 저도 다른 인문계 학생들처럼 명문대학에 진학해서 우리나라에 기여할 수 있는 공학도가 되고 싶습니다. 진행자: 선생님 개인적으로 장남에게 거는 기대, 어떤 것입니까?

신진규: 저는 아빠가 공고를 나와 공대를 가서 열심히 하는 모습을 보고 아이가 이런 선택을 하게 됐다고 봅니다. 자기가 선택한 만큼 스스로 노력하는 학생이 되었으면 좋겠습니다. 청소년 시절 너무 공부에 얽매이지 말고 하고 싶은 것 마음껏 하면서 자기가 하고 싶은 진로를 선택한 만큼 그 분야에서 최고가 될 수 있도록 노력하길 바랍니다.

진행자: 생방송 사람과 사람 '굿뉴스' 지금까지 이리공업고등학교 신진규 선생님이었습니다. 오늘 말씀 고맙습니다.

신경택 군에게

- 삼화인쇄공업주식회사 회장 유기정(경택 군 후원자)

어느덧 봄꽃은 하나둘 떨어지고, 파릇파릇한 잎이 다음 계절을 준비하고 있는 늦은 4월입니다.

신경택 군의 편지 잘 읽어 보았습니다. 모교를 사랑하는 그 청순한 마음과 목표를 이루겠다는 굳은 의지를 읽은 거 같아 선배로서 참으로 마음 뿌듯합니다.

지난 3월 2일 학교 강당에서 신경택 군과 급우 모두 우리는 만났었죠. 어린 후배들의 초롱초롱한 눈망울을 보고 참 좋은 기분을 느꼈습니다. 신경택 군의 편지를 보니 생각나서 선배 된 입장에서 몇 자 적어 봅니다.

사람은 현재 자신이 해야 할 일과 앞으로 해야 할 일, 이렇게 목적과 목표를 가져야 한다고 생각합니다. 서울대학교에 가고 CEO가 되고 싶다고 했던데, CEO가 된다는 것은 목표이고, 서울대학교 간다는 것은 목적이라고 할 수 있습니다.

목표는 꼭 이뤄야 하는 것이고, 목적은 목표를 이루기 위한 방향입니다. 따라서 올바른 방향을 정하고 꾸준히 밀고 나가는 의지가 중요한데 신 군의 당면과제는 공부를 열심히 한다는 것 아니겠습니까. 물론, 부모님께 효도하고, 친구와 우애를 키우고, 좋은 책을 가까이하며 근면 성실하고 지혜롭게, 굳세고 올바르게, 행동하며 꿈을 키워나가야 하겠지요.

CEO는 최고경영자Chief Executive Officer, 최고경영자最古經營者를 의미합니다. 이것은 학식이 뛰어나고, 물건을 많이 팔아 돈을 많이 버는 사람이라는 것을 이야기하는 것이 아닙니다. 진정한 최고경영자는 회사의 직원을 내 모습처럼 아끼며, 직원의 잠재력을 이끌어내 그 능력을 발휘할 수 있도록 어떤 어려움에서도 최선을 다할 수 있어야 합니다. 교육보험(현 교보생명) 창업자 신용호 선생은 "생나무를 손가락으로 뚫을 수 있는 그런 강한 의지가 필요하다."라고 하셨습니다.

내 자서전을 봤다니……. 내가 어릴 적 나에게 커다란 영향을 준 플루타르크 영웅전에는 많은 영웅들의 이야기가 있지만, 그들은 혼자만의 힘으로 절대 영웅이 되진 않았습니다. 그들은 스스로 끊임없이 노력하고, 주위의 고마움을 알았기에 영웅이 될 수 있었습니다.

한 가지 더 말한다면 사소한 것이라도 '실천'하길 바랍니다. 훌륭한 계획도 실천하지 않으면 아무 소용이 없습니다. 목표 달성을 위해 실천해 나가세요. 그러다 보면 신 군은 그 목표를 이루는 기쁨을 누릴 수 있을 것입니다.

신경택 군. 멋있고 건강한 학생으로서 자신의 꿈을 이루는 훌륭한 사람이 되길 바라며 이만 줄입니다.

- 2005.4.23. 유기정 선배.

10일간의 북한 여행
- 전주공업고등학교 토목과 1학년 1반 신경택

제25회 통일 문예작품에서 일반부 최우수상을 받은 작품을 10년 전쯤 읽었던 기억이 난다. 제목은 '10일간의 북한 여행'이었다. 초등학교 입학하기 전이기 때문에 어떤 내용인지 생각이 잘 나지 않지만 아버지가 쓴 글이었기 때문에 어렴풋이 기억이 난다. "아버지, 진짜 북한에 다녀왔어요? 10일간이나 다녀오셨어요?" 그때 아버지와 그렇게 긴 시간 헤어졌던 기억이 없었던 터라 묻고 또 물어보았다. 지금 생각해보면 그 내용은 아버지가 북한에 여행 다녀와서 쓴 단순한 기행문이 아니라 할아버지로부터 이어진 우리 가족에 대한 이야기였다. 고등학생이 된 지금 그때 읽었던 아버지의 글이 문득 가슴에 와닿아 통일에 대한 내 생각을 쓰게 되었다.

아버지의 글을 요약하면 6·25전쟁 당시 1·4후퇴 때 월남한 할아버지께서 피난 시절부터 겪었던 이야기와, 장애를 극복한 인간 승리의 내용이 주된 내용이다. 할아버지의 일대기가 모 방송국의 TV 프로그램을 통해 전국에 방영되자 방송을 보고 어릴 때 헤어졌던 고향 친구들이 찾아왔다. 할아버지가 친구들과 북한의 실상과 통일에 대하여 대화한 내용을 들은 아버지가 직접 글로 표현한 내용이 주로 담겨 있다.

  우리 집을 찾아오신 할아버지의 고향 친구들과 일주일 정도 계속 이어진 이야기는 신기하게도 나중에 북한의 지명이며, 고향에 대한 향수로 그대로 아버지의 꿈에 재현되었다 한다. 아버지는 할아버지들의 대화에서 들었던 곳들을 10일 동안 꿈속에서 여행을 다녀오신 것이다. 우리 집은 할아버지와 할머니 모두 북한에서 월남하셨다. 할아버지는 돌아가셨지만 아버지가 할아버지를 위해 하신 일 중 한 가지만을 소개하기로 한다.

  할아버지께서 즐겨 부르던 노래는 '고향이 그리워도 못 가는 신세~~~.' '꿈에 본 내 고향'이다. 그렇게 애타게 갈망하던 통일의 한을 풀지 못한 채 할아버지는 1999년 12월 우리의 곁을 떠나셨다. 이듬해 아버지는 교육청에서 실시한 금강산 연수를 다녀오셨다.

  아버지가 집에 돌아오는 날 나는 아버지의 눈시울을 보며 나도 모르게 눈물을 훔쳐야 했다. 연수 기간 내내 아버지의 목에는 임시 여권이 걸려 있었는데 할아버지와 할머니의 사진이 함께 있었다. 돌아가신 할아버지의 한을 풀어 들이기 위해 사진으로나마 북한 땅을 할아버지가 밟아 볼 수 있도록 했다는 아버지의 말씀을 듣고 가슴이 뭉클해졌다.

  이후에도 가끔 아버지를 통해 할아버지에 대한 말씀을 듣곤 한다.

그때마다 가끔씩 어른들의 생각과 우리 청소년들의 생각은 많은 차이가 있음을 느낄 수 있었다. 텔레비전을 통해 남북 가족 상봉의 모습을 보면서 하염없이 눈물을 흘리시는 아버지에게서 6·25를 직접 경험하지 않았지만 아직도 생사가 확인되지 않는 친척들에 대한 그리움과 이산가족만이 느낄 수 있는 애절함이 있는 것을 느낄 수 있다.

도덕 교과서에 남·북한의 언어에 대한 단원이 있다. 50여 년 동안 남북 분단의 현실에 비례해서 여러 분야에서 이질감이 심화되고 있다는 내용의 단원이다. 요즈음 교양 프로그램이나 퀴즈 프로그램을 보면 가끔 북한말 뜻풀이에 대해 문제를 푸는 퀴즈 코너가 있다. 이 프로를 보면 우리 같은 청소년들뿐만 아니라 어른들도 고개를 갸우뚱하는 문제들이 많이 나오곤 한다. 우리 민족의 염원인 통일의 첫걸음은 언어의 통일에서 시작한다고 생각한다. 북한말을 바르게 사용하는 것도 중요하지만 우선 남과 북을 하나로 묶을 수 있는 통일된 언어를 만드는 일이 더 시급하다고 본다.

한 가지 예를 들어 본다. 남한은 현재 도로의 이름이나 지명이 바뀐 부분이 많은데 북한에서는 아직도 옛 지명이 그대로 쓰이고 있다. 아빠의 글에 나타난 지명들은 '고래, 배우지, 고사루지, 보똥, 한암, 흘리꼴, 달래기미, 중선포' 등의 옛 이름 그대로였다. 통일을 염원하는 우리들에게 남북한이 함께 사용하는 통일된 언어를 빨리 만들어야 되는 이유이다.

나의 아버지와 할아버지처럼 통일을 염원하는 사람들이 많다면 반드시 통일이 이루어질 것이라고 확신한다. 하지만 통일은 염원만 가지고는 이룰 수 없다고 생각한다. 통일을 이루기 위해 각자 맡은 자리에서 우리들이 성실하게 생활할 때 언젠가 통일은 우리 곁에 다가오리라 믿는다. 오늘도 아버지는 할아버지가 남기신 족보의 한 페이지를 열고 북한의 지명을 외우고 계신다. 통일의 그날을 위해.

오롯이 서 있는 공로 선적비
- 전주용흥초등학교 6학년 8반 신윤택

내가 아주 어렸을 때 뛰어놀던 곳은 할아버지의 공적비가 세워진 부안의 어느 바닷가 마을이었고 정자나무가 서 있었다. 그때는 할아버지의 공적비인지 잘 몰랐기에 시골 마을에서 흔히 볼 수 있는 비석으로만 생각했었다. 초등학교 1학년 때 나의 친할아버지가 돌아가셨다. 그때 나도 동네 사람들 앞에서 아버지의 뒤에 서서 꽃상여를 따라갔었다. 마을을 한 바퀴 돌고 난 후 입구에 있는 할아버지의 공적비 앞에서 상여를 맨 사람들이 발길을 멈추었다. 그 앞에서 한참 뭔가의 의식을 치르고 할머니와 아빠 그리고 큰아빠들은 상여의 여기저기에 돈을 꽂아 주었다. 또 한참을 돌다가 장례식장 차에 할아버지를 담은 관이 실렸다.

3학년 여름방학 때 우리 가족 모두는 부안 할머니 댁에 갔었다. 어릴 때 뛰어놀던 공원에서 할아버지의 공적비를 자세히 살펴보았다. "愼 重 夏 씨 功勞 先蹟 碑"라고 앞에 크게 쓰여 있을 뿐 다른 어떤 내용도 없었다. 나는 궁금하기 시작했다. 도대체 누가, 왜 우리 할아버지의 공적비를 이곳에 세웠을까? 할아버지에 대한 기억은 앞을 못 보신 것과 텔레비전에 몇 차례 나오셨다는 것 외에는 잘 몰랐다. 아빠에게 할아버지에 대한 궁금증을 물어보았다. 아빠로부터 들은 할아버지 얘기는 다음과 같다.

6·25전쟁 때 1·4후퇴에 월남한 실향민이셨다. 할머니하고는 피난 시절에 결혼했다고 한다. 남한에서 어렵게 생계를 유지하던 중 하늘이 무너져 내리는 큰 재앙이 닥쳤다고 한다. 아빠가 태어난 지 여덟 달 만에 할아버지는 건축 현장에서 사고로 눈을 잃어 앞을 못 보게 되었다 하신다. 가족의 생계를 위해 조개 잡는 갈고리를 만들었다. 갈고리의 수익금으로 동네에 좋은 일을 많이 하셔서 군민의 장을 받으셨다고 하신다. 아빠로부터 할아버지의 몰랐던 부분을 알고 놀랐다. 나의 할아버지가 그토록 훌륭하셨다는 것에 대해, 그리고 아빠가 할아버지에게 극진한 효자였다는 것도 동시에 알 수 있었다. 아빠의 홈페이지에 수많은 상장이 그렇게 해서 받은 것이구나 하고 생각하니 기쁘고 가슴이 벅차올랐다.

우리 고장도 많은 유적지와 업적을 남긴 사람들에 대한 공적을 기리기 위해 지금도 많은 사람들이 찾는다. 잘 보존하려는 우리의 노력이 필요하다. 우리 할아버지에 대한 이야기는 세상에 이미 널리 알려졌지만 아무 이름 없는 시골 외딴곳에 오롯이 홀로 서 있는 공적비를 보면서 우리 가족과 우리 사회가 해야 할 일이 떠올랐다. 우리 가족은 할아버지의 공적비가 세워진 까닭에 대해 작은 푯말이라도 세워야 한다고 생각한다. 나라를 위해 큰 업적을 세우신 분은 아니지만 작은 어촌마을을 위해 몸과 마음을 바친 공적과 장애를 극복하고 이웃을 위해 봉사하신 그 업적을 후손들이 기리 알릴 수 있도록 잘 관리하고 보살펴야 한다고 생각한다.

또한, 지역 사회에서는 고장을 위해 헌신한 할아버지의 공적비에 대해 더 큰 관심을 가지고 지나치는 사람들의 마음이 잠시라도 머물 수 있도록 배려를 해야 할 것이다.

아무 이유 없이 서 있는 공로 선적비는 분명히 아닐 것이다. 이번 여름방학 때는 아빠에게 말씀드려 부안에 가서 할아버지의 공적비도 닦고, 공적비 주변의 풀도 뽑고, 할아버지의 공적비에 대해 마을 할아버지들에게 좀 더 자세히 조사해봐야겠다. 방학숙제로 할아버지에 대한 보고서를 작성해서 우리 고장 사람들에게 알려야 하겠다는 다짐을 해본다. 할아버지의 공적비도 우리 문화의 유산으로 승화시켜 우리가 스스로 지킬 때, 소중한 지역의 유산이 될 것으로 확신한다. 나의 자랑스러운 할아버지가 나만의 할아버지가 아니길 바라는 마음으로 이 글을 쓴다.

물 부족국에서 물을 관리하는 최고의 기술인이 되고 싶다
- 한국수자원공사 고졸 취업 감동 수기 졸업생 부분 동상 신윤택

2005년 초 우리 집에는 방송국에서 매일 취재하러 왔었다. 나보다 4살 위인 형이 인문계 고등학교가 아닌 전문계 고등학교(현. 특성화 고등학교)에 입학했다는 이유 때문이었다. 공부를 잘하는 학생이 왜 인문계를 선택하지 않았느냐가 모든 기자의 질문이었었다. 당시 나는 초등학교 학생이었기 때문에 그런 것들이 어떤 뜻인지 잘 몰랐었다. 그 후 나의 형은 서울대학교 공과대학에 합격하여 또 한 번의 언론에 여러 차례 취재의 대상이 되었었다. 당시 전문계 고등학교는 인문계를 탈락한 학생들이 주로 다니는 학교였기 때문이다.

4년 뒤. 나도 형의 후배가 되어 입학식 때 신입생 선서를 하였다. 형과 나는 같은 학교 같은 학과를 선택하였고, 입학식 선서도 똑같이 했다는 형제의 기록이 남아 있다. 고등학교를 졸업하고 형은 대학에 진학하였지만, 나는 취업을 하여 현재 수자원공사 소속으로 어느 작은 시골 마을의 정수사업소에서 근무하게 된 과정을 그려보기로 한다.

중학교 전 과정의 성적이 형은 0.2%였고 나는 30%대였기 때문에 고등학교 입학 당시 나도 형처럼 수석으로 합격하였지만, 비교할 수 없을 정도의 차이가 크게 났다. 입학 후 형의 명성 때문에 나의 존재 가치가 묻힐 수 있다는 생각에 나는 형과는 다른 방향으로 다양한 분야에서 왕성한 학교생활을 시작하였다. 고등학교 3개 학년 동안 내가 어떻게 공부하였으며 교과 활동 외에는 어떻게 하였는지는 나의 이력을 보면 알 수 있을 것이다. 작년에 모교의 요청을 받아 후배들에게 강의할 때 보여주기 위해서 작성했던 이력서의 내용을 보면

학력

2009년 3월 전주공업고등학교 토목과 입학-수석 입학

2012년 2월 전주공업고등학교 토목과 3년 졸업-수석 졸업

2012년 2월 16일 한국수자원공사 합격

2012년 2월 20일 한국수자원공사 연수원 입소

2012년 3월 2일 한국수자원공사 전라북도지역본부, 고산정수사업소 발령.

    포상 및 자격

전라북도 교육감상(안구 기증 우수상, 2008년 12월)-눈의 날 수기 입상

전주공고 인재 육성 장학생 선정(2009년 3월 2일)

남산문화재단 장학생 선정(2009년, 2010년)

한국로타리 장학문화재단 장학생 선정(2009년 9월)

건설근로자공제회 장학생 선정(2010년 12월)

전라북도 도지사상(기능백일장대회 우수상, 2009년 4월)

환경 봉사 대상(전라북도 교육위원회 의장 표창) -2009년 환경의 날

해외 봉사 체험 활동 - 9박 10일 캄보디아(전라북도 교육청 선발, 2010년 2월)

평화 통일 기자단 활동(2010년, 우수 기자상 수상)

김제시장 상-제1회 전국 새만금 글짓기 대회 우수상(2010년 11월)

전라북도 교육감상(제57회 전라북도과학 전람회 장려상, 2011년 6월)

한국문화원 전라북도 지부장 상-경로효친 글짓기 은상(2011년 7월)

제42회 한민족통일문예제전 공모전 입상(전북도지사 상, 2011년 11월 10일)

교내수상 20회(수학 경시대회 최우수상, 영어 경시대회, 중국어 경시대회 등)

한국수자원공사 공채 합격(2월 16일 발표)

2012년 2월 20일~2월29일까지(10일간) 신입사원 연수-수자원공사 연수원

멀티미디어 콘텐츠 관리사 자격, 유비쿼터스 관리 자격 취득(2012년)

2012년 3월 2일: 전북지역본부-전북운영처-고산정수사업소 발령

위와 같이 작성합니다. 2012년 3월 2일 신윤택

얼핏 보면 화려한 고등학교 생활의 활동이지만 나에게도 시련이 찾아왔다. 내가 아무리 열심히 공부한다고 하더라도 우리 학교 교육 과정 속에서는 한계를 느끼기 시작했다. 3학년이 시작되면서 나는 2년 동안 다녔던 기숙사를 나와서 학교 앞의 원룸으로 옮겨 생활하였다. 장거리 통학에 드는 시간과 집중력을 흐트러지지 않게 하기 위한 부모님의 배려였다. 그때 가족의 소중함과 외로움을 절실히 느꼈다.

집중력 있게 공부하였다면 그런 생각이 들지 않았겠지만, 나의 흐트러진 모습을 엿볼 수 있는 부분이었다. 여름방학이 시작되면서부터 논술도 준비해야 했기 때문에 컴퓨터를 검색하는 시간이 점차 늘어났었다. 그때 나의 마음을 흔든 하나의 단어가 나의 가슴을 울렁이게 했다. 전라북도 교육청에서 기술 직능분야에서 20%를 특성화고등학교 학생들을 대상으로 선발한다는 내용이었다. 나는 더 이상 대학수학능력시험 공부에 박차를 가할 수 없었다. 그럴 때마다 아버지와 상의를 하고 싶었는데 감히 공무원 준비를 하고 싶다는 말을 꺼낼 수가 없었다. 그러던 어느 날 나는 아버지의 비망록에서 아버지도 고등학교 때 공무원 시험에 합격하여 짧은 기간이나마 다녔던 흔적을 보았고, 아버지에게 용기를 내어 상담했는데 아버지의 반응은 의외였다.

"대학은 평생교육이기 때문에 언제든지 갈 수 있는 곳이다. 결국 대학에 가는 것은 좋은 직장을 구하기 위한 것이기 때문에 나는 너의 뜻을 존중한다. 단, 후회 없는 선택이길 바랄 뿐이다."라는 말씀을 남기셨다. 아버지는 교육 전문가이기 때문에 아버지의 말씀에 큰 결심을 하게 되었다. 그러나 막상 달라진 것은 없었다. 예전처럼 공부는 계속하였다. 수능시험을 보고 나서 임시 채점을 해보았다. 100%의 확신이 없었기에, 두 마리의 토끼를 잡아본다는 그런 마음이었으니 5%의 부족한 점수가 나올 수밖에 없었다. 몇 번이고 채점해 봤지만, 결과는 마찬가지였다.

아버지와 손잡고 찾은 서점에서 9급 공무원 토목직 교재를 3권 샀다. 동네의 시립도서관에서 공부하던 날들이었다. 졸업식을 며칠 남겨두고 설을 지내기 위해 할머니 댁에 가는 차 안에서 아버지는 한 통의 전화를 받고 차를 멈추어 세우시더니 이렇게 말씀하셨다. "윤택아, 한국수자원공사에서 처음으로 고졸 신입사원 공채가 있다는데 토목 직능에 한 번 응시해 볼래?" 나는 무조건 아버지의 제안에 따르기로 했다. 내심으로는 경험 삼아 본다고 하였던 것 같다. 그리고 3일간 서류 준비를 하여 수자원공사에 지원서를 제출했고, 1단계 KACT 시험 일정이 잡혔다. 빠듯한 일정에서 처음으로 알게 되었던 KACT는 한국수자원공사의 직무능력을 테스트하고, 인·적성 검사를 하는 과정이었다. 일주일간 거의 날을 새면서 공부하였다.

대학수학능력시험을 보기 위해 공부했던 나에게 KACT는 처음 대하는 낯설었던 교재였지만 나와 같은 입장의 고등학교 수험생들을 생각한다면 다 같은 조건이었다. 열심히 하면 될 수 있을 것이라 확신하고 공부하였다. 시험 전날 아버지가 동행하여 대전의 시험 장소를 확인하고 그 근처 호텔에서 아버지와 앞으로의 일정에 대해 많은 이야기를 나누었다. 다음 날 눈이 소복이 쌓인 대전의 만년중학교 교정에서 아버지께서는 시험 잘 보라는 말씀만 담담히 건네셨다. 2시간 동안의 시험을 마치고 다시 운동장으로 나왔다. 2시간 전 모습 그대로 아버지는 추위도 아랑곳하지 않고 그 자리에 서서 꼼짝도 안 하고 기도하신 듯하였다. 나는 꼭 합격해야겠다는 마음을 다시 새기면서 합격 소식을 기다렸다. 우리 학교에서 시험에 응시한 학생들 3명을 만나서 아버지 차로 같이 귀향하면서 우리 모두 합격하길 바라는 마음으로 기도하였다.

그러나 50%인 2명만 1차로 통과하였는데 나는 합격자의 명단에 포함되어 있었다. 마지막 단계가 면접이었다. 면접 준비할 때 전북 청소년 기자단 시험에서 면접을 준비했던 것이 큰 효과를 볼 수 있었다. 특별한 방법으로 준비하지는 않았다. 면접 이틀 앞두고 외가댁 가족 모임에서 나의 면접 일정 소식을 전해 들은 삼촌들과 여러 가지 상황들을 가정하여 연습하였는데 처음에는 말도 더듬거리고 많이 당황했다. 하지만, 그 또한 면접 때 많은 도움이 되었다. 많은 경쟁을 뚫고 최종 면접에서도 합격 소식이 들려왔다. 수자원공사 사장님이 집으로 합격 축하 꽃바구니를 보내주셨다. 부모님께서는 "이 맛에 좋은 회사에 취업하는가 보구나. 이렇게 세심한 배려를 하는 기업이구나." 하시면서 기뻐하셨다.

나는 1년 동안 집에서 30분 정도 소요되는 그곳에 발령받아 근무하고 있다. 이제 입대를 앞둔 대한민국의 건강한 청년으로서 나의 일터에서 최선을 다해 일할 것이다. 고졸자 공채에서 선발된 사원이 잘한다는 소리를 들어서 나의 후배들 또한 많이 취업의 기회를 얻기를 바라는 마음 간절하다. 20살의 청년으로서 2단계 꿈은 이루어졌다. 이제 내가 소속된 회사에서 인정받는 것이 두 번째 목표이고, 제대 후 부족한 전공을 심화할 수 있는 야간대학에 진학하여 취업과 진학을 동시에 이루는 것이 최종목표이다.

내가 1차로 공채에 합격한 이후 나의 모교에서는 엄청난 변화가 있었다고 한다. 약 40명의 후배가 2012년도에 각종 공무원과 공기업에 취업하여 금년도 입시에 많은 변화가 있었다고 한다. 진학 외에 별다른 선택의 길이 없었던 시절에 마지막으로 찾아온 기회를 놓치지 않았다. 1년 뒤에는 고졸자 공채가 열풍을 일으켜 값지게 땀방울을 흘리는 청소년들이 많아지고 있다는 것을 느꼈다. 모교 후배들이 취업사례를 발표할 때 하고자 하는 의지들을 엿볼 수 있었다. 많은 후배와 학부모들로부터 '어떻게 준비하였는가'라는 문의 전화와 전자 우편을 받았다. 궁금한 부분에 대하여 질문하는 사람들이 정말 많았다. 자신의 실력 향상을 위한 철저한 준비와 취업에 대한 확실한 동기를 가지고 준비한다면 꿈은 이루어질 것이라고 확신한다.

방학해서 집에 온 형이 이렇게 말한다. "윤택이 너는 좋겠다. 우리 학교에서도 한국수자원공사에 가기 위해 열심히 공부하는 친구들을 봤는데 너는 고등학교를 졸업하자마자 취업했으니, 형은 네가 부럽다." 서울대학교에 다니는 형도 이렇게 나를 부러워할 정도였다. 적금통장에 월급 대부분이 자동이체 되고 있다. 1년만 더 이체하면 제대 후 대학 등록금 전부를 마련할 수 있을 것으로 보인다.

입사 당시의 처음 마음처럼 초심을 잃지 않고, 물 부족 국가에서 절대적으로 물을 관리하는 기술이 요구되는바 내가 그 일선에서 최고의 기술자가 될 것을 다시 한번 다짐한다. 처음 수자원공사의 입사 지원서에 입사 동기를 다음과 같이 작성하였다. 수자원공사의 홈페이지 초기 화면에 있는 '물로 더 아름다운 세상을 만드는 수자원공사'라는 아름다운 표어를 보는 순간부터 지원을 결심하는 계기가 되었다.

우택, 경택은 우리의 미래

2002년 10월 15일부터 나는 전라남도에서 열리는 전국 기능경기대회 미장(현재는 석고 장식으로 직종 명 변경) 분야의 심사위원으로 참가하고 있었다. 각 시도의 명예를 걸고 자신의 기능을 발휘함은 물론 지역 사회의 기능 개발보급과 기능 수준의 향상을 도모한다는 취지에 따라 해마다 전국을 순회하면서 개최되는 우리나라의 기능 및 기술 인력을 배출하는 대회이다. 대회 기간 내내 선수들의 손놀림 하나하나에 모두 긴장하고 있을 무렵, 나의 장 형님으로부터 한 통의 전화가 걸려 왔다. 조카(신우택. 이리중학교 3년)의 진로 문제로 인한 상담 요청이었다.

인근에 살면서도 조카들에게 무심했다는 생각이 들어 마음이 무거웠다. 가족들이 다 모이는 명절날 같은 때에만 공부 잘하냐고 물어본 것이 고작이었으니 어찌 마음이 편했겠는가? 학생들의 성적에 따라 인문계 고등학교와 실업계 고등학교가 극명하게 구분되는 현실에서 나는 제일 먼저 우택이의 성적을 물어보았다. 막연하게 중간 정도 한다는 말에 형의 입장을 먼저 물어보았다. 인문계는 어렵겠다는 담임 선생님의 말씀을 듣고 퍽 낙담하는 눈치가 보였다. "형! 인문계가 전부는 아닙니다. 나도 공업고등학교 나와서 지금 잘살고 있잖아요? 우택이의 생각은 어떻습니까?" 아직 구체적인 결정을 못 했다는 말에 나는 2003학년도 무시험 추천제 입학과 관련하여 일정을 살펴보았다. 11월 1일까지 접수 마감이기 때문에 서두르지 않으면 안 될 것 같다는 판단에 내 의견을 먼저 제시해 주었다. 우택이가 성장하는 과정에서 할아버지가 하는 일을 보고 자랐기 때문에 아무래도 공업학교 건축과로의 진로가 좋겠다는 말을 남겼다. 그리고 구체적으로 건축과에 입학해서 우택이를 어떻게 지도할 것인가에 대해서도 충분히 설명해 주었다.

  당시 나는 이리공업고등학교 건축과 학과장이었기 때문에 내가 3년 동안 지도할 생각으로 그렇게 조언했다. 나의 아버지는 장애를 극복한 인간 승리의 주역이었으며 손재주가 많아서 무엇이든 만들어내고 고치는 탁월한 기능을 가지고 있었다. 우택이가 할아버지의 피를 이어받았다면 충분히 우리나라 최고의 기능을 발휘할 것으로 나는 확신하고 있었다. 단순히 손재주만 가지고 기능을 말할 수는 없다. 성적이 중간 정도였다면 지금까지 내가 지도했던 아이들보다 우수한 아이였기 때문에 한번 지도해 보고 싶은 욕심이 생겼다. 형은 나의 이야기를 듣고 흔쾌히 수락했다. 내가 기능경기대회에 참가하고 있으므로 알아서 우리 학교에 접수하라고 하였다.

얼마 후 나는 전국대회를 마치고 학교로 돌아왔다. 다른 실업계 고교처럼 접수 마감 날 혹 미달 사태가 벌어지지 않을까 노심초사했다. 접수 마지막 날, 아무리 접수 대장을 보아도 나의 조카 우택이의 원서는 없었다. 결국 접수를 마감하고 나서야 우택이에게 전화를 걸었다. "우택아! 작은아빠야. 아빠하고 너의 진로 때문에 상담했는데 왜 우리 학교에 원서를 내지 않았어? 오늘까지 마감인데." 우택이는 이렇게 말했다. "작은아빠 죄송합니다. 아빠한테 말씀 들었는데, 제가 작은아빠네 학교에 가서 공부할 용기가 나지 않았습니다. 그리고 작은아빠가 너무 무서워서 국립 전북기계공업고등학교에 원서를 냈고 기계과에 합격하였습니다." 익산에는 51개 학급의 국립 전북기계공업고등학교와 42개 학급의 공립 이리공업고등학교가 있다. 전북기계공업고등학교는 특수목적고이기 때문에 우리 학교보다 일주일 먼저 신입생을 모집했다. 우택이가 그런 부담 때문에 우리 학교로의 선택을 꺼렸다는 말에 다시 한번 미안함을 금할 길이 없었다.

나는 겨울방학 전에 우택이에게 우리 학교를 방문해 달라고 요청했다. 나는 우리 학교의 건축과에 대해 자세히 설명해 주었고, 그중에서도 가구 분야 기능특기생들이 훈련하는 모습을 보여주었다. 그리고 내가 생각했던 바를 빠짐없이 설명해 주었다. 물론 졸업 후 진로 설계까지 해 주었다. 그리고 가구 분야의 전문가인 이영우 동료 교사에게 상담을 요청하였다. 우택이의 손과 손가락을 유심히 살펴보고 간단한 기능테스트를 한 결과 아주 양호하게 나타났다.

그 후 우택이는 담임 선생님과 나와의 3자 상담을 통하여 우리 학교로의 진로를 결정하였다. 우리 학교에 추가로 입학하기로 한 우택이는 남다른 의지를 보였다. 입학 두 달 전부터 우리 학교의 가구 특기생들과 훈련하였다. 그리고 이듬해 2학년 때 전라북도 지방기능경기대회에서 은메달을 목에 걸었고, 올해에는 일반인들 그리고 교도소 재소자들과의 경쟁에서 당당히 금메달을 목에 걸었다. 대전에서 개최되는 제40회 전국 기능경기대회에서 꼭 금메달을 목에 걸고, 나아가 국제기능올림픽에서도 좋은 성적을 거두리라 확신한다. 조카의 경우는 더 두고 봐야 한다. 나는 고향의 텃밭에 가구공장을 지을 계획을 세우고 있다. 우택이를 포함한 우리 학교의 가구 특기생들에게 그들 스스로 창업을 하도록 도와주고 싶다. 모두 열악한 환경에서 자란 아이들이기 때문에 처음 시작할 수 있도록 도움을 준다면 얼마든지 경쟁력 있는 제품을 수준급으로 만들 것이다. 옛것들이 다시 소비자의 구매력을 자극하기 때문에 순 수제품의 원목 가구를 직접 생산하게 할 계획을 세우고 있다.

작년 10월 초 나의 큰아들 경택이가 중학교에서 고등학교로의 진로를 놓고 내놓으라 할 인문계 고등학교에서 귀찮을 정도로 섭외가 들어왔다. 우수한 아이들을 유치하기 위한 인문계 고등학교에서 홍보는 상상을 초월하였다. 개인별 접촉은 물론 각종 홍보 CD를 제작하여 수험생들에게 관심을 유발할 만한 정도로 적극적이었다. 실업학교의 교무부장인 나는 열악한 환경의 우리와 너무 많은 차이를 느꼈고, 그동안 안일하게 입시 홍보를 해왔던 부분을 반성하고 있었다. 신학년도 신입생 원서 접수가 시작되면 미달 사태가 발생하지 않을까 걱정하는 정도였다. 중학교의 지인들에게 전화로 부탁하는 정도가 우리가 할 수 있는 입시 홍보인데, 잘 나간다는 인문계 고교에서는 동창회를 앞세우면서까지 적극적이었다.

나는 큰아이의 진로에 대해서 깊이 생각해 본 적이 없었다. 여느 아이들처럼 인문계 고등학교에 진학하는 것 외에는 생각해 본 일이 없었다. 그런데, 중학교 3학년이 되면서 공부를 제법 잘하는 최상위급에 속해 있던 아들에게 여러 학교가 홍보하는 것을 보고 아들하고 많은 대화를 나누기 시작했다. 외국어고, 과학고, 자립형 사립고 등 우리 고장에서 갈 수 있는 모든 학교의 정보를 수집하고 있을 무렵 뜻밖의 전화 한 통을 받았다.

전북대학교 성형외과 과장이신 양경무 교수님으로부터 전화가 왔다. 양경무 교수는 내 고등학교 9년 선배이다. 1971년 전주공업고등학교 화공과를 졸업하고 지금 현직 교수이며, 전주공업고등학교 인재 육성 지원팀장을 자청하여 맡아오고 계신 분이다. 나는 1980년 전주공업고등학교 건축과를 졸업했다.

80년대 중반 이후 급격히 국가의 정책이 바뀌면서 공업학교의 몰락은 누구나 알만한 사실일 것이다. 교가 첫 마디에 "역사도 유구한 호남의 웅도~"라는 가사처럼 한때 이 나라의 공업 입국의 초석이었고 한 시대를 풍미했던 90여 년의 역사를 가진 학교가 침체 일로를 걷다가 지금은 정말 최악의 상황을 맞고 있다. 어느 학교든 큰 차이는 없을 것으로 본다.

학교의 옛 명성을 찾기 위한 동문의 노력은 처절할 정도였다. 인재 육성 프로그램을 개발해 중학교에서 인재들을 유치하기 위하여 전국의 동문이 모금 활동에 동참하였고, 개인별로 한 학생이 졸업할 때까지 모든 학비를 지원해준다는 독지가도 많았다. 그런데, 정작 중학교에서 공부 잘한다는 학생, 학부모, 선생님들은 어느 사람도 관심을 보이지 않았다. 학교에서도 조직을 편성하였고, 동창회에서도 학교 밖의 조직을 일원화해서 풍부한 자금력을 확보한 상태로 나에게 지원 팀장인 양경무 교수가 전화한 것이었다. 나도 총동창회 총무이사를 9년째 하고 있으므로 누구보다 모교를 사랑하는 마음 간절했지만, 막상 내 아들이 전주공고에 입학할 것을 제의받았을 때 처음엔 생각의 여지가 없었다.

그 무렵 아들하고 한 번쯤 입시에 대해 상담해야 할 시기가 되었기 때문에 가족회의를 열었다. 전업주부인 아내와 초등학교 5학년인 사내아이 그리고 중학교 3학년인 큰아들 이렇게 네 식구가 모여 가족회의를 열었다. 먼저 큰아들에게 어떤 학교에 가고 싶은지 말해보라고 하였다. 인문계 고등학교 두 군데 정도를 생각하고 있었지만, 전주 지역은 연합고사를 치른 후 추첨에 의해 학교를 배정하기 때문에 인기 있는 고등학교는 운이 따르지 않으면 본인의 희망과는 다르게 갈 수밖에 없다.

  나는 전주공고의 인재 육성 프로그램에 대해 들어본 일이 있냐고 물어보았다. 중학교 3학년 학생들이 의외로 그 프로그램에 관심이 많다는 말을 들었고 내 아들도 예외는 아니었다. 내신 성적 때문에 공부 잘하는 학생들이 오히려 농촌학교로 진학하려 한다는 사실과 특별한 프로그램이 있다는 공업고등학교에 관해서도 관심이 있다는 말을 듣고 우리 학교와 너무 다르다는 것을 느꼈다. 우리 학교는 익산시에 있는 작은 공업도시인데, 우리 학교에 진학하는 아이들의 성적은 정말 칼로 두부를 자른 것처럼 공부 못하는 아이들이 줄을 서서 오는 학교였다. 전주시에 있는 고입 수험생들이 그런 생각을 하고 있다는 말에 상당이 고무되었다. 전주공고에 관해 이야기를 하는 도중 질문을 받았다. 국책사업인 새만금 사업과 용담댐 등에 관련된 이야기를 물어보았다. 국토의 전반적인 개발사업과 관련된 공학은 토목, 환경 분야에서 다루어진다는 말을 전해 듣고는 이렇게 말하였다.

  "공부 잘하는 사람들이 대부분 의대나 법대를 희망하지만, 저는 우리나라의 이공계 활성화를 위해서라도 공학을 전공하고 싶습니다. 우리나라의 일인자가 되는 공학도가 된다면 의사나 판검사보다 부가가치가 훨씬 높을 것으로 생각합니다. 작년에 가족 모두 평택항과 서해대교에 갔을 때 아버지의 설명을 듣고 그때부터 가끔 공학을 전공하고 싶다고 생각했어요. 아버지! 전주공고 인재 육성 프로그램에 대해서 좀 더 자세히 알아봐 주세요. 고등학교에서 심화 과정을 거친다면, 대학에 가서도 공부하는 데 도움이 될 것 같아요. 저는 토목과에 입학하고 싶고, 대학 진학을 위해서도 남다르게 공부할게요." 하는 것이었다. 나도 당황스러웠지만 아내는 더했을 것이다.

우리는 다음날 직접 전주공고를 방문하기로 했다. 인재 육성 프로그램을 운영하는 선생님하고 상담하였고, 선배들과 직접 대화할 수 있는 시간을 마련해주었다. 어린애인 줄 알았었는데 훌쩍 커버린 아들이 대견스럽기도 하였고 아들의 의사를 존중해줘야겠다고 생각했다. 그날 밤 학교 견학을 마치고 돌아온 아들이 인터넷을 통해 토목과 관련된 내용을 검토하였고, 서울대학교에 토목과가 없음을 확인한 후 실망하는 어투로 나에게 물었다. "아버지! 왜 서울대학교에는 토목과가 없지요?"

나는 10여 년쯤 전 서울대학교의 토목과가 현재의 지구환경시스템공학부로 바뀌게 된 배경을 설명해 주었다. 도시공학, 토목공학, 자원공학과가 급변하는 지구 환경에 대응하기 위해 관련 분야의 학과가 합쳐져서 만들어졌다는 내용을 설명해 주었다. 나의 전공이 건축이고 진학지도를 해온 터라 설명하는 데는 어려움이 없었다. 설명을 들은 아들의 눈에서 영롱한 광채가 빛을 발하고 있었다. 우리는 밤새 많은 이야기를 나누었다. 그중 나의 학창 시절과 내가 공업고등학교를 나와서 대학 다닐 때 인문계 고등학교를 졸업한 학생들과의 장단점을 이야기해 주었다. 그리고 내가 졸업 후 건설회사에 다닐 때, 공고 출신이기 때문에 다양한 현장 경험을 하면서 나에게 많은 도움이 되었던 이야기를 곁들여 주었다.

지금도 전주공고 총동창회 총무이사직을 맡고 있다. 가족들을 동반하고 진행했던 많은 행사가 있었기 때문에 우리 가족은 간접적인 체험을 한 셈이었다. 큰아들이 공고에 관심을 보인 이유 중의 하나를 그것으로 생각한다.

아내는 아직도 믿지 않으려는 눈치가 보였다. 나는 아들의 중학교 3년 동안의 성적표를 모의고사를 포함해서 모두 보관하고 있었다. 아내에게 보여주면서 설명하였다. 학년이 거듭될수록 큰 폭으로 향상된 성적이 눈에 띄었고, 특히 3학년 때의 전라북도 모의고사 성적에서는 학교에서 19-11-8-4-8-3등을 차지했다. 전라북도 전체에서 18등 정도에 해당하는 성적이었다. 6번 실시한 모의고사에서 전 과목 고르게 분포된 성적 분포도를 볼 때 아들은 스스로 공부할 수 있는 능력이 있다는 것을 설명해 주었다. 나도 아들의 진로를 결정한 것은 아니었지만 아내에게도 판단할 수 있는 자료는 제공해 주어야 한다고 생각했기에 아들의 공부하는 스타일을 봐서 인문계 고등학교와 실업계 고등학교의 장단점을 이야기해 주었다. 현장에서 지도하는 내 판단을 말해주었다.

대부분 인문계 고등학교는 정규 수업 시간이 끝나면 밤늦도록 일률적이고 획일적인 보충수업이나 자율학습을 한다. 잘 적응하는 학생들도 있겠지만 그렇지 못하는 학생들도 많이 있다. 우리 학교로 전학을 문의해 오는 학생들 대부분 그런 꽉 짜인 일정을 소화해 내지 못하고 힘들어하는 학생들이었다. 실업계 고등학교의 경우는 실질적으로 방과 후에 학생들 스스로 특기 적성을 살리는 시간이 자율적으로 이루어진다. 나의 아들의 경우는 중학교 때부터 스스로 공부하는 방법을 터득했다고 생각했기 때문에 오히려 방과 후 인문계 학생들이 학교에서 보내는 시간을 잘 활용한다면 인문계와 실업계 고등학교를 동시에 다니는 효과를 얻을 수 있다고 생각하게 되었다. 어차피 공학을 전공한다면 아들의 생각처럼 심화 과정으로 공업계 고등학교를 택할 수 있다는 생각이었다.

인문계 고등학교의 일과 시간은 9시부터 17시까지 8시간이다. 방과 후 18시부터 23시까지 학교에 있다고 한다면 5시간이다. 방과 후 5시간 동안 자기가 하고 싶은 공부를 자율적으로 한다면 내 아들의 경우 폭발적인 효과가 나타날 것을 확신에 찬 목소리로 말해주었다. 그렇게 말해주는 동안 나도 아들의 진로가 서서히 결정되어 가고 있었다. 마지막으로 아들과 아내에게 그런 장점을 잘 살릴 수 있다면 전주공고의 인재 육성 프로그램에 참여하는 것도 좋을 것 같다는 나의 의견을 제시하였다. 우리는 장시간의 대화를 통해서 결정했다. 이쯤 해서 전주공고 인재 육성 프로그램에 관해 설명을 해 보자.

내가 2000년부터 2년 동안 전주공고 실과 보직교사로 재직할 때 뜻 있는 몇몇 동문이 찾아와 갈수록 침체하고 있는 모교를 살릴 방안에 관해 대화를 나누었다. 대화의 내용은 간단했다. 예전처럼 기능을 위주로 하는 종결 교육에서 상급 학교로의 진학이 대부분을 차지하는 요즘은 교육의 본질이 다르다. 우리 모교에서도 인재를 배출하려면 인재가 스스로 찾아올 수 있게 하는 것이다. 그냥 오라고 하면 올 것인가?

나에게 무거운 짐을 떠맡기고 그들은 교정을 빠져나갔다. 그들이 나에게 제시한 내용은 이렇다. 중학교 3학년 중에서 도 내 모의고사 평균 점수 170점(180점 만점) 이상인 학생이 입학을 할 경우 동문 중에 후원회를 결성해서 1동문 1학생 자매결연을 하여 3년 동안 2,000만 원씩 지원해준다는 파격적인 조건이었다. 그리고 학교를 빛낼 만한 대학을 진학할 때 4년간 학비 전액을 지원한다는 내용도 포함되었다. 동문 선배들의 열정이 얼마나 뜨거운지 알 수 있었다. 모교를 포함한 공업계 고등학교의 옛 명성을 찾자는 뜻도 있겠지만 우리나라의 전체적인 이공계 기피 현상도 함께 떨쳐버릴 방안이기도 했다. 사실 나는 그 당시 인재 육성 프로그램을 머릿속 구상으로만 그치고 학교를 옮겨야 했다. 후임 선생님들의 노력으로 만들어진 프로그램에는 10여 명이 넘는 동문이 2,000만 원씩 후원 약속을 하였고 언론에 공개된 내용은 대나무의 기적을 아십니까?로 시작하였다.

대나무의 기적을 아십니까? 대나무는 씨앗을 심은 첫 3년 동안은 죽순이 하나 올라오는 것을 빼면 아무것도 보이지 않는다고 합니다.

그 3년 동안 모든 성장은 땅속에서 이루어지며, 섬유질의 뿌리 구조가 형성되고 땅속에서 깊고 넓게 퍼져나가고, 4년째 되어서야 25m 이상으로 높이 자란다고 합니다. 우리 전주공업고등학교에서는 대나무의 속성과 같은 '인재 육성 프로그램'을 운영하고 있습니다. 뜻있는 동문의 재정 지원을 받아 이루어지는 인재 육성 프로그램은 중3 학생 스카우트부터 시작해서 전주공고 재학 3년 동안 소요되는 모든 비용을 대주는 획기적인 프로젝트입니다. 뜻있는 동문이 명문대에 들어갈 후배 여러분을 적극 밀어드립니다.

어찌 명문대에 입학하는 자체를 놓고 중요시하겠습니까? 너무 침체하여 있는 공업계 고등학교를 다시 살려보려는 눈물겨운 동문의 사랑이 바로 전주공고 인재 육성 프로그램이다. 2004년 11월 1일 전주공고 2005학년도 신입생 원서를 마감했다. 아무런 반응이 없었던 학부모들의 마음을 움직이게 한 것은 역시 언론이었다.

10월 27일 원서 접수를 하고 나서 전라북도 교육청 출입 기자들 몇몇을 만났다. 나의 아들 이야기를 하고 화젯거리가 된다면 언론에 공개해 달라고 부탁하였다. 다음날 일제히 언론에 공개되었다. "공부 잘하는 우등생이 공고에 원서를 냈다.", "친구들이 너 미쳤니?", "복도에서 만난 선생님들도 참 아깝다. 안타깝다." 여러 형태의 타이틀로 소개되었다. 인터넷 검색어에서 일주일 동안 신경택이란 이름이 유명 연예인을 앞지를 정도로 전국을 강타했다.

나는 그 후 몇 달 동안 전국에서 걸려 오는 상담 전화로 몸살을 앓을 지경이었다. 내가 내 아들을 전주공고에 입학시키면서 최종 결정을 내릴 때 아들과 약속하였다. "너 하나의 손에 이 나라의 공업학교 부활이 달려 있고, 3년 후 아빠는 네가 잘해 낼 수 있다는 확신이 있다. 아빠도 너의 든든한 후원자가 되겠지만 너의 뒤에는 이 나라를 경제 부국으로 이끌었던 공업 입국의 초석들이 너의 뒤를 밀어줄 것이다. 우리 아들 파이팅!"

현재 아들은 전주공고 토목과에 잘 다니고 있다. 정규 수업 시간이 끝나면 학교의 젊은 선생님들이 특별 지도를 해주고 있다. 인문계 고등학교에 비해 상대적으로 시수가 부족하고 여건이 좋지 않은 국·영·수 과목을 중심으로 보충 지도를 하고 기숙사에서 인터넷과 EBS 특강을 듣고 동창회에서 각종 교재를 지원해 줘서 잘 적응하고 있다. 두 차례 실시한 전국 모의고사에서도 인문계 고등학교의 상위 그룹에 속할 정도의 성적을 거두었고, 1학기 성적도 음악 과목만 2등급이었고 나머지 과목은 모두 1등급을 받았다. 전체 1등급을 놓친 것이 아쉽기는 하지만 인간의 능력이 모든 것을 다 잘할 수는 없는 것이다. 격려를 아끼지 않았다.

입학 전 방학 때도 40일 동안 서울의 기숙식 학원에서 고등학교 1학년 과정을 거의 마치고 돌아왔다. 동창회 유기정(신경택의 후원자. 1940년 전주공고 가구과 졸. 현 삼화인쇄 대표) 님의 지원을 받는 중이다. 이번 여름방학 때도 역시 기숙식 학원에서 인문계 고등학교 학생들과 경쟁해서 최상위의 성적을 거두었다. 특히 수학 과목은 여러 차례 시험 결과 한 문제도 놓치지 않았다. 공업고등학교 토목과에서 특별히 요구되는 수학을 잘한다고 하니 더욱 힘이 생긴다. 방학 중에 학원을 다니는 것은 어쩔 수 없이 공업고등학교의 어려운 여건을 참작하여 실시하는데 아이들의 정신 상태에 따라 그 효과는 크게 다른 모습으로 나타난다. 나하고의 약속을 지키기 위해서라도 열심히 했을 것이다.

나는 확신한다. 내 아들을 통해 2008학년도 대학 입시에서 또 한 번 세상을 놀라게 할 것을 장담한다. 능동적인 자세로 공부하는 힘은 쉽게 무너지지 않는다는 것을 나는 믿기 때문이다.

9월 27일부터 제40회 전국 기능경기대회에 전라북도 대표로 참가하는 조카 우택이가 먼저 나의 계획처럼 잘해내리라 믿는다. 부안에 작은 공장을 만들 준비를 해야겠다. 2년 후에는 아들 경택이가 세상을 놀라게 할 순간 나는 다시 한번 실업계의 부활은 꿈이 아니라고 말할 것이다. 2005년 1월호 월간지 '새 교육'에 기고한 것처럼 의식을 바꾸고 생각을 바꾸면 실업계의 부활은 분명 이루어지리라 확신한다. 2년 후 나와 내 아들은 후회 없는 선택이었다고 할 만큼 열심히 노력할 것이다. 어떤 결과로 이어진다 해도 절대 후회는 없다.

내가 근무하는 실업계 고등학교로 진로를 선택한 조카와 아들에게 더 큰 힘이 되기 위해 나 또한 오늘도 교단에서 힘찬 강의를 한다.

실업계 고교의 부활은 꿈이 아니다
- 〈새 교육〉 2005. 1월호 '나는 이렇게 생각한다'
이리공업고등학교 교사 신진규

실업계 학교 활성화에 대해 평소 생각하고 있던 바에 최근 우리 가족이 겪은 내용을 첨가하면 실감이 나고 이해가 빠를 것 같아 약간 언급하기로 한다.

우선 예전과 달리 극도로 심각해진 실업계 고등학교에 대한 편견을 불식해야 한다. 필자의 아들이 전주공업고등학교에 진학하기로 결정한 이후 아이들부터 어른에 이르기까지 무수한 질문 공세에 시달려야 했다. 중학교 1학년생인 조카가 삼촌에게 하는 말, "삼촌은 돌았나 봐. 공고 가면 나쁜 애들만 있고 깡패 돼서 나오는데…", 아이 친구들의 말, "너는 공부를 그렇게 잘하는데 인문계를 가지 않고 왜 공고를 가니, 미쳤냐?", 복도에서 만난 학교 선생님들은 "신경택, 아깝네…", 일부 언론에 나온 기사 제목을 보면, "우등생이 공고를 간 까닭은", "중학교 최상위급 학생 공고에 입학, 신선한 충격" 등등 부정적인 생각 일색이었다.

이런 편견은 몇 년 앞도 내다보지 못하는 국가 정책이 양산한 것이다. 실업계 중에서도 공업고의 육성을 위해 1970년대 중·후반부터 '공업인은 나라의 초석'이란 구호를 내걸고 많은 공업학교를 만들었다. 실제로 그들이 이 나라의 공업 입국에 초석이 된 사실을 부인할 사람은 아무도 없을 것이다. 그러나 IMF 이후에 제일 먼저 구조조정 대상이 된 사람들이 바로 그들이다. 이공계의 석학들이 줄줄이 옷을 벗고 자기의 학식과 기술을 사장시키게 된 기막힌 현실에 직면한 것이다.

1990년대 초반 인문계에서 실업계로 전환시킨 학교는 얼마나 많았으며, 소도시 인문계 고교에 정보처리와 관련된 학과들을 신설하면서 얼마나 많은 투자를 하였는가? 그러나 10년도 안 돼서 그들이 설 땅이 없어졌다. 부전공을 이수하여 상업 계열에 근무하던 교사들은 앞날을 걱정하고 있다. 구조조정 1순위로 지목되며, 또 다른 부전공 준비를 하고 있다. 참으로 아이러니하고 속상한 일이다. 이렇게 실업계 학교 붕괴는 달면 먹고 쓰면 뱉는 근시안적 제도에서 비롯된 것이다.

중학교에서부터 충분한 직업교육과 진로지도가 이뤄져야 하며 학부모들의 잘못된 인식이 바뀌어야 한다. 실업계 고등학교에서도 변화하는 산업사회에 적응하기 위하여 시대의 흐름에 맞는 학과 개편을 통하여 나름대로 전문 분야로의 발돋음을 꾀하고 있다. 그러나 2005학년도 공업고등학교 신입생 접수 상황을 보면 중학교 3학년 담임교사와 학부모가 잘못 생각하고 있음을 알 수 있다. 학교의 특성을 살피지 않고 무조건 성적순으로 1순위는 인문계고, 2순위는 국립 공업고, 3순위는 공립 공업고 등식을 세워 지원하고 있다. 인문계 고교 지원은 논외로 하고 국립과 공립공고 간의 이분법에서 탈피해야 하는 이유를 들기로 한다.

분명 양교에는 차별화된 학과가 있으므로 특기와 적성에 맞춰 지원하는 것이 바람직하다. 국립공고에 없는 건축디자인과, 환경화학공업과, 통신과가 공립공고인 본교에는 있다. 그렇다면 2순위에 들더라도 건축디자인을 공부하고 싶으면 당연히 본교에 입학해야 한다. 그러나 막상 원서 접수하는 걸 보면 성적순으로 1, 2, 3순위를 따져 마치 칼로 두부를 자르듯이 구분하려 하는 점이 안타깝다.

고등학교에서도 대학처럼 학교나 학과의 홍보자료를 제작하여 해당 지역에라도 홍보를 해야 할 의무가 있다고 본다. 제도적으로 홍보비 예산을 확보하여 올바른 진로지도가 수험생들에게 이루어지게 해야 한다. 그렇게 된다면 무지에서 비롯되는 1, 2, 3순위 별 일률적 지원은 상당 부분 방지할 수 있을 것이다. 학생의 능력과 적성을 고려한 진로의 지도가 이뤄져야 한다. 특히 중학교 시절은 인생에 있어서 첫 번째 선택을 해야 하는 중요한 시기이다. 인문계에 다니다 적응하지 못하고 실업계로 전학하는 학생들이 많은데 이 역시 진로 설정을 신중하게 못 한 것이라고 볼 수 있다. 물론 개인적인 차이는 있겠지만, 그들과 상담해 보면 대부분 진학 당시에는 부모님과 담임교사의 영향이 가장 컸다고 한다. 모든 학생이 공부를 다 잘할 수는 없다. 또 잘

한다고 누구나 법관이나 의사가 될 수 있는 것은 아니다. 청소년들의 의식과 부모들 의식에 차이가 없지는 않겠지만 이제는 부모들의 생각에 자녀들이 따라오게 해서는 안 된다. 내 아이가 무엇을 잘하는지, 취미는 무엇인지, 무엇을 하고 싶어 하는지를 깊게 생각해야 한다.

"아빠, 엄마나 외삼촌은 한의사가 되기를 원하시는데 저는 이공계 분야에서 최고의 실력자가 되고 싶어요. 아빠 생각은 어떠세요?" 처음에는 생각이 복잡했지만 아이를 믿고 밀어주기로 결심했다. 아들이 잘 적응하여 자신이 생각한 대로 3년 후 대학을 선택할 때, 주변 학부모들의 인식이 바뀔 수 있기를 바란다. 실업계 고교의 활성화는 우리의 주변에서부터 시작되는 것이다. 좀 더 우수한 인재를 발굴하려는 노력과, 그에 부합하는 학교의 변화 그리고 학부모와 중학교 선생님들의 제대로 된 진로 지도가 이루어진다면 우리는 제2의 실업계 고등학교의 부활이 이루어질 수 있다고 생각한다.

복싱 선수에서 9급 공무원으로 새 희망을 찾아서

1년 전, 눈 내리는 11월 27일에 전라북도 도청 공무원 최종 합격자 발표가 있었습니다. 예정보다 이틀 앞당겨 발표된 결과, 우리 학교 건축디자인과 3학년 학생 두 명이 나란히 합격 명단에 올라 기쁨을 더했습니다. 특히, 전체 3명을 선발하는 건축 직렬에서 우리 학교 재학생 두 명이 합격한 것은 매우 뜻깊은 성과였습니다. 도 내 다른 건축과에서는 졸업생 한 명만이 합격한 상황에서, 입학 성적이 우수한 경쟁 학교들과의 경쟁을 뚫고 이룬 결과여서 더욱 자랑스럽습니다.

이러한 성과는 단순한 우연이 아니었습니다. 학생들의 꾸준한 노력과 함께, 학교와 교사의 지원이 큰 역할을 했습니다. 특히, 학생들에게 실질적인 취업 준비와 면접 훈련을 제공한 것이 큰 도움이 되었습니다. 교장실에서의 면접 리허설, 자기소개서 작성 지도, 그리고 실제 면접 현장에서의 동행 등은 학생들에게 자신감을 심어주었고, 결과로 이어졌습니다. 이러한 경험을 통해, 특성화고등학교 학생들도 충분히 우수한 성과를 이룰 수 있다는 것을 보여주었습니다. 앞으로도 학생들에게 실질적인 취업 준비와 진로 설계를 지원하여, 더 많은 성공 사례를 만들어 나가겠습니다.

들어가면서

2012년 3월 2일, 이리공업고등학교에 부임한 첫날, 한 학생이 찾아와 "공부하고 싶어요, 도와주세요, 선생님."이라고 말했습니다. 그 학생은 2학년 남학생이었고, 무엇인가를 숨기고 있었습니다. 이러한 만남은 필자에게 큰 인상을 남겼고, 이후 그 학생의 변화와 성장 이야기는 특성화고 학생들에게 강한 메시지를 전달하는 계기가 되었습니다.

필자는 특성화고등학교에서 근무하며 학생들의 가능성을 믿고 격려하는 교육 철학을 고수해왔습니다. 특히 학생들과 상담할 때 생활기록부를 보지 않고, 학생들의 잠재력을 믿으며 지도하는 방식을 취했습니다. 이러한 접근은 학생들에게 자신감을 심어주고, 그들의 변화를 이끌어내는 데 중요한 역할을 했습니다.

이러한 교육 철학은 필자가 지도했던 학생들의 성공 사례에서도 확인할 수 있습니다. 예를 들어, 전라북도 도청 공무원 시험에서 우리 학교 건축디자인과 3학년 학생 두 명이 최종 합격하는 성과를 거두었습니다. 이들은 입학 성적이 우수한 다른 학교 학생들과 경쟁하여 얻은 성과로, 필자의 교육 철학이 학생들의 성장에 긍정적인 영향을 미쳤음을 보여줍니다.

또한, 필자는 학생들의 면접 준비와 취업 지원을 적극적으로 돕는 등 실질적인 지원을 아끼지 않았습니다. 이러한 노력은 학생들에게 실질적인 도움이 되었고, 그들의 취업 성공으로 이어졌습니다. 이러한 경험들은 필자에게 큰 보람과 자부심을 안겨주었으며, 앞으로도 특성화고등학교 학생들의 가능성을 믿고 그들의 성장을 돕는 교육 활동을 지속해 나갈 것입니다.

운동선수는 운동선수를 알아본다

2012년 3월 2일, 이리공고에 부임한 첫날, 복싱선수 출신의 2학년 남학생 정철이가 찾아와 "공부하고 싶어요, 도와주세요, 선생님."이라고 말했습니다. 그의 진심 어린 요청에 감동한 저는 학생들의 생활기록부를 보지 않고 상담을 진행하는 교육 철학을 고수하며, 정철이의 꿈을 지원하기로 결심했습니다.

정철이는 공무원이 되고 싶다는 꿈을 가지고 있었지만, 1학년 1학기 성적이 6~8등급으로 낮아 공무원 추천 기준인 내신 평균 3등급 이내를 충족하기 어려웠습니다. 그러나 2학기에는 성적이 개선되어 4~5등급으로 향상되었고, 2학년 때 모든 과목에서 1등급을 받으면 평균 3등급 이내로 진입할 수 있다는 가능성을 보았습니다. 이에 따라, 공무원 시험이 2학기 때 시행되어야 한다는 주장을 교육청과 도청 인사 담당자에게 여러 차례 건의하였고, 복싱선수 출신으로서 정철이의 집중력과 의지를 믿고 반드시 합격시키겠다는 결심을 다졌습니다.

이러한 노력의 결과, 정철이는 2023년 11월 27일 전라북도 도청 공무원 시험에 최종 합격하였으며, 이는 우리 학교 건축디자인과 3학년 학생 두 명이 함께 합격한 쾌거로 이어졌습니다. 특히, 우리 학교 재학생 두 명이 합격한 것은 도 내 타 건축과 졸업생 한 명의 합격과 비교하여 더욱 의미 있는 성과였습니다. 이러한 경험을 통해, 학생들의 가능성을 믿고 지원하는 교육의 중요성을 다시 한 번 깨닫게 되었습니다. 정철이의 합격은 단순한 성적 향상이 아니라, 꿈을 향한 끈질긴 노력과 교육자의 믿음이 만들어낸 값진 결과였습니다.

하늘은 스스로 돕는 자를 돕는다 했던가?

정철 학생의 이야기는 진정성과 헌신, 그리고 교육의 힘이 어떻게 한 사람의 인생을 바꿀 수 있는지를 보여주는 감동적인 사례입니다. 이 이야기는 단순한 합격의 기쁨을 넘어, 교육자가 학생의 잠재력을 믿고 함께 노력할 때 어떤 기적이 일어날 수 있는지를 증명합니다.

1996년부터 이어온 교육 철학인 '학생들과 상담하기 전에 절대 생활기록부를 보지 않는다.'는 생각은 편견을 버리고 학생을 온전히 이해하려는 태도가 되어 정철 학생에게 큰 영향을 미쳤습니다. 정철 학생은 복싱선수 출신으로 학업에 어려움을 겪고 있었지만, 공무원이 되고자 하는 꿈을 가지고 있었습니다. 이러한 꿈을 실현하기 위해 교육자는 정철 학생의 성적과 상황을 객관적으로 분석하고, 공무원 추천 기준을 충족할 수 있는 방법을 함께 모색했습니다. 정철 학생의 꿈을 이루기 위해 교육자는 여름방학을 반납하고 정철 학생과 함께 합숙하며 집중적인 지도를 진행했습니다. 이러한 노력은 정철 학생의 성적 향상뿐만 아니라, 공무원 시험 준비에 큰 도움이 되었습니다. 또한, 동창회장의 지원으로 원룸을 임대하여 정철 학생의 학습 환경을 개선하는 등, 교육자는 학생의 성공을 위해 다양한 방법을 모색했습니다.

결국, 정철 학생은 전라북도 도청 공무원 시험에 최종 합격하였으며, 그 결과로 전주시청으로의 발령을 기다리고 있습니다. 이러한 성과는 단순한 합격 이상의 의미를 지니며, 교육자의 헌신과 학생의 노력, 그리고 주변의 지원이 어떻게 결실을 맺을 수 있는지를 보여줍니다. 정철 학생의 이야기는 많은 특성화고등학교 학생들에게 꿈과 희망을 주는 사례가 될 것입니다. 이러한 사례를 통해 학생들은 자신의 꿈을 향해 도전하고, 교육자들은 학생들의 가능성을 믿고 지원하는 것이 얼마나 중요한지를 깨닫게 될 것입니다. 정철 학생의 이야기는 특성화고등학교 학생들에게 큰 영감을 줄 것입니다. 이러한 사례를 통해 학생들은 자신의 꿈을 향해 노력하고, 교육자들은 학생들의 잠재력을 믿고 지원하는 것이 얼마나 중요한지를 깨닫게 될 것입니다.

편견은 반드시 버려야 한다

나는, 7등급이었던 정철이를 공무원 준비반에 받아들였고, 그를 데리고 합숙 공부를 시작했던 나 자신을 자랑스럽게 생각한다. 복싱선수 출신이던 그가 어느덧 최고의 기술자에서 공무원으로 성장하는 모습은 결코 허황된 꿈이 아니었다. 그 이유는 바로, 우리 공무원 준비반의 '꿈은 반드시 이루어진다'는 슬로건이 아직도 학교 안에서 살아 숨 쉬고 있기 때문이다.

현수막 잔치

최종 합격자 발표가 나자마자, 저는 교장 선생님께 배너용 현수막을 제작해 교정 곳곳에 합격 소식을 알리자고 제안드렸습니다. 이 현수막의 목적은 두 가지였습니다. 하나는 패배 의식에 사로잡힌 학생들에게 도전의 메시지를 전달하는 것이었고, 또 하나는 '제2의 정철'을 꿈꾸는 학생들이 많이 생기길 바라는 마음이었습니다. 합격자 두 명에게는 전주 합죽선으로 만든 직접 제작한 합격 인증서를 전달하고, 기념 촬영까지 진행했습니다. 이 사진은 현수막에도 삽입되어, 학생들이 그것을 매일 볼 수 있도록 게시되었습니다.

다음 날, 저는 학교에서 '고졸 취업의 신'이란 별명으로 불리기 시작했습니다. 이전 교장 재임 시절에는 '입시의 신'이라는 별명을 얻기도 했는데, 이번엔 정부의 정책과도 맞닿아 있어 더욱 뜻깊었습니다. 지금은 "저도 선생님처럼 되고 싶어요"라며 찾아오는 학생 수가 60여 명에 이르고 있습니다.

이제 시작이다

공부와 한참 담을 쌓았던 학생들이 드디어 책을 펼치기 시작했습니다. 이제는 자격증 준비 열풍, 팝송 부르기, 악기 연주 등 교정이 한층 밝고 활기차게, 작지만 강한 불씨가 일어났습니다. 진정한 변화는 이제부터입니다. 얼마 전, 동창회에서 학교 앞 쓰리룸 원룸을 1년 단위로 계약해 주셨습니다. 동창회의 바람에 화답하듯, 저는 더 많은 학생을 합숙시키기 위해 ,오늘도 아이들을 위해 쓰리룸으로 향합니다. 아이들의 간식도 직접 준비하고, 공부방을 만들고 있습니다. 내년에는 우리 학교에서 공무원, 대기업, 공공기업, 중소기업까지 모두 섭렵하는 결과를 만들기 위해 준비 중입니다. 저는 오늘도 학생들과 함께 꿈을 이루기 위한 첫발을 떼고 있습니다. 교정과 합숙 공간이 아이들이 성장과 변화를 현실로 만드는 시작점이길 바랍니다. 함께 지켜봐 주세요!

이야기 여섯

모범 공무원상을 받으면서

 지난 28일 교육인적자원부가 2005년 6월 말 퇴직자 정부 포상 및 상반기 모범 공무원 수상자를 확정·통보함에 따라 전라북도 교육청은 상반기 모범 공무원 수상자에 대하여는 7월 1일(금) 오전 9시에 도교육청 회의실에서 전수식을 가질 예정이며, 퇴직자 포상자에 대해서는 기관별 실정에 따라 전수식 개최 등 별도 격려의 기회를 마련하도록 하였다.
 1989년 9월 1일 자로 전라북도 교육청으로부터 부안고등학교 기술교사로 발령을 받은 이후 2005년 6월 30일, 정확히 15년 9개월 동안 교육공무원의 신분으로 일해 왔다. 내가 해야 할 일 하면서 맡은 바 소임을 다했을 뿐인데 오늘 이렇게 영광스런 모범 공무원증을 받으면서 다시 한 번 지난 일들을 돌이켜 본다. 지금까지 살아오면서 나는 이렇게 살았다고 생각한다.
 첫째, 나보다 조금이라도 못한 사람, 신체적으로나 정신적으로 나의 도움이 필요한 사람들이 있었을 때 주저 없이 달려갔고 그들과 함께한다는 생각으로 살아왔다.

둘째. 남들이 하기 싫어하는 일이 있다면, 내가 먼저 솔선하는 자세로 임했다.

셋째. 교사의 신분으로 나보다는 학생의 편에 서서 생각하고, 나보다는 동료들의 입장에서 먼저 생각했다.

넷째. 우리 가족에게는 항상 미안하게 생각한다. 하지만 나 하나만을 위한 일은 아니기에 떳떳함은 잃지 않고 있다.

나에게 더 큰 일을 하라고 이렇게 큰 상을 준 것으로 받아들이겠다. 실업교육 활성화를 위하여 앞장설 것이며, 진정한 봉사의 의미를 느끼는 날까지 최선을 다할 것을 천명하는 바이다.

- 2005.6.30. 이리공업고등학교 신진규.

이리공업고등학교 특강

안녕하십니까? 전주공고 건축과 교사 신진규입니다.

오늘 이리공업고등학교 중장기 발전을 위한 워크숍에 초대해 주셔서 감사드립니다. 저는 본교에서 2002학년도부터 2005학년도까지 근무했으며 교무부장으로 재직 중 이리공고 특성화공고 지정을 위해 중장기 발전 계획을 수립하기도 했으며 학교 헌장도 당시에 만들었던 기억이 납니다. 여기에 계신 일부 부장님들도 동참하셨지만, 보름 동안 건축과 사무실에서 고생했던 기억이 새롭습니다(건축과 사무실에 가시면 조그만 원룸을 만들었는데 그때 만든 것입니다).

지난번 종합감사 시 전임 교무부장 호출을 받고 이리공고를 방문했을 때 양정량 교무부장님과 많은 이야기를 주고받았습니다. 그때 나눴던 이야기가 인연이 되어 제가 오늘 이 자리에 서게 된 것 같습니다. 저의 모교이면서 현재 재직 중인 전주공고는 이리공고와 비슷한 점이 많이 있습니다.

- 유구한 역사와 전통(전주공고는 1916년 개교, 이리공고는 40년 개교)
- 축구부와 럭비부가 각각 있고 관악부와 기능 특기 부가 있다는 것

- 3만 5천여 동문 배출, 동문의 열성적인 사랑
- 비슷한 규모의 학교(48학급, 42학급)
- 모교 출신인(오석점 교장 선생님과 김수원 교장 선생님)
- 양교의 선생님들의 순환 전보 등(작년까지 근무했던 건축과 선생님들이 올해에 이리공고로 4명 전출)

얼핏 보면 비슷한 점들이 많이 있지만 추진하는 방향은 아주 다를 수도 있습니다. 지금부터 지난번 교무부장님과 했던 이야기를 다시 한번 상기해 보겠습니다. 혹시라도 제 이야기 도중에 오해 없으시기를 바랍니다. 혹 이렇게 생각할 수도 있습니다. 우리 학교는, 우리 학교 선생님들은, 우리 학교 동문은, 우리 학교 학생과 학부모들은 왜? 라고 생각할 수도 있겠지만 절대 그렇게 생각하지 마시고 전주공고에서 실시하고 있는 모델로만 생각하시기를 바랍니다. 60~70년대 화려했던 공업고등학교의 명성은 오간 데 없고 끝도 없이 추락하는 공업고등학교는 비단 우리 지역뿐만 아니라 전국적인 현상입니다. 정부 시책과 사회의 인식 전환이 없는 한 변화하기란 어려운 일입니다. 오늘 이 자리도 그런 측면에서 만들어진 자리라고 생각할 수 있겠습니다.

해마다 입시 철만 되면 되풀이되는 현상을 우리는 잘 알고 있습니다. 입시 홍보하러 중학교에 가면 전문계 고등학교 선생님들을 실력이 없는 사람 취급하는 중학교 담임들, 석차 연명부에서 꼴찌부터 서

너 명씩 밑줄 긋고 이리공고라고 쓰인 모습을 봤을 때와, 학부모 총회 때 소개하는 선생님들 숫자보다도 적은 학부모들을 보면서, 어떻게 하면 학교를 발전시킬 수 있는가 하고 한 번쯤은 고민했던 경험이 다 있을 것입니다.

2003년부터 전주공고에서는 인재 육성 프로그램을 운영하고 있습니다. 이름만큼 거창한 프로그램은 아니지만 수많은 동문의 마음을 담고, 동문의 성원에 힘입어 7명의 후원자가 각각 2천만 원씩 장학금을 쾌척하여 장학재단과 별도로 인재육성위원회라는 사업자 등록을 내걸고 첫걸음을 시작하였습니다. 아무리 좋은 조건을 내걸어도 학부모들과 학생들의 따가운 시선은 피할 수가 없었습니다. 첫해는 신입생 유치의 어려움이 있었습니다. 1학년 마칠 무렵 인문계 고등학교에서 전학해 온 학생을 중심으로 자기 주도적인 학습과 인터넷 강의 그리고 방학 중 수도권의 기숙형 학원에서 선행학습을 시키면서 전문계 고등학교에서 어려움이 많은 교육과정을 해결해 나갔습니다.

인재 육성 프로젝트의 근본 취지는 소수의 인원이라도 명문대학에 보내서 학교의 위상을 높이고 우수한 신입생들이 저절로 찾아오게 하는 것이었고 일반 학생들에게도 경쟁심을 유발하여 동반 상승효과를 노리는 것이었습니다.

첫해는 여건도 좋지 않았고 학교 내에서도 찬반 여론이 있어서 어려움이 많이 있었습니다. 충남대학교 의과대학에 보낸 것을 절반의 성공이라고 생각했습니다(이 학생은 작년에 이 학교에 근무했던 오창록 선생님의 큰아들입니다). 이듬해에는 좀 더 우수한 신입생을 유치하여 고려대학교, 한양대학교, 전북대학교 사범대학에 보내는 것으로 만족했지만 일반 학생들에게 하면 된다는 자신감을 심어 줄 수 있었던 것이 더 큰 효과라고 할 수 있었습니다.

3년째에는 6명의 학생을 스카우트했습니다. 그중 전주시 학생들은 상위권 학생들이었고 익산 2명, 김제 1명의 학생은 중위권을 웃도는 정도의 성적이었습니다. 많은 예산이 소요되어 동문의 사랑이 더욱 절실하게 필요했습니다. 그래서 1인 1계좌 운동을 전개하여 많은 동문이 참여토록 홍보하였습니다(1인 1계좌는 1계좌에 1만 원씩 원하는 만큼의 계좌를 CMS로 자동 납부하는 시스템인데 현재 매달 200여 만 원씩이 적립되고 있으며 저도 2만 원씩 6년간 납부하고 있습니다. 다른 재직 동문도 대부분 동참하고 있습니다).

그런데 운영하는 중 어려움이 너무 많았습니다. 내신 성적 관리와 수능을 동시에 준비하기가 쉬운 일이 아니었습니다. 더욱이 일부 학생들에게는 대학에 가서 할 공부를 미리 준비시켜야 할 분야도 있습니다. 특히 물리 화학 과목은 수능과 별개로 준비시켜야 했습니다.

제가 2006년 9월부터 기숙사 사감을 맡으면서 모든 휴무를 반납하고 학생들을 직접 지도하기 시작했습니다. 일반 기숙사 학생들은 휴무일에 다 귀가시키지만 인재 육성 아이들은 제가 직접 밥을 해 먹이면서 대부분 시간을 기숙사에서 교육방송과 인터넷으로 수능을 준비시켰고, 특히 직업 탐구 영역은 제가 직접 강의도 해주었습니다. 자체 개발한 직업 탐구 교재는 2년째 그 효과를 거두고 있습니다(자체 개발했다기보다는 각 시도 교육청을 수없이 방문하면서 얻은 자료를 모아 묶음으로 만든 교재입니다). 여기, 이 교재입니다.

휴일을 반납한 학생들에게 뇌 폭발이 이루어지고 있었습니다. 공식적으로 매월 마지막 주만 귀가시켜 영양 보충과 개인위생에 신경 쓰도록 하였습니다. 토요 휴무제가 시작하면서 절대적으로 필요했던 부분이라고 생각합니다. 금요일 오후부터 일요일 저녁까지. 생각하면 일주일 1/3의 시간을 더 공부시킨 결과라고 생각합니다. 처음 3명이 시작했고, 6명으로 늘어났는데 이번 방학에도 방학을 반납한 학생들이 19명이나 되어 저도 방학을 반납하고 기숙사에서 아이들과 동고동락했습니다(작년까지는 제가 직접 밥을 해 먹였지만, 인원이 많아지면서는 식당 아줌마의 도움을 청할 수밖에 없었습니다. 반찬과 국거리를 준비해 놓으면 제가 조리해서 해결했습니다).

올해에 그 학생들이 전체적인 분위기를 이끌어서 최고의 성적을 거둘 수 있었습니다. 서울대학교 공과대학 2명, 한국예술종합학교 2명, 서울산업대학교 1명, 경희대학교 3명, 단국대학교 1명, 충남대학교 3명(공업교육학과 2명), 청주대학교 지리교육과 1명, 충북대학교 1명, 경남대학교 1명, 전북대학교 28명 등 어려운 여건을 이겨낸 결과였습니다. 이 학생들은 대부분 기숙사 학생이었고, 3년간 지도했던 내용을 간추려 보면 다음과 같습니다. 입학 전 자체 진단고사를 실시하여 우수 학생 30명을 선발했습니다.

- 기숙사 입소: 입학 전 1월부터 45일간 무료 보충학습(국·영·수).
- 아침마다 30분씩 영어 듣기 방송 청취(교재비는 기숙사비와 동창회).
- 여름, 겨울방학 이용 무료 보충수업 시행. 교재비는 전액 인재육성위원회에서 지급하고 수당은 학교에서 80%, 인재육성위원회에서 20%를 지원했습니다.
- 부진아 지도를 병행하여 예산 확보.
- 보충수업 이후에는 기숙사에서 EBS 방송을 통해 예습 및 복습시켰고 학년별로 3시간씩 시간 계획하여 밤 11시까지 지도하였습니다.
- 방학 중 극기 훈련, 봉사활동, 수도권 대학 견학 등의 프로그램 운영.
- 3학년 2학기 때는 자격증을 취득하고, 교과별로 학습 목표에 도달한 학생들과 교과 담임이 인정하는 학생들을 대상으로 제가 별도 관리했습니다. 각 과 선생님의 절대적인 협조가 필요했고 그 효과는 입시 결과에서 나타났습니다.
- 일요일 오후에 기숙사에 귀교하면 논술 및 글짓기 지도를 합니다. 각종 글짓기 대회에 참가하여 3년 동안 매년 10여 차례 수상 실적을 가지고 있습니다.

이상의 내용을 살펴보면 마치 인문계 고등학교처럼 보일 수 있지만 제가 하는 일들을 중심으로 말씀드렸기 때문입니다. 기타 나머지 학생들은 이리공고처럼 기업과의 맞춤형 교육도 하고 각종 동아리를 육성하여 전국대회에서 여러 차례 우승하는 등 다양한 분야에서 날

갯짓하고 있습니다. 5년간 인재 육성 프로그램을 운영해 왔습니다. 그동안의 실적이라면 올해 입시에서 2:1의 경쟁률을 보인 것이라 하겠습니다. 아직은 질적인 면보다 양적인 증가세를 보이고 있지만 내년 신입생 유치에는 큰 효과가 나타나리라 생각됩니다. 벌써 서울에서 2명의 학생이 찾아와서 상담을 마쳤고, 인문계에서 전학해 온 학생들이 상당수에 이르고 있습니다.

전라북도만 따가운 시선을 보내고 있습니다. 교육청에서도 달갑게 보지 않고 있습니다만 우리의 현실은 우리가 제일 잘 알고 있습니다. 다른 시도의 교감 선생님들이 여러 명 다녀갔습니다. 우리 학교의 비법을 배우기 위해서 교장 선생님께서 보내셨다고 하였습니다. 하루아침에 변할 수는 없다고 봅니다. 그 교감 선생님들에게 말씀드린 결론은 동문의 사랑과 그 사랑을 열정적으로 수행할 수 있는 교사를 확보하는 것이 제일 중요하다고 말씀드렸고, 교육청 인사 담당자에게 찾아가 전주공고에 젊은 신규 교사를 많이 보내 달라고 애원했다는 말씀도 전하였습니다(참고로 올해에는 인재육성반 학생들을 별도로 선발하지 않았습니다. 일반 아이 중 3명을 선발하여 지도하고 있습니다. 일간에 잘못 소문이 나서 자기 아들 졸업시키더니 없앴다는 괴소문도 있다는 이야기를 들었는데 그렇지 않습니다. 공부 잘하는 아이들 데리고 올 교육 정책이 뒷받침되지 않기 때문입니다. 언제 변할지 모르는 입시 정책 때문에 학교에서 책임질 수 없기 때문입니다. 이번에 저의 둘째도 우리 학교에 온다고 합니다. 그냥 일반 학생으로 입학하겠지만 제법 잘해서 충분한 승산이 있다고 봅니다. 공부를 즐기는 학생들에게는 얼마든지 가능하기 때문입니다).

전국 700여 공업계 고등학교 중 2013년까지 400여 개로 줄어들 전망입니다. 학생 수가 그만큼 감축도 되지만 변화를 시도하지 않는 학교는 퇴출당할 수밖에 없으리라 봅니다. 5년 동안의 공든 탑이 이제 빛을 내기 시작했다고 자부합니다. 위에서 언급한 바 있지만 이리공고도 비슷한 여건이라고 생각합니다. 2005년 특성화공고로 지정을 받은 후 이리공고 동창회에서 300만 원의 후원금을 주시어 교직원 단합대회를 했고, 교무부장 수고했다고 서울 조선호텔에서 만찬을 베풀어 주신 적도 있었습니다. 당시 한국은행 박승 총재님을 비롯하여 재경 동문에서 아낌없는 격려를 해 주셨습니다. 이리공고 동문의 열화와 같은 성원은 제가 신문에 올린 글(대우조선 동문 장학금 1,000만 원 후원과 일본의 사업가 동문이 모교를 찾았을 때 등)에도 나타났지만 어떤 학교 못지않은 열과 성이 있다고 생각합니다.

얼마 전 우리 학교 동창회 홈페이지에 이리공고의 동창회관 건립 기사를 탑재했습니다. 전주공고도 지금 10년째 회관 건립 기금을 조성하고 있지만 쉽지 않은 일들을 이리공고 동문은 해냈습니다. 이 자리에 참석하신 동문님들께 간곡히 부탁드립니다. 이번 올림픽에서도 국적을 바꾸어 다른 나라의 대표 선수로 뛰는 선수들이 얼마나 많습니까? 국적은 바꿀 수 있어도 모교는 바꿀 수 없습니다. 일부 동문은 인문계 고등학교로의 전환을 원하는 사람들도 있습니다. 하지만 이

나라 경제를 굳건하게 이룰 수 있었던 초석은 우리 공고인들의 헌신적인 땀방울의 결과라 생각합니다. 없어지는 학교도 있지만 변화를 시도하려는 노력이 있다면 반드시 옛 명성을 되찾을 수 있다고 확신합니다. 20주년, 30주년 행사 후 예산을 만들어 주식 투자라 생각하시고 모교에 아낌없이 투자하십시오. 우수 인재를 배출하면 인식 전환이 시작될 것입니다. 이웃 전북기계공업고등학교에 그나마 학생들을 빼앗기는 현실에서 너무 어려운 현실이지만 다 같이 노력해야 할 것입니다.

교사들에게 필요한 것은(저의 경험으로 미루어 볼 때) 무엇일까요. 학생들에게 무엇을 줄 것인가요? 사랑을 주어야 합니다. 칭찬을 아끼지 말아야 합니다. 진실한 사랑을 주기 위해서 어떻게 해야 합니까? 아이들이 무엇을 원하는지 알아야 합니다. 부정하고 싶지만, 전주공고나 이리공고 학생들 대부분 진학을 원합니다. 진학해야 할 학생들은 많지 않지만, 진학하려는 학생들은 넘쳐납니다. 진학에 관한 관심을 가져야 합니다. 원서만 내면 합격하는 대학도 있지만 그들 중 단 몇 명이라도 동기를 유발하셔야 합니다.

어떻게? 입시 제도를 알아야 합니다. 공부 잘하는 학생들(외고, 과학고, 자립형 사립고 등)이 알아야 할 정보도 있지만, 6·25에게도 여러 가지 전형 방법을 동원해야 합니다. 소년 소녀 가장에게 유리한 학교, 국민 기초생활보장 수급자에게 유리한 학교, 예체능 학생들에게 유리한 학교, 전문계 고등학교에 유리한 학교 등 다양한 전형 방법을 사전에 알고 그들에게 다가가야 합니다. 당연히 1학년부터 내신 관리를 철저히 하는 학생을 잘 파악해서 학교 차원에서 관리해 주어야 합니다. 모인 것이 공개되는 세상에 관리란 말이 어색하지만, 관리는 곧 관심이라고 표현하고 싶습니다.

한 예를 들어보겠습니다. 전주공고에서 5년 동안 공들여서 첫 서울대학교 합격생을 배출했습니다. 이리공고도 5년 동안 노력하면 길이 있으리라 봅니다. 서울대학교의 입학전형은 우리나라에서 가장 다양한 방법으로 모집합니다. 혹자는 대한민국에서 공부 잘하는 학생 중 최상위의 학생들간 입학하는 학교로 알고 있는데 그렇지 않습니다. 가장 다양하고 공정하게 뽑기 때문에 전주공고에서도 합격자를 배출할 수 있었던 것입니다.

- 지역균형선발에 대해 말씀드리면: 학교당 3명씩 지원할 수 있습니다.

1단계 선발: 내신 성적순으로 1.5배 수 선발

2단계 선발: 수능 최저 등급 2개 영역 2등급/4개 영역 중

3단계 선발: 면접(공과는 구술고사 : 별 영향 없음)

최종 선발: 면접 이상 없는 학생 중 수능 최저 등급 통과자 중에서 내신이 좋은 순으로 최종 합격자 선발.

이번 서울대 합격자 중.

신경택: 수리 탐구 2등급, 직탐 1등급으로 최종 합격(내신 80점/만점).

이성민: 외국어 2등급, 직탐 1등급으로 최종 합격(내신 79.26).

4개 영역 모두 1등급 맞고도 탈락한 학생이 280여 명인 점을 고려한다면 우리가 관심 두고 도전해 볼 부분. 기회균등 선발(수시 2차)에 대한 말씀을 드린다면,

자격: 기초 생활 수급자 중 다른 부분은 위 지역 균형 선발 전형과 같으나 예체능 계열은 수능 최저 등급이 1개 영역 중에서 5등급이면 가능(이리공고는 럭비부와 관악부가 있으므로 노려볼 만하다).

선발부터 기초 생활 수급자 중에서 관리할 만한 대상 학생을 선발하여 담당 선생님이 철저하게 관리해 주고 1개 영역 집중 지도하면 가능성이 아주 높음.

- 분석: 내신 관리가 상대적으로 쉽고, 직업 탐구 영역 인정하기 때문에 가능. 다른 조건 안 따짐(예: 체육 관련 대회 입상 실적 없어도 됨). 음악부 개인 콩쿠르 입상자에게는 부과 점수 있어 아주 유리.

- 서울대학교에 합격시키는 것이 중요한 것이 아니고 그에 따른 파급효과는 엄청나다는 사실을 우리는 알아야 합니다. 위와 같은 입시 제도를 알고 학생들에게 접근했을 때 아이들의 측면에서 보면 그것이 사랑일 것입니다. 학교에 오는 모든 공문 중 학생들에게는 보약과 같은 것들이 있습니다. 관심을 가지면 더 많은 것들을 볼 수 있습니다.

기숙사에서 일요일 밤 9시부터 1시간 동안 학생들에게 글짓기 지도를 합니다. 주로 공모전에 참여시키기 위한 것인데 우리나라 전문

계 고등학교 중 가장 많은 입상자를 배출했을 것입니다. 이 부분은 국어 선생님 중 남다른 열정이 있었기 때문이기도 하지만 공모전은 공문을 열람하지 않으면 그냥 지나칠 수 있는 일입니다. 입상자를 일일이 나열하지는 않겠지만 기숙사 학생들이 많은 수를 차지하는 것을 보면 효과가 있고, 입상할 때 순간의 기쁨으로 끝나는 것이 아니고 엄청난 자신감을 불어넣어 주는 효과를 확인한 바 있습니다. 그중 신경택 군은 교육감 표창 2회(양성평등, 환경), 대학교 총장상 2회, 기타 기관장 표창 2회, 2천 7교육수기-교육부 장관 표창, 대한민국 우수 인재상(장관 표창 대통령 메달, 장학금) 등을 수상할 수 있었습니다. 학생들에게 관심과 사랑을 주면 덤으로 찾아오는 기쁨은 교사의 몫입니다.

제 개인적인 일이기도 하지만 2006년도에 전주공고에 부임해서 보직 없이 담임 업무와 사감 업무를 하다 보니 제가 찾아온 기쁨 또한 많았습니다. 자랑이 아니고 결과라고 생각해 주시길 바랍니다.

2006년도 눈높이 교육 대상 수상: 상금 1,000만 원

2007년도 교육방송 활용 사례 수기 공모 우수상: 상금 50만 원

2008년도 전국 중등 수석교사 선발(시범운영) - 전국 사무총장

수석교사 연수 시 교육인적자원부 장관 표창 등 좋은 일들이 덤으로 찾아왔습니다. 한 달 정도 있으면 전국 기능경기대회가 열립니다. 해마다 기능특기생을 선발하는 과정에서 억지로 시키는 모습을 종종 볼 수 있습니다. 우리 전라북도가 유독 심할 것입니다. 기능대회 성

적과도 무관하지 않을 것입니다.

　우리 학교 기능특기생 중 일부는 최상위의 성적을 유지합니다. 전원 기숙사에서 생활하기 때문에 훈련 후 기숙사에 돌아와 일반 학생들과 똑같이 생활합니다. 기능 지도 담당 선생님들은 기능 지도에 전념하겠지만 담임 선생님과 실과부 차원에서 철저한 관리를 해주어야 합니다. 그들 중 전국대회에서 메달 따는 학생이 몇 명이나 됩니까? 최소한 전국대회 이후 그들의 진로에 대해 학교 전체가 관심을 가져야 합니다. 기능 특기 지도의 어려운 점이 바로 그들의 진로에 대한 모두의 무관심이라고 생각합니다. 우수한 학생이 기능훈련에서도 두각을 나타낼 수 있는 것입니다. 서로 특기생을 하려는 풍토가 마련되려면 그들에 대한 작은 관심을 가져야만 합니다.

　학부모님들에게 필요한 것은?

　- 이리공고에 다니는 것에 대해 부끄럽게 생각하지 마세요. 이리공고 학생들은 인문계 고등학생들에 비해 영어 단어와 수학 공식을 더 모를 뿐이지 다른 부분은 다 잘하고 잠재력이 있습니다. 운동 잘하고 착하고 의리 있고 순수함 등 좋은 부분만 보시고 칭찬해 주세요. 사회에 나가면 인문계 학생들보다 적응도 빠르고 어려운 일에 봉착했을 때 대처 능력이 뛰어난 것을 볼 수 있습니다. 연초 학부모 총회 때 중학교에 다니는 둘째 아이 학교에 가지 말고 이리공고에 참석해서 다 같이 머리를 맞대고 고민해야 합니다. 해마다 1,300명이 넘는 학생 중 학부모 총회에 참석하는 분들은 60명 내외였습니다. 부모님의 무관

심은 아이들의 사기를 저하하는 최대의 적입니다. 칭찬과 격려 등을 아낌없이 주다 보면 바뀔 것입니다(오창록 선생님이 아들을 우리 학교에 전학시키고 나서 일주일만에 한 얘기가 생각납니다. 인문계에서 전학해 온 후 가정의 평화를 찾았다고 합니다. 매일 11시경 학교에서 돌아오면 가방 휙 던지면서 인상을 쓰고 부모 말에 대답도 없이 자기 방으로 들어갔던 아이가 일주일 만에 한 이야기는 이랬답니다. 아빠 전주공고 애들은 나보다 공부만 조금 못하고 너무 좋아요. 인성 좋지요. 착하지요. 순박하지요. 운동 잘하지요. 의리 있지요. 너무 좋습니다. 그 후 학교와 생활에 잘 적응하여 원하는 대학에 합격하였고 대학에서도 아주 잘하고 있다는 이야기를 들었습니다. 둘째도 지금 2학년에 다니고 있습니다).

운영 위원님들과 동창회에 바란다면?(교장 선생님 포함)

학생들이 마음 놓고 뛰어놀 수 있는 공간을 만들어 주세요. 또래 학생들과 경쟁할 수 있도록 많이 지원해 주세요(동아리 중심). 제가 지금 이렇게 목이 쉰 이유는 5월부터 우리 학교의 각종 동아리 대회에 모두 참가했기 때문이고 많은 성적을 올렸습니다. 최근에 전국 동아리 학생 축구대회 우승(8월 14일), 도지사 배 동아리 축구대회 준우승, 생활체육 전라북도 족구대회 우승, 비보이들 각종 대회 입상 등 기숙사 학생들이 주축이 되어 거둔 실적입니다. 목청 높여 응원해 주고 시원한 물만 주면 아이들은 힘이 솟아오릅니다. 어느 한 가지의 영역에서만 자기의 위상을 높여 줄 수 있다면 그들은 엄청난 잠재력을 발휘할 것입니다. 이리공고는 그런 잠재력이 산재해 있습니다.

  - 춤을 좋아하는 친구들(2006년 졸업생 김원기-라스트포원 비보이)
  - 음악을 좋아하는 친구들
  - 기능 특기에 남다른 재주를 가진 친구들
  - 요리를 잘하는 친구들

잘하는 공부는 아니지만 이리공고에서는 잘하는 아이들이 있습니다. 혼자 놀지 말고 같이 놀자고 해보세요. 그들은 손을 내밀 것입니다. 마린보이 박태환과 장미란 선수 뒤에는 그들을 관심 있게 지켜보았던 선생님이 있었기에 발굴해 낸 것입니다. 선생님들이 학생들에게 전념하도록 분위기를 만들어 주세요. 여기 계신 부장 선생님들이 그 선봉에 서서 학교를 이끌어 갈 것입니다.

제가 금년도에 가장 보람으로 느끼는 일 하나를 소개하겠습니다. 축구를 아주 좋아하는 한 아이가 우리 학교 축구부에 들어오게 되었습니다. 중학교 때는 선수가 아닌 유소년 동아리에서 클럽팀으로 활동했었는데 1학년 마침 무렵 인대 파열로 운동선수로의 생명을 다 했습니다. 축구부 감독과 학부모가 상담하는 모습을 우연히 목격했는데 고향인 남원고등학교로 전학을 시키자는 내용이었습니다. 그 학생의 얼굴에 수심이 가득 차 있는 것을 보고, 제가 상담을 요청하여 기숙사에 데리고 있는 조건으로 그냥 우리 학교에 남게 되었습니다. 지금 그 학생은 우리 학교의 보배입니다. 2~3학년 내신이 올백입니다. 그 누구도 할 수 없는 일을 해냈고, 지난번 동아리 축구대회 우승 때도 최우수 선수로 뽑혔고, 족구대회 우승 때도 주역으로 활동하였습니다. 그 아이는 운동을 너무 좋아합니다. 수능만 뒷받침되면 그 학생도 우리 학교의 이름을 빛낼 것이고 재수라도 시킬 생각입니다. 관심을 기울이면 이런 일이 생기더라고요.

이제 제 생각을 마무리하겠습니다. 동문 여러분, 학부모 여러분, 기타 이리공고에 관심이 많으신 내빈 또는 선생님들, 마음과 사랑을 투자하시고 잘된 선배님들이 코흘리개 후배들 거두어 주어서 다시 한 번 옛 화려했던 이리공고의 부활을 이루게 도와주세요.

21세기를 빛낼 대한민국 우수 인재상에 마린보이 박태환과 어깨를 같이한 전주공고 학생을 배출했습니다. 영화배우 문근영, 야구선수 한기주, 쇼트트랙 3관왕 진선유, 박태환과 같은 인재들이 받는 상을 작은 옥구슬과 같은 공적을 꿰매, 전주공고 학생도 뚜렷한 공적은 없지만 그 이름을 올렸습니다. 이리공고에서도 춤에 미쳤든, 음악에 미쳤든, 잘 살펴보면 숨어 있는 인재가 있을 것입니다. 관심을 가지면 더 가깝게 보일 것입니다. 이리공고의 무궁한 발전을 기원합니다.

- 2008.7.26. 전주공업고등학교 교사 신진규.

꼴찌들의 반란

학생들은 졸업 선배가 웹디자인으로 직접 제작한 대형 현수막에 적힌 글을 수시로 접하게 된다. 식당 맞은편에 걸린 내용은 '꿈은 이루어진다.'이다.

우리 학교는 졸수卒壽를 넘긴 유구한 역사를 가진 정통 공업계 학교다. 80년대 중반부터 이공계 기피 현상이 심화하면서 전문계(구. 실업계) 고등학교는 진로지도에 의해 선택된 것이라기보다는 학업 성적순으로 인문계와 전문계로 극명하게 구분됐다. 우리 학교도 예외는 아니다. 침체일로에 있는 학교가 다시 옛 명성을 되찾고자 인재를 확보하기 위해 본격적으로 시작한 노력은 6~7년 전으로 거슬러 올라간다. 중소도시의 변두리에 있으므로 제일 먼저 기숙사를 신축하였다. 나는 전주공고 출신 교사로서 총동창회의 총무를 10여 년 했고 현재 모교에서 근무하는 재직 동문이다. 선배 사감과 후배 학생들이 생활하는 기숙사에서는 지금 꼴찌들의 반란이 시작되었다.

1부. 기숙사의 일상

여느 기숙사처럼 청솔관의 아침도 분주히 시작된다. 겨울철과 여름철 30분의 시차는 있지만 6시 30분경 기상해서 5만 평의 학교를 한 바퀴 뛴다. 부모님이 계시는 곳을 향해 감사의 묵념도 올리고 힘차게 함성도 질러본다. 청솔관의 아침은 이렇게 시작된다. 아침 식사 전 매일 30분씩 EBS 교육방송 영어 듣기 방송 청취는 개관하고부터 하루도 거르지 않았던 프로그램이다. '영어 듣기 방송은 졸면서 들어도, 잠을 자면서 들어도 도움이 된다.' 선배들로부터 내려오는 입담이다. 공부하고는 담을 쌓았던 아이들에게 쉬운 프로그램은 아니지만 그래도 그 시간만 되면 모두 책상 앞으로 모여든다. 우리 학교는 전문계 고등학교이기 때문에 무시험 추천으로 입학전형(중학교 내신 성적으로)을 치른다. 중하위권에 있는 학생들이 우리 학교의 대부분 입학생이다. 기숙사에는 그들 중 크게 네 그룹으로 80여 명을 선발하여 운영하고 있다. 일반 고등학교에서는 성적 우수자들을 대상으로 선발하지만 청솔관은 음악부 학생들, 기능 특기 학생들, 장거리 학생들, 공부하려고 하는 학생들로 구성되어 있다. 남학생 72명, 여학생 8명은 나와의 무언의 약속을 지키며 그들만의 영역에서 땀방울을 흘리고 있다.

정규 수업 시간이 끝나면 기숙사 딸린 식당에 엄마 손이 부럽지 않은 맛깔스러운 음식이 기다리고 있다. 식사 후 한 시간가량 그들만의 자유 시간을 갖는다. 운동장을 뛰는 아이들, 악기를 연주하는 아이들, 줄넘기하는 아이들 제각기 자신에 맞는 운동과 취미를 즐긴다. 저녁

7시 30분이 되면 각자의 위치로 돌아간다. 공장, 독서실, 음악실, 인터넷 학습실, 심화학습실 등에서 3시간 동안 활동 분야에서 필요한 것들을 보충한다. 9시경에 아주머니 두 분이 영양가 만점의 간식을 준비한다. 간식시간이 있으므로 지루함을 느끼지 않는다. 저녁 11시 이후에 각자의 방으로 돌아오면 그때부터는 공붓벌레들, 공부를 즐기는 아이들의 반란이 시작된다.

2부. 꼴찌들의 반란

11월에 신입생 합격자 발표를 하고 나면 곧바로 예비 신입생들을 대상으로 기숙사 설명회를 갖는다. 희망하는 학생들과 학부모들에게 기숙사 규정 및 일정을 설명하는 자리에는 많은 학생이 긴 한숨을 내쉰다. '청솔관을 빛낸 선배들'의 명단이 그들을 유혹하는 것이다. 고등학교 입학 당시의 성적과 비교할 수 없는 성과에 부모들은 어떻게 해서라도 기숙사에 입사시키려고 하는데 학생들은 대부분 버거워한다. 학습 의욕이 부족했던 학생들에게는 「기상-운동-영어 듣기 방송 청취-아침 식사-정규 수업-자유 시간-저녁 식사-23시까지 자율학습 및 인터넷강의 EBS 교육방송 청취」너무나 빡빡한 일정으로 보일 수밖에 없다. 그들 중 희망자 25명 정도가 선발된다. 선발된 학생들은 입학 전인 12월부터 기숙사에 입사하여 동문이 제공하는 교재를 무료로 수령하고, 우리 학교의 젊은 선생님들로부터 방학 동안 기초학력에 대한 보충 지도를 받는다. 안타까운 일은 모든 경비, 교재, 장소는 그들 몫이 아닌데 그들 중 일부는 일정을 소화해 내지 못하고 포기한다. 아마 입학 전부터 동문이 나서서 예비 신입생들을 대상으로 이런 학습 활동을 시키는 학교는 전국적으로 드물 것이다.

입학 전 3개월간의 강행군은 그들의 마음을 변화시킨다. 새로운 공업계와 관련한 학문에 흥미를 주고 도전하게 만든다. 여름방학 때도 마찬가지로 방학을 이용하여 부족한 부분을 기숙사에서 보충하고, 극기 훈련을 다녀온다. 한 학기 동안 변화된 그들의 모습에서 우리나라의 이공계 미래가 보이는 듯하고 그들은 서서히 반란의 준비를 한다. 자기 주도적인 학습 능력을 갖추기 시작할 때는 2학기 시작 무렵이다. 기존의 종결 교육에서 대학 진학의 진로를 선택하는 학생들이 많으므로 그들에게 필요한 것은 자체의 학습 능력을 기르는 것이 매우 중요하다.

신입생들의 반란이 시작될 무렵 2학년들은 의젓한 모습으로 공부를 즐기는 학생들이 많아지기 시작한다. 자기 적성에 맞는 분야로 진로를 탐색하는 시기이다. 취침나팔 이후에도 기숙사의 불을 밝히는 학생들은 2, 3학년 학생들이다. 기숙사에서 배출된 선배들의 진로를 보면서 그들도 그 대열에 합류하기 위해 꿈을 불태우고 있다.

학습실에서 불을 밝히는 시간에 실습공장에서는 기능특기생들이 최고의 기능인이 되기 위해 밤을 잊은 채 새벽을 맞는다. 기능은 저절로 숙달되는 것이 아니라는 것을 학생들은 잘 알고 있다. 작년에 전국기능경기대회에서 금메달과 동메달을 땄던 그 실습실의 열기는 산업체 현장을 방불케 하는 모습들이다. 마침 전국 기능경기대회에 참가 중이라 모처럼 휴식을 맞은 실습실에는 일반 학생들의 격려 메시지가 서터 여기저기에 붙어 있다. 자동차 정비, 차체 수리, 메커트로닉스, 건축 CAD, 컴퓨터 조립 등의 직종에서 올해에도 좋은 성적을 기대해 본다.

실습실이 잠시 비어 있는 동안 학교 끝자락에 있는 연주실에서는 관악부 학생들의 고요한 밤공기를 가르는 오보에 연주 소리가 가녀리게 들려온다. 방음장치가 되었지만, 그 소리는 기숙사 학생들의 전체적인 취침나팔 소리와도 같은 역할을 한다. 올해에 전국 관악 연주 대회에서 금상과 은상을 수상한 바 있는 그들은 대상과 각종 콩쿠르 입상을 위해 구슬땀을 흘리고 있다. 지도교사의 지도도 있지만 그들은 스스로 해결할 수 있는 전문가 수준으로 가고 있다. 진학과 기능 연마에 한창일 때 취업을 준비하는 학생들은 기업과 맞춤형 계약으로 별도의 취업 준비 과정을 방과 후 저녁 9시까지 실시한다.

우리 학교는 공부 지상주의가 아니다. 학습 능력은 떨어지지만, 그들에게 자율적인 학습 의욕을 갖도록 동기를 부여하고 그 분위기를 조성해 주는 역할을 우리 기숙사에서 담당하고 있다. 올여름 방학에도 기숙사에서 3주간 자율적인 학습 활동을 하도록 유도하였다. 개학 전에는 1박 2일로 극기 훈련을 다녀와서 체험수기를 공모하도록 지도하였다. 학생과 교사가 함께 우수상과 장려상을 받는 것을 시작으로 청솔관의 반란을 예고했다.

3부. 이공계의 부활을 꿈꾸며

또 다른 곳에서는 우리 학교의 공붓벌레, 공부 선수들이 열심히 학습 활동을 하고 있다. 다양한 특기 적성교육을 한 학교답게 축구선수, 기능특기생, 관악부, 취업준비생, 공부 선수들이 있다. 공부 선수라고 말하는 이유는 그들이 우리나라의 이공계를 부활시키겠노라고 공부에 도전장을 냈기 때문이다.

동문의 적극적인 후원에 힘입어 중학교에서 우수 인재들을 확보할 수 있게 되었다. 학교의 위상도 있지만, 나아가서는 대한민국의 역사를 다시 쓰고 있다고 해도 과언은 아닐 것이다. 내로라할 중학교 성적임에도 그들은 우리 학교의 장학생으로 선발되어 전문계 교육과정은 물론 방과 후 자기 주도적 학습을 한다. 대부분 EBS 교육방송과 인터넷 강의를 통해 교육과정상의 부족한 부분을 채우고 있다. 2년째 배출된 선배들의 영향으로 지원자가 늘어나고 우수한 학생들이 많이 입학하는 통계자료는, 우연히 이루어지는 것이 아니고 노력의 결과라고 생각한다. 공업고등학교에서도 할 수 있다는 자부심을 심어주었다. 의과대학도, 서울의 명문대학 공학부에도 당당히 합격한 그들은 공부를 즐겼기 때문에 가능했다고 자부한다. 올해에도 서울 소재의 대학에 '지역균형선발 수시 2학기에' 학생 세 명이 각자 대한민국의 최고 자리에 오르기 위해 건설환경공학과, 건축학과, 전기공학·컴퓨터공학부에 도전장을 냈다. 정원 외 실업계 특별전형을 뒤로한 채 일반계 고등학생들과 겨룬다는 당찬 포부에 아낌없는 박수를 보내면서 그 꿈이 반드시 이루어질 것을 확신한다. 지금도 세 명 모두 1단계 합격을 확신하면서 동사의 밤을 밝히고 있다(동사 : 학교 내에 있는 동창회 사무실·학습시설이 있다).

11시까지는 기숙사 일정으로 진행하지만, 그 이후 시간은 개개인의 성향과 각기 다른 분야 때문에 기숙사가 얼핏 무질서하게 보일지 몰라도 그들과 나와의 무언의 약속으로 항상 그 시간 그 자리에서 자율이 이행되고 있음은 우리 기숙사만이 가지고 있는 장점이라 하겠다. 기숙사의 모든 학생이 다 잘 따라와 줄 수는 없는 법이다. 그들 중 신체의 일부를 다쳐 축구선수를 그만두고 일반 학생들과 같이 공부하는 학생들이 있다. 운동을 전문으로 하던 학생들에게 똑같은 일정을 소화해 내라는 요구는 그들의 등을 떠미는 것과 같아서 오후 자율학습 시간 중 일부를 그들만의 시간으로 할애해 주었다. 자연스럽게 신체적인 접촉이 적은 족구 동아리가 파생되었고, 운동 후 하루 100분 정도의 시간은 공부에 전념하도록 하였다. 운동선수를 그만두고 다른 학교로 전학을 준비하던 학생과의 상담을 통해 기숙사로 데려왔는데, 기숙사에서 모범적인 생활을 하여 족구도 잘하고 공부도 학과에서 1~2등을 다투는 학생이 돼서 큰 보람으로 여기고 있다. 사교육도, 보충수업도 단절된 기숙사에서 그들만의 방법으로 이공계의 부활을 예고하고 있다.

4부. 대한민국의 기능 강국은 내 손에

작년 전국 기능경기대회에서 기숙사 '홍가의' 학생이 차체 수리 부문에서 금메달을 목에 걸었다. 지도교사의 헌신적인 노력도 있었지만, 그는 아무도 알아주지 않는 분야에서 자신만의 싸움을 처절하게 인내해 왔다. 후년의 우승자와 국가대표 선발전을 치르는 서울의 한 자동차 서비스 센터를 격려차 방문한 바 있다. 얼마나 힘들고 지치는 과정인지 직접 목격하면서 알 수 있었다. 국가대표로 선발되어 올가을 또 하나의 국제적인 쾌거를 이루게 될 것이다. 비인기 종목을 단숨에 인기 종목으로 바뀌게 하는 힘이 있었다. 남모르게 흘린 땀의 결실이 사람들의 마음을 바뀌게 한 것이다. 회피 업종이라 해서 모두가 꺼리는 분야를 관심 분야로 바꿀 힘처럼 우리는 지금 각각 다른 분야에서 대한민국의 기능 강국을 위해 진한 땀방울을 흘리고 있다. 기숙사는 단순히 숙식을 해결하는 것이 아니라 인간 형성의 밑바탕이 될 전인교육으로, 사람 사는 냄새가 진하게 배어가는 중이다.

5부. 꿈은 이루어진다

웹디자인을 전공한 선배가 자신의 졸업 작품으로 기숙사에 현수막을 기증하였다. '지치고 힘들어도 조금만 참아라. 꿈은 반드시 이루어진다.'라는 선배의 말을 후배들은 잘 따르고 믿고 있다. 일반 학생들은 새내기의 티를 벗으며 꼴찌들의 반란을 예고하였고, 허물을 다 벗은 2, 3학년들은 기숙사의 선임자로 성장하여 든든한 기둥 역할을 다하고 있다. 일요일 오후면 지금도 사감실 전화가 빗발친다. 기숙사에 들어오고 싶은 학생들은 많은데 더 이상 수용할 수 없다. 지금도 포화 상태로 운영하고 있기 때문이다.

　작년에 학교 운영위원장님과 교장 선생님과 함께 교육감실에서 기숙사 신축(안)에 대하여 보고드린 바 있다. 일반인들이 생각하는 공업고등학교와는 차별화된 기숙사 운영 실적과 사례를 브리핑하였다. 지금보다 더 좋은 시설과 공부할 수 있는 여건을 조성해야 우수 인재들을 확보할 수 있다고 역설하였다. 지난달 뉴스에 보도된 내용 중 가슴 아픈 일이 생각난다. '어느 지역에 공업고등학교가 신축된다고 발표되자 집값이 내려간다고 집단으로 주민들이 반발하고 나섰다.'라는 이야기는 나한테 충격이었다. 인문계 고등학교나 특수목적고가 신축된다고 했다면 사정은 달라졌을 것이다. 지금 우리나라의 전문계 고등학교 실정이 어디 우리 학교뿐이겠는가? 그래도 끝까지 지키고 다시 한 번 일어나기 위해 온 힘을 기울이는 사람들에게는 너무나 충격적이지 않을 수 없는 뉴스였다.

　올해 9월 말이면 설계 도면이 완성된다. BTL 사업으로 160명을 수용할 수 있는 최신 기숙사 및 도서관 신축에 관한 사업을 확정 지었다. 요즘 행복한 고민에 빠진 사람이 누구일까? 새로운 기숙사 신축에 대해 나의 힘이 필요했던 만큼 건축 전공을 발휘하여 학교를 위해 힘을 보탰고, 공부 선수들(수리탐구반·공부 소모임)은 돌아올 추석도 반납하겠다고 나한테 다짐을 받으려 한다. 나는 쾌히 승낙한 상태이다. 토요일과 격주의 금요일은 모두 기숙사에서 나가는 날이다. 하지만 공부 선수 중 기숙사에 남아서 공부하는 학생들이 있다. 학생이 있으니 사감 선생님 또한 당연히 그들을 지켜줘야 하고, 몇 끼니의 밥을 해결해줘야 한다. 식당 여사님들도 주말이면 일반 학생들처럼 귀가하기 때문에 그날만큼은 아이들의 엄마 역할을 해야 하는 것이다. 대학 때 자취생활 했던 것이 많이 도움 되고 있다. 토요일 나가는 날은 4번, 금요일은 7번을 밥을 해야 하니 쉬운 일은 아니다. 그렇게 한두 번 하다 보니 이제는 자연스럽게 주말에도 집에 가지 않는 학생들이 고정적으로 남게 되었고, 나 또한 그들과 동행한 지 일 년이 지나가고 있다. 작년에는 없었던 일이 올해 발생한 것이다. 추석을 반납하겠다는 아이들이 나에게 미리 약조를 받아내려 하는 것이다. 어려운 일이지만 학생들의 사기를 북돋우려고 나도 과감히 반납하였다. 추석날 아침 잠깐 성묘만 다녀오기로 하였다. 아이들끼리 하는 이야기를 들었다. "선생님께서 아들(경택이 형)이 졸업해도 우리한테 이렇게 해주실까?" 아이들 처지에서는 걱정이 되는 모양이다. "내가 사감으로 있는 동안에는 절대 그런 일 없을 것이다. 경택이가 졸업해도 너희들은 다 내 손녀들이다."

많은 숫자는 아니지만 1년 넘게 주말과 공휴일에 아이들과 함께 직접 밥을 해 먹었다. 부모들이 돌아가면서 밥을 해준다는 것도 마다했다. 세상에서 가장 행복한 사람이 누구일까? 수학능력 시험을 두 달 남겨둔 시점에서 추석을 반납하고 공부하는 학생들의 뒷바라지를 할 수 있는 교사가 몇이나 될까? 추석 연휴 식단을 짜본다. 계란말이, 돼

지고기볶음, 된장찌개, 볶음밥 등 어느새 내가 잘하는 음식에 길든 학생들이 고맙다. 집에서 엄마가 해주는 음식하고는 다르겠지만 그래도 "맛있게 잘 먹었습니다." 하고 숟가락을 내려놓는 모습에서 나는 가장 행복한 교사임을 자부한다.

성묘 다녀오면서 추석 특식을 머릿속에 그려놓았다. 나의 고향 부안 바닷가에는 지금 가을 전어가 풍어를 이루고 있다고 한다. 추석날 밤 공붓벌레들하고 기숙사 앞 정원에서 전어구이로 입맛을 돋우겠다고 생각하니 벌써 내년 기숙사 앞의 현수막 밑그림이 그려진다.

- OO대학교 OO학과 합격 건축과 3학년 홍길갑
- OO대학교 OO학과 합격 토목과 3학년 홍길순
- OO대학교 OO학과 합격 전산과 3학년 홍길동
- 전국 기능경기대회 금메달 OOO 은메달 OOO
- OO그룹 공개 경쟁 신입사원 최종 합격 OOO
- OO대학 콩쿠르 오버에 부문 개인 종합 1위

수학능력 시험을 치른 후 계획된 봉사 체험 활동도 벌써 설렘으로 다가오는 이유는 사랑스러운 나의 아이들에게 꿈을 이루는 또 하나의 시작이기 때문일 것이다. 지금 청솔관에는 공부에 취미를 붙이기 위해 반란을 준비하는 아이들도 있고, 기능 강국을 만들겠다는 학생들이 있고, 이공계의 부활을 책임진다는 아이들이 있다. 최고의 오보에 리스트가 되겠다는 학생도 있다. 그들의 꿈이 이루어지는 순간까지 나는 그들과 함께할 것이다.

오늘 밤은 조용한 밤이다. 기능 선수들이 없으니 뚝딱거리는 소리가 없다. 청솔관의 기상나팔 소리는 아침을 열지만 청솔관의 출입문은 닫을 수 없다. 잠을 자면 꿈을 꾸지만, 잠을 줄이면 꿈이 이루어진다는 것을 알고 있기 때문이다.

2007.9.12. 기숙사 사감 하는 날 밤
전주공업고등학교 기숙사(청솔관) 사감장 신진규.

입시전문가에서 취업전문가로

　23년간의 교직 생활 중 17년간을 특성화고등학교에 근무하면서 나는 특별한 이력을 가지고 있었다. 전주공업고등학교 인재육성위원회 간사라는 일은 특성화고등학교에서의 업무상 기능특기생을 지도한다던가, 특성화고등학교와 연관된 일을 할 것이란 생각이 들겠지만 나는 아주 특별한 업무를 가지고 진학 전문가로의 명성을 얻었었다. 더 이상 무너질 곳이 없이 끝없이 추락하는 이공계 기피 현상으로 동문회에서 자기들 모교의 명성을 되찾기 위해 수도권의 우수 대학에 입학시킴으로써 우수 인재들이 저절로 찾아오게 한다는 취지의 사업으로 출발한 그것은 2004년의 일이었다. 동문이 앞다투어 인재 육성에 후원한 금액은 1년 만에 1억 7천여만 원에 이르렀고, 5년간 거둔 실적은 어떤 인문계 못지않았다…. 서울대학교 4명, 연세대학교 1명, 고려대학교 2명, 한양대학교 3명 등 수도권 대학교에 20여 명과 지방 국립대학교에 80여 명의 입학생을 배출하였다. 당시에는 취업할 곳이 마땅치 않아서 대부분 진학하는 추세였기 때문에 아주 이례적이고 특별한 사례로 여러 차례 언론에 홍보되기도 했었다. 입시전문가라고 해도 손색이 없을 정도의 명성이었다.

　2011년 말부터 불어닥친「선 취업 후 진학」은 정부의 강력한 의지를 담아 공기업과 공무원, 대기업에 고졸자 공채라는 신조어를 재탄생시켰다. 필자도 80년대에 조국 근대화의 기수라는 기치를 교복 어깨에 새기고 다녔던 정통 7080세대의 공업화에 앞장섰던 사람이다. 모교에 근무하면서 동문의 열화와 같은 의지를 무시할 수 없었던 지난 6년간 입시전문가로서의 명성을 뒤로 하고 6년 전에 근무했던 학교로 다시 전보 발령을 받은 것은 2012년 3월 1일이었다. 6년 전 교무부장을 역임하면서 특성화고등학교로의 지정을 받았고, 자율학교로의 지정을 받으면서 변신을 시도하던 터에 전임 교로 발령을 받아 근무하다 다시 찾은 학교는 이제 더 이상 진학이라는 분위기는 찾아보려야 찾아볼 수 없는 분위기였다. 내가 맡은 업무는 취업 담당업무였다.

　3학년 담임을 하면서 방과 후 공개채용반을 운영하면서 자기소개서 작성과 인·적성과 직무능력 시험에 대비한 훈련을 시작으로 취업의 열기를 불어넣어 주기 시작했다. 공부하는 것에 익숙지 않은 학생들과 방과 후에 2시간씩 학습을 하는 것은 쉽지 않은 일이었다. 어떤 때는 아이들의 눈빛에 "오늘은 일찍 집에 가요, 쌤." 이런 모습이 보일 때는 아이들을 데리고 학교 앞 재래시장의 짜장면집을 찾아 배를 채울 때도 있었고. 농구코트에서 땀을 흘릴 때도 있었다. 메일을 통해 자기소개서를 개일매일 업그레이드를 하였고, 나의 블로그에 각종 사례 등을 실어 학생들과 정보를 공유하였다. 그러는 1학기 동안 여러 차례 공개 채용이 있었다. 1학기에 도전한 공개 채용 응시에서는 전멸이었다. 번번이 1차에서 낙방하는 것이었다. 직전 학교에서는 그동안의 사업으로 인해 우수 인재들이 스스로 찾아오는 학교가 되어 이미 공무원과 공기업 공채에 많은 학생이 합격한 소식이 들려오는데, 새로 부임한 학교는 단 한 명의 합격생도 배출 못 했으니, 학교에 면목이 없었다. 그동안 학생들이 취업에 대한 준비가 전혀 없는 탓에 단기간에 전공 이론으로 필기시험을 응시하는 것이 과정 중에 가장 큰 걸림돌이었다.

잠시 작년 이맘때의 이야기를 들춰내는 이유는 필자의 둘째 아들도 전임 교에서 나와 같은 학교에 다녔다. 내신 성적이 전체 학년 평균 등급이 1.14일 정도의 완벽한 성적으로 대학 진학을 준비하던 차에 2012년 1월 4일에 한국수자원공사 고졸자 공채 1기에 응시하여 우수한 성적으로 합격하여 현재 한국수자원공사 전라북도지역본부에 근무하고 있다. 나라의 정책에 맞추어 자신의 진로를 잘 설계했다는 평가를 받고 있으며 그로 인해 옮긴 학교에서는 나에게 취업 담당업무를 맡겨서 내가 노하우를 발휘할 것을 기대했던 것이기에 심적 부담이 너무 컸다.

작년에 내가 지도했던 아이들은 많은 학생이 합격하였는데 새로 부임한 학교에서는 너무 시동이 늦게 걸리는 듯하여 나도 힘들고 학교도 힘든 나날을 한 학기 동안 보냈었다. 여름방학을 맞이하면서 1

학기 동안 반성을 하고 분석한 결과는 다음과 같았다.

1. 관심 밖의 아이들: 중학교 때 성적 부진으로 누구의 관심도 받지 못했다.

2. 자신감 부족: 어떤 것에 몰두해 성취감을 느껴보지 못했다. 1, 2학년 때 전공 관련 자격증을 취득한 학생들이 전혀 없었다.

다른 이유도 많았지만 내가 여름방학을 이용하여 학생들에게 자신감을 심어주기 위해 2학년 중 희망자들을 모집하여 보름 동안 자격증반을 운영하여 16명 중 14명이 합격을 하였다. 하면 된다는 자신감을 심어주기 위한 내 생각은 적중하였다. 학생들이 2학기가 시작되면서 나를 찾아오는 학생들이 많아졌다. 나는 건축과인데 주로 기계과 전기과 학생들의 상담이 줄을 이었다. 대부분 취업 상담이었고, 공부하는 방법과 1, 2, 3차로 나뉘어서 진행하는 공채 시험을 준비하는 방법을 상담한 내용이었다.

이런 모습을 본 교장 선생님께서 특별한 제안을 하였고, 특별한 자리를 만들어 주셨다. 취업선도반을 운영할 것을 제안하였고, 10월에 1, 2학년 학부모들을 대상으로 취업설명회를 개최하였고 익산의 학생문화회관에서 나는 두 차례 특강을 하여 가득 메운 학부모들로부터 기립박수를 받을 정도의 뜨거운 호응을 얻었다. 마침 그날은 2012학년도 마지막인 한국토지주택공사의 공개 채용 지원 마감 날이어서 학생들의 지원서를 꼼꼼하게 살펴준 다음 방과 후에 이루어졌다. 학교 측의 배려로 방과 후에 학생과 학부모들에게 저녁을 제공하여 담임 선생님들과의 진지한 면담이 밤 11시까지 이루어지는 것을 보고 어느 인문계 고등학교의 입시설명회 못지않은 열기를 느낄 수 있었다.

며칠 후 우리 학교에서 드디어 두 명의 학생이 1단계 이론 시험에 합격하여 최종 면접을 남겨두게 되었다. 1차 시험에서 뽑은 숫자는 300%이기 때문에 아직도 많은 일정이 남아 있었다. 나는 두 명의 학생과 내가 준비했던 면접 과정을 통해 앞으로 취업을 준비하는 학생들과 학부모들에게 조금이라도 도움을 주기 위해 이 수기를 쓰기로 마음먹었다. 나도 수업이 있고 3학년 담임이기에 1단계 합격자 발표 후 10일 동안의 면접 준비 과정을 돕는 것은 쉽지 않았다. 기계과 재근이는 2학년 때까지 관악부 활동을 하였고 아버지와 단둘이 사는 학생이었다. 전기과 봉준이는 홀어머니와 외조부모와 함께 살고 있는 학생이었다. 두 아이의 공통점은 두 차례의 공기업 시험에 고배를 마신 경험이 있는 아이들이었고 이번이 세 번째 도전이라는 점이었다.

우리 반 학생들의 수업 시간에 양해를 구하고 내 수업 시간에 다른 과 학생들 두 명을 불러서 틈나는 시간에 과제를 부여해 주고 검토하는 방식으로 며칠을 보냈다. 현장실습에 참여하는 학생들이 많아서 일부 학생들을 데리고 수업했기 때문에 가능했다. 주말과 휴일에는 두 명의 학생이 모여서 면접을 준비하는 과제를 부여하였다. 몇 차례나 혼자서 아이들과 면접 리허설을 해보았지만, 검증할 방법이 없었다. 그리고 아이들이 내 앞에서도 많이 긴장하는 모습을 보이기에 실전의 면접 리허설을 위하여 교장 선생님과 두 분의 교감 선생님에게 면접관 역할을 해줄 것을 부탁드리고 교장실에서 실제와 같은 상황으로 질문을 하고 평가하는 방법으로 두 차례 최종 리허설을 마쳤다. 학생들은 눈에 띄게 자신감을 가지게 되었고 면접 준비를 즐기기에 이르렀다.

면접 전날 나는 교장실을 다시 찾았다.

"교장 선생님. 제가 내일 두 아이 면접 장소까지 직접 데리고 다녀오겠습니다." 교장 선생님은 흔쾌히 허락해 주셨고 나는 수자원공사에 다니는 아들의 차를 빌려서 당일 아침에 학교에서 우황청심환을 하나씩 먹이고 출발하였다. 초행길이기에 일찍 나섰기에 망정이지 한국토지주택공사 본사를 찾는 데 시간을 제법 소비하였지만 정시에 도착할 수 있었고, 운행 중에도 계속 면접 질문을 하고, 토론 면접에 나올 만한 사회적인 이슈 등을 계속 말하게 하였다. 면접 날 아침, 면접 수험생들의 정도를 볼 수 있는 헤어스타일과 말끔하게 정장 차림을 하는 등 너무나 당당하고 의젓한 모습을 보면서 합격을 확신할 수 있는 아이들의 태도를 엿볼 수 있었다.

먼저 봉준이가 면접을 보고 나왔다. 휴게소에서 봉준이는 밥도 먹지 않았다. 1조로 편성된 면접이었기 때문에 재근이가 면접하는 동안 먹겠다는 생각이었다. 봉준이는 면접을 보고 나오자마자 나에게 "선생님 저 하나도 떨지 않았습니다. 교장실에서 최종 예행연습 했던 것이 크게 도움이 되었습니다."라고 말하는 것이었다. 나는 봉준이를 안아주면서 수고했다고 하면서 교장 선생님께 감사의 말씀을 전해드리라고 전화기를 들려주었다. 그리고 밥을 먹으러 근처 아파트 단지에 나왔는데 마땅히 먹을 곳이 없었다. 눈에 띈 포장마차에서 어묵과 순대를 먹고 나올 즈음에 봉준이가 하얀 봉투에서 8천7백 원의 꼬칫값을 지불하면서 "쌤, 이것은 제가 사드릴게요. LH에서 교통비 하라고 5만 원을 주셨습니다."라고 말했다. 나는 순간, 이 아이들과 면접 준비하는 과정에서 아이들이 많이 성장했다는 느낌을 받았고, 면접도 아주 잘 치렀을 것이라는 확신이 들었다. 이후 오후 6시에 마지막 조의 면접을 받은 재근이가 나왔는데 재근이도 봉준이와 똑같은 말을 하였다. 결국 실전처럼 교장실에서 최종 연습한 것이 큰 도움이 되었다는 것이다. 어둠이 짙게 깔리고 비가 내리는 악조건의 교통상황에서 빨리 분당 시내를 빠져나와 고속도로 휴게소에 들러 저녁을 먹고 출발하려 할 때 재근이가 선물용 호두과자를 사서 왔고, 봉준이가 캔 커피를 사서 와서 하는 말은 나에게 진한 감동을 주었다. "선생님 이거 형한테 고마운 뜻으로 전해주세요." 아들의 차를 빌려서 왔다는 말에 그 고마움을 호두과자에 담은 것이었고 재근이도 교통비로 받은 것의 일부를 쓸 줄 아는 멋진 남아가 되어 있었다. 최종 합격자 명단을 보니 전북에서 기계·전기 분야에 유일하게 봉준이와 재근이가 합격하였다. 교문에 현수막을 설치하자고 제안하여 내가 직접 디자인하였고 인쇄 과정을 동영상에 담아 두 아이에게 스마트 폰으로 전해주면서 이렇게 말하였다. "이제부터 너희들은 내 아들들이다. 사회

생활 하면서도 내 애프터서비스가 꼭 필요할 것이다. 언제든지 도와줄 것이다."

그 후 1, 2학년 학생과 학부모들을 대상으로 취업선도반을 구성하자는 설명회를 개최하였고 138석의 회의실이 만석으로 가득 차는 열기가 보였다. 특강 시작 전에 두 명의 아이를 지도했던 순간들의 감정이 복받쳐서 10분 정도 울음을 터트리기도 하였다. 지금 그들은 취업 열기를 느끼면서 방학 중인데도 학교에 나와 전공 이론 과목을 공부하고 있다. 나는 그들과 약속했다. "봄방학 때는 나와 같이 불타는 정열로 공부하자. 선생님을 믿고 따르면 나도 너희들에게 방학 반납하고 너희와 함께할 것이다."

2013년 이리공업고등학교의 변화된 모습을 반드시 보여줄 것을 확신하며 아울러 약속한다. 대한민국의 미래는 기술 강국에 달려 있다. 그 인재들을 내 손으로 키워내겠다고. 합격생 중 봉준이의 할머니가 나를 찾아 큰절을 올리면서 고맙다고 머리 숙이는 모습을 나는 절대 잊을 수 없다. 제2의 봉준이가 줄줄이 사탕처럼 나타나길 기대하면서.

- 이리공업고등학교 취업담당 교사 신진규.

두 번 다시 포기란 없다
- 전주공업고등학교 전자계산기과 3학년 16반 한병선

프랑스 월드컵을 보며

1998년 어느 여름 새벽, 어두운 방 안을 환하게 비추며 켜져 있던 TV에서는 한참 축구 경기가 방송되고 있었다. 대한민국과 네덜란드의 프랑스 월드컵 조별 예선전이었다. 그리고 그 앞에서 졸린 눈을 비벼가며 그 경기를 지켜보던, 종료 휘슬이 울리자 닭똥 같은 눈물을 흘리던 초등학교 2학년 어린 소년이 있었다. 한병선. 바로 나다.

축구선수로의 꿈을 키우며

나에게는 어려서부터 꿈이 하나 있었다. 축구선수. 그것이 바로 내가 그토록 원하고 열망했던 꿈이었다. 네덜란드와의 경기를 보고 눈물을 흘리며 다짐했었다. 내가 이다음에 커서 축구선수가 되면 꼭 세계의 강팀들을 이겨서 복수해주겠다고. 정말 내 인생의 목표는 오로지 그것 하나뿐이었다. 어릴 때부터 축구를 좋아했다. 점심시간이나 쉬는 시간, 그리고 방과 후, 시간 있을 때마다 항상 친구들과 축구하는 것이 나에게는 그 무엇보다도 즐거웠다. 축구만 할 수 있다면 비가 오나 눈이 오나 아무 상관 없었다. 그렇게 축구를 즐기면서 시간이 지나갈 때쯤 불현듯 축구선수가 되기 위해선 내가 이러고 있을 때가 아니라는 생각이 들었다. 내가 사는 전라북도 남원은 축구부가 있는 학교가 없었으므로 다른 지역으로 전학을 가야 했지만 부모님은 절대적으로 반대하셨다.

   내가 축구선수가 되길 바라셨던 담임 선생님과 매일 부모님을 설득했지만, 부모님의 확고하신 마음을 도저히 돌릴 수가 없었다. 특히 중학교 때까지 육상선수로 활동하셨던 어머님께서는 운동이 얼마나 힘든지 누구보다도 잘 알기에 아들이 고생하는 걸 절대 원치 않으셨다. 그리고 타지로 아들을 혼자 보내야 했기 때문에 더욱 반대가 심하셨다. 그렇게 중학교를 진학하게 됐고 나는 전교 5등 안에 들 만큼 공부 잘하는 우등생이 되어 있었다. 하지만 나는 즐겁지 않았고, 행복하지도 않았다. 나는 중학교를 진학하고 나서도 오로지 축구였다. 축구를 하다가 수업 시간에 늦어서 선생님께 혼나기도 하고 땀 뻘뻘 흘리며 수업 시간 내내 연신 부채질만 해대기 일쑤였다. 어머님께 공부는 안 하고 축구만 한다며 매일 꾸중을 듣기도 했다. 그렇지만 나에게는 그것이 행복이었다. 시험 성적이 잘 나와서 선생님께, 부모님께 칭찬받는 것보다 차라리 선생님께 혼나고 부모님께 꾸중 들어도 축구를 하는 것이 백번 행복했다.

   유소년 축구클럽에 가입

그러던 어느 날, 중학교 1학년 생활을 거의 마칠 때쯤, 이런 나의 마음을 알고 체육 선생님께서 전북 현대 유소년클럽이라는 곳을 소개해주셨다. 나는 고민에 빠졌다. 부모님께 말씀드리면 반대하실 것이 뻔했다. 그래서 고민 끝에 부모님 몰래 혼자 테스트를 받으러 전주에 올라가기로 마음먹었다. 그리고 1차 테스트를 거쳐 2차 테스트까지 받은 후에 합격이라는 연락을 받을 수 있었다. 뛸 듯이 기뻤지만 부모님께 어떻게 말씀드려야 할지 걱정이 앞섰다. 그래도 아버지께서는 내가 운동하는 것에 반대가 그다지 심하지 않으셔서 아버지께 먼저 조용히 말씀드렸더니 아버지께서는, 엄마는 어떻게든 해볼 테니 걱정하지 말라고 말씀하셨다. 나중에 이 사실을 알게 된 어머니께서는 많이 당황해하는 눈치셨다. 하지만, 내 꿈을 펼쳐나가는 데 있어서 가장 강력한 반대자이셨던 어머니는 어느덧 나의 가장 든든한 후원자가 되어가고 계셨다.

그렇게 나는 일주일에 네 번, 남원과 전주를 왔다 갔다 하는 생활을 하였다. 훈련장은 전주에서도 40분 정도 가야 하는 고산에 있어서 훈련장을 찾아가는 것부터가 쉽지 않았다. 이동시간만 왕복해서 약 4시간이 걸렸다. 힘든 훈련을 하고 나면 남원으로 돌아오는 버스 안에서 나는 완전 녹초가 되어 있었다. 그렇다고 공부를 게을리할 수도 없었다. 유소년클럽에서는 학교 성적이 80점 이하로 떨어지면 선수에서도 제외시킨다는 규정이 있었기 때문에 남들보다 더 피곤해도 내 꿈을 이루기 위해서 공부도 운동도 열심히 해야 했다. 그 결과, 나는 축구를 하면서도 줄곧 전교 10등 안팎을 왔다 갔다 하는 성적을 유지했다. 그렇게 모든 것이 순조롭게 진행되는 것만 같았다. 하지만, 나에게 예상치 못한 시련이 찾아왔다. 그다지 생활이 넉넉하지 못했던 우리 집이었기에 고통비가 엄청난 부담이 되었던 것이다. 그렇다고 전주에 친척이 있어서 전주에서 생활할 수 있는 것도 아니었다. 어느 날, 어머니께서 심각한 표정으로 어렵게 나에게 말씀을 꺼내셨다. 어머니 표정만 보고도 어머니께서 무슨 말씀을 하실지 알고 있었다. 갑자기 눈물이 흘러내렸다. 이렇게 내 꿈을 포기해야 한다는 것이 도저히 믿기지 않았다. 눈물 흘리는 아들을 보며 어머니께서도 미안한 마음에 눈물을 흘리셨다. 그렇게 우리 모자는 1시간이 넘도록 서로 아무 말 없이 눈물만 흘렸다. 어머니의 마음이 어떨지 누구보다도 잘 알고 있었기에 아무 말도 할 수 없었다. 이렇게 내 꿈을 접어야 하는구나 하고 생각하니 하늘이 무너져 내리는 슬픈 순간이 스쳐 지나갔다.

정식 축구선수로 등록

그런데 나에게 뜻밖의 좋은 소식이 들려왔다. 전주공업고등학교 축구부에서 연락이 온 것이다. 나의 어려운 사정을 현대모터스 유소년클럽 코치님께 듣고 감독님께서 기숙사비를 포함한 회비를 면제해 줄 테니 학교에 와서 테스트를 받아 보라고 하셨다. 중학교 3학년이 채 끝나지 않은 지금, 당장 전주로 전학 와서 오전 수업만 받고 방과 후에 고등학교 형들과 같이 훈련을 하라는 것이었다. 솔직히 겁이 먼저 났다. 친구들과 헤어지는 것도 싫었고 부모님과 헤어지는 것도 싫었다. 그리고 무엇보다도 아무도 아는 사람 없는 낯선 곳에서 혼자 고된 훈련을 견디며 생활해야 한다는 것이 두려웠다. 하지만 내 꿈을 위해서 모든 것을 포기하기로 마음먹었다. 그리고 전주 우석중학교로 3학년 1학기가 채 끝나지 않은 5월 24일 전학을 가게 되었다. 전학 가는 날, 갑작스런 전학 소식에 친구들이 몰려왔다. 눈물을 보이는 친구도 여럿 보였고, 모두들 나에게 줄 편지를 쓰느라 여념이 없었다. 선생님들은 도대체 이해를 할 수가 없다는 눈치들이었다. 어떤 선생님은 단도직입적으로 우리 부모님께 이렇게 말하기도 했다.

"공부 잘하는 애를 왜 사서 고생시키려고 그래요? 지금이라도 그냥 다시 공부하게 하시죠?" 전주에서도 마찬가지였다. 전학 오고 나서 오전 수업만 받고 오후에 훈련을 받으러 가는 내가 학교 내신시험에서도 400명 중 90등을 하는 성적이 나왔고 모의고사 또한 180점 중 151점을 맞는 성적이 나왔기 때문이다. 솔직히 이 부분에 있어서는 나도 이해가 잘 가진 않지만 아무튼 담임 선생님이나 여러 선생님들은 나에게 다들 아깝다는 말만 하셨다. 선생님들의 입장을 이해하면서도 한편으론 그런 나에게 격려를 해주었으면 하는 바람이 있었다. 지금 생각해보니 주변 사람들이 모두 나를 위한 조언이었다는 것을 느끼고 있다. 방과 후에 정말 열심히 훈련했다. 시작이 남들보다 많이 늦었기 때문에 개인 운동 시간에는 기본기 연습에 몰두했다. 그리고 항상 생각했다. 꼭 열심히 해서 부모님께 효도해야겠다고….

그로부터 어느덧 약 3년이라는 시간이 지난 지금, 나는 전주공고 축구부 유니폼이 아닌 전주공고 교복을 입고 다른 어느 아이들과 같이 학교에 등교하고 수업을 받고 있다. 훈련이 힘들어서가 아니다. 축구가 싫어져서도 아니다. 어찌 그런 이유로 내 꿈을 포기할 수 있겠는가? 그동안 그렇게 힘들고 고된 훈련들을 참고 견뎌낼 수 있었던 것은 축구를 정말로 사랑했기 때문이었다. 하지만 의지만 가지고는 할 수 없는 일이 있다는 것을 깨닫게 되었다.

선수로의 꿈은 접었지만

전주공고에서 축구를 하게 되었던 나는 잦은 부상으로 힘겨워해야 했다. 남들보다 시작이 늦은 나였기에 2배로 더 열심히 해야 했지만 몸이 따라주지 않았다. 공고에 입학하기 전 동계훈련에서 나는 양쪽 정강이에 피로골절이 왔다. 힘든 체력훈련을 거의 다 마쳐갈 때쯤의 일이었다. 얼마나 고통스러웠던지 걷기조차 힘든 상황이었고 가만히 앉아 있는데도 통증이 느껴질 정도였다. 결국 한 달이라는 시간을 쉬어야 했다. 쉬는 동안 꾸준히 보강훈련을 했고 한 달이 지난 후 본격적인 재활훈련에 돌입했다. 그런데, 이놈의 피로골절이 2배의 고통으로 다시 찾아오는 것이 아닌가. 어떤 선배들은 그냥 참고 지내면 어느 순간에 괜찮아진다고 말해주기도 했다. 그리고 솔직히 내 나름대로 인내심이 굉장히 많다고 생각해왔고 주위에서도 다들 그렇게 말했었는데 도저히 참고 훈련받을 그러한 상태가 아니었다. 그렇게 또 한 달여 시간을 그냥 보냈다. 다행히 그 이후로 피로골절은 호전되었고, 시간을 많이 낭비하긴 했지만 더 늦지 않게 팀 훈련에 참여할 수 있어서 다행이었다. 그리고 다시 찾아온 동계훈련…. 뭔가가 두려운 느낌이 들었다.

"다시 피로골절이 오면 어쩌지? 그러면 난 또 어떻게 해야 하지?"라는 생각이 내 머릿속을 가득 채우고 있었다. 그리고 이 불길한 예감은 불행하게도 적중하고 말았다. 이번엔 동계훈련 시작부터 부상이 날 다시 찾아온 것이다. 정말 앞이 캄캄했다. 여기서 또 운동을 못 하게 되면 분명 나는 계속 동료들에게 뒤처지기만 할 것이었다. 주전 경쟁에서도 밀릴 게 뻔했고 그렇게 되면 3학년이라는 중요한 시간을 여러 대회에서 벤치만 지키고 있을 것이 분명했다. 그래서 부상을 숨겼다. 그리고 뼈가 부스러질 듯한 고통을 참으며 산을 오르고 계단을 뛰고 운동장을 뛰었다. 체력훈련 기간 동안 감독, 코치님께 왜 이렇게 훈련을 따라오지 못하냐며 많은 꾸중을 들었다. 아무 말도 할 수가 없었다. 그렇게 체력훈련은 끝이 났다. 그리고 바로 제주도로 전지훈련을 가게 되었지만 내 다리로는 더 이상 훈련도 게임도 모든 것이 불가능한 상태였다. 하지만 그 당시 내 머릿속에는 여기서 쉬게 되면 끝이라는 생각밖에 없었다. 결국 또 한 번 부상을 숨기고 다른 팀들과 매일같이 연습경기를 하였다. 그렇지만 내 경기력은 당연히 최악일 수밖에 없었고 그럴수록 경기장에 들어가는 시간이 점점 줄어들기 시작했다. 그러다가 엎친 데 덮친 격으로 안동고등학교와의 연습경기에서 허리와 다리 쪽에 심한 고통을 느꼈다. 경기가 끝난 후 혼자 힘으론 도저히 경기장을 걸어 나올 수 없는 상태까지 이르렀다. 그렇게 감독님은 남은 연습경기에서 나를 제외시키셨고 병원에서 진단을 받은 결과 허리 디스크라는 판정을 받게 되었다. 정말 어떻게 해야 할지 막막하기만 했다. 꿈을 포기하고 싶지 않았기에 밤낮으로 고민하고 또 고민했지만 시작이 늦었던 나에겐 이번의 부상은 치명적이었다. 결국 나의 몸은 더 이상 나의 의지를 허락하지 않았고 감독님과 상의 끝에 전주공고 축구부 유니폼을 반납하기로 결정했다. 정말 마음이 아팠다. 내 꿈을 이렇게 포기한다는 게 믿어지지 않았다. 그때 문득, 내가 전주로 전학 올 때 친구들이 나에게 쓴 편지의 내용이 생각났다. '꿈을 이루기 위해서 모든 걸 버리고 과감한 선택을 한 네가 정말 멋지고 부럽다.'라는 내용이었다. 그때는 그 부럽다는 말이 잘 이해가 되지 않는데 막상 꿈을 포기해야 한다고 생각하니까 꿈을 향해 달려간다는 것이 얼마나 멋진 일인가를 깨닫게 되었다. 하지만 난 꿈을 포기했다고 해서 마음 아파하고 어물거릴 시간이 없었다. 그동안 나를 믿고 지지해 준 가족과 친구들, 그리고 선생님들께 두 번의 실망을 안겨드릴 수가 없었다. 그리고 또 다른 새로운 꿈을 향해 달려가야 했다.

축구 유니폼에서 교복으로 옷을 갈아입다

부모님과 감독님은 학교를 옮기는 문제를 심각하게 논의했다. 감독님은 우리 부자의 의견을 존중해 주시는 입장을 보여주었다. 고향인 남원고등학교로 전학을 가기로 결정하려는데 우리 학교 선배님이시면서 일반 기숙사 사감 선생님이신 신진규 선생님께서 들어오시더니 우리들의 이야기를 듣고 이렇게 말씀하셨다.

"병선이 아버님. 병선이는 축구부 생활을 하던 학생인데 인문계 고등학교로 전학을 보내면 적응하기가 쉽지 않을 텐데요? 제가 관심 가지고 돌봐 줄 테니 우리 학교에서 졸업하면 어떨까요? 제가 기숙사에 한 자리 만들어 보겠습니다."

아버지께서는 내 뜻을 존중해 주시면서 최종 결정을 하라고 하셨다. 순간 나는 다시 한 번 공부를 시작하기로 마음먹었다. 1학년 동안 축구를 하면서도 학업성적은 밑바닥이 아니었기 때문에 다시 한 번 도전해 보기로 하였다. 사감 선생님께 일주일 후 연락이 왔다. 기숙사에 들어와도 좋다고 하였다. 80여 명이 살고 있는 청솔관이라는 기숙사는 여러 부류의 학생들이 있었다. 공부를 열심히 하는 학생들, 음악을 특기로 하는 학생들, 기능을 특기로 하는 학생들, 그리고 장거리에 거주하는 학생들 등 다양한 학생들이 열심히 생활하고 있었다. 사감 선생님께서는 나에게 무한 신뢰를 주셨고, 기숙사의 학생 대표로 인정해 주시기도 하였다.

기숙사 생활은 무난했지만 어디서부터 어떻게 시작해야 할지 막막하였다. 그러던 중 사감 선생님의 아들이자 우리 학교에서 공부를 제일 잘하는 신경택이라는 선배한테 자문을 구했다. 선배도 주로 자기

주도적인 학습 방법으로 서울대학교를 목표로 준비한다면서 교육방송 활용법과 인터넷 강의에 대한 조언을 아끼지 않았다. 자투리 시간을 잘 활용하라는 선배의 말을 깊게 새기면서 첫 장을 열었다. 사감 선생님의 배려로 주말에 몇몇 학생들이 기숙사에서 남아서 공부했다. 나도 같이할 수 있도록 도와주셨다. 제일 먼저 준비한 것이 학과 공부였다. 대학에 가기 위해서는 내신이 첫 번째 관문이었기 때문에 정말 열심히 공부했다.

ALL 100 AND THE MOST VALUABLE PLAYER(MVP)

시험이 다가올 때는 밤도 새워가며 공부했고 그 결과, 축구부를 그만두고 첫 시험에서 놀라운 성적으로 과 2등을 차지했다. 그리고 계속 노력한 끝에 최근 3번의 시험에서 과 1등을 놓치지 않았고 내 인생에서 처음으로 올백이라는 성적표도 받아 보았다. 거기에다가 수능 준비도 열심히 하고 있다. 성적이 잘 오르지 않아 걱정은 많이 되지만 휴일도 반납하고 기숙사에 남아서 밥을 해주시고 우리를 관리해 주시는 사감 선생님 덕분에 수능 준비에 많은 도움이 되고 있다. 일요일에도 기숙사에 남아서 공부하는 친구들도 많은 도움을 주고 있다.

기숙사 친구들은 나에게 올백이란 별명을 지어주었다. 정말 듣고 싶었던 올백이란 별명을 얻으면서도 가끔은 축구부 학생들의 연습 과정과 경기를 몰래 보곤 했었다. 자신의 꿈을 이루기 위해 열심인 친구들이 부럽기도 했지만 나의 운명이라고 생각하고 더욱 공부에 전념하자고 다시 마음의 끈을 힘껏 당겼다. 사감 선생님은 이런 나의 모습을 보면서 기숙사 학생들을 주축으로 동아리반을 만들어 주셨다. 족구 동아리와 축구부 동아리를 만들어서 학생들에게 심신을 단련하고 마음을 다스리는 방법을 터득하게 해 주셨다. 주말리그에 참여하여 전라북도 청소년 족구대회에서 우승을 하였다.

  전국 동아리 축구대회에서도 작년과 금년에 우승을 하였다. 금년 대회에서는 금메달을 목에 걸었고 최우수 선수상을 동시에 수상하는 영광을 안았다. 비록 축구선수로는 꿈을 접었지만 순수 동아리 대회에서 작은 꿈을 이루고 나니 이제는 80여 일 남은 대입 수학능력에서도 다시 한 번 최고의 자리에 설 수 있도록 오늘도 나는 보고 싶은 부모님을 뒤로하고 기숙사에서 공부하고 있다.

  나는 할 수 있다!

  사람들은 이런 나에게, "그럼 그렇지, 네가 무슨 축구선수냐. 그냥 공부하랄 때 공부하지 괜히 시간만 버리고 인생만 망쳤다."라며 비아냥거릴 수 있다. 그렇다. 이제 난 축구선수가 될 수 없다. 가슴에 태극마크를 달 수도 없고 축구선수라면 누구나 꿈꾸는 월드컵 무대는 물론, 많은 관중들 응원 속에 유니폼을 입고 열심히 땀 흘리며 푸른 그라운드를 누빌 수도 없다. 하지만 그렇다고 해서 내가 축구를 했던 것에 대한 후회는 전혀 없다. 비록 그것이 지금 나의 또 다른 진로를 결정하는 데 있어 큰 위기로 다가왔지만, 전북 현대모터스 유니폼을 입고, 전주공고 유니폼을 입고 많은 땀을 흘리며 투지 있게 경기했던 내 자신의 모습은 가슴 속 깊은 곳에 내 인생에서 가장 화려하고 행복했던 추억으로 남을 것이다. 그리고 내 인생에 있어서, 앞으로 내가 살아가는 데 있어서 많은 어려움을 스스로 이겨낼 수 있는, 이 세상 그 무엇과도 바꿀 수 없는 가장 훌륭한 경험이자 밑거름이라 생각한다. 이제 앞으로 내 앞에 무슨 일이 닥쳐와도 절대로 두 번 다시 포기란 없을 것이다. 가족들을 위해서, 여러 선생님들을 위해서, 많은 친구들을 위해서, 그리고 무엇보다도 나 자신을 위해서. 난 할 수 있다!

- 동국대학교 사범대학 체육교육과에 입학한 학생의 글을 옮겨 적다.

우리 학생들에게 올린 글

사랑하는 나의 제자 후배들이여, 나는 전자계산기과의 어떤 학생이 올린 글을 읽는 순간 하던 일을 멈출 수밖에 없었습니다. 왜? 전주공고 학생들이 언제부터 이렇게 꿈을 접고 살고 있는지 너무 안타까워서 마음이 찢어지도록 시려오네요. 나도 여러분처럼 전주공고를 졸업한 한 사람으로 옛날의 화려했던 전주공고의 명성이 그립습니다. 나도 고교 시절을 회상해 보면 여러분들처럼 똑같은 공학도로서 꿈도 많았고 진로를 놓고 고민도 많이 했던 기억이 납니다.

인문계 학생들과 비교하면 개인적인 시간이 많이 남는 게 우리 실업학교의 특징인데 그 시간을 어떻게 활용하느냐가 본인 인생을 좌우할 수 있다고 감히 말하고 싶습니다. 나도 고3 때 방과 후 시간을 이용하여 공무원 시험을 준비해서 3학년 2학기째 이미 정식 공무원으로 발령을 받아 학생 신분으로 공무원 생활을 했습니다. 대학생들과의 경쟁에서 내가 이길 수 있었던 원동력이 어디에 있었겠습니까?

결국 대학에 가야 한다는 생각으로 짧게 공무원 생활을 마감했지만 지금도 그때 불같이 공부했던 시절이 그립습니다. 그 시절, 야간에 공부할 수 있게 해달라고 학교에다 건의했습니다. 국가적 차원에서 에너지 절약이라는 이유로 밤에 불을 켤 수 없었던 시절에도 학교 측의 도움으로 우리는 늦은 시간까지 향학열에 불타오르곤 했었습니다. 지금 그 친구들 청와대 국장으로, 감사실 계장으로, 교수로, 건축사로 모두 사회의 중추적인 역할을 하고 있습니다.

사랑하는 후배 제자 여러분, 남의 탓을 하지 말고 내 탓을 합시다. 여러분의 방과 후 활동을 생각해보세요. 지금까지 여러분이 살아온 날보다 앞으로 여러분이 살아야 할 날들이 훨씬 더 많습니다. 고교 시절 3년간 향학에 불을 태워 앞으로 남은 오십 평생을 편하게 지내겠습니까? 아니면 3년 열심히 놀고 50년 고생하고 살겠습니까? 모두 여러분들의 몫이라고 생각합니다. 방금 졸업생이 나를 찾아와서 긴 이야기를 나누었습니다. 97년 본교를 졸업하고 올해 4월에 군 복무를 마치고 다시 공부하여 올해 한양대학교와 전북대학교에 특차로 합격하여 장학금을 지원받기 위해 찾아온 그 학생에게 저는 약속을 하였습니다. 어떻게 해서라도 도와줄 것이라고.

86년의 긴 역사 속에서 전주공고가 배출한 훌륭한 선배들이 얼마나 많은지 여러분은 상상 못 할 것입니다. 전주공고 재학생 여러분. 여러분의 인생은 여러분 스스로가 책임져야 합니다. 그 누구도 여러분 인생을 책임져 줄 사람이 없습니다. 부모? 형제? 선생님? 학교? 친구? 아닙니다. 모두 여러분이 떠안아야 하는 몫이라고 생각합니다.

힘내시고 힘냅시다. 여러분 곁에는 든든한 모교가 있고 3만여 여러분의 선배가 있습니다. 여러분의 앞날에 영광이 있길 많은 분이 기대하고 있으며 손을 내밀고 있습니다. 그분들에게 여러분들이 다가갈 수 있도록 노력하세요. 많은 시간 중에 지금보다 조금만 더 투자하십시오. 앞으로 살아갈 날들을 위해.

함께해야 할 전주공고 동문회 홈페이지 주소를 알려드리겠습니다. http://myjths.com 많이 가입하셔서 동문과 함께하시길 바랍니다.

저의 홈에 와서 상담할 학생은 www.jksin.wo.to로 연락하기를 바랍니다.

- 여러분의 선배. 전주공고 80년 건축과 졸. 현 건축과 교사, 전주공고 총동창회 총무이사 교사 신진규 올림(2001.12.8.일).

姉쌤 신진규
- 제10회 장애인과 함께하는 문예 글짓기 대회 일반부 대상

주제: 장애인과 함께하는 학교생활 이야기

교단에 선 지 25년 만에 처음으로 장애 학생의 담임을 맡았다. 작년에 우리 학교에 새로 부임하여 3학년 담임을 맡았는데 첫날 맨 앞의 자리에 나란히 두 명의 학생이 자리에 없었다. 출석을 부르는데 한 아이가 "혜란이하고 형성이는 특수반에 있을 거예요."라고 말하였다. 나는 특수반이 무엇을 의미하는지 잘 알 수 없어서 학급 학생들에게 물어보았더니 장애가 있는 아이들은 수업을 따로 받는다고 하였다.

입학식이 끝나고 담임 발표를 한 다음 다시 교실로 들어왔을 때는 모두 자리에 앉아 있었다. 한눈에 보아도 정상 학생들과는 다르다는 것을 알 수 있었다. 혜란이라는 여학생은 나랑 눈도 마주치고 선생님이 어떤 분인가 궁금했었다며 제법 또박또박 말할 줄 아는 학생이었고, 형성이란 남학생은 나하고 눈도 마주치지 못하는 중증 장애가 있는 학생이었다.

다음날부터 혜란이는 날마다 나보다 일찍 등교하여 교실 입구에

서 있다가 인사를 하고는 특수학급으로 가는 것이 일상이었다. 화이트데이에 재래시장에서 무게로 파는 사탕을 사서 특수학급을 찾은 것 또한 처음으로 장애 학생들이 모여 있는 교실을 방문한 계기가 되었다. 20여 명의 학생들에게 사탕을 한 주먹씩 나누어 주었는데 다음 날부터 색다른 모습이 연출되기 시작하였다. 아이들이 모두 내 이름을 기억하면서 복도 저만치에서부터 달려와 "신진규 선생님"을 연호하며 나에게 친근감을 표시하곤 하였다. 혜란이는 다른 아이들보다 한 살이 더 많은 아이였는데, 일주일에 한 번 정도 내 자리로 불러서 이런저런 이야기를 건네며 취업을 할 수 있는 정도를 테스트해 보았다. 지금도 마음이 아프다. 아직도 장애가 있는 아이들이 사회에서 일반인들과 같이 일을 할 기회가 많지 않았기 때문에 단 한 명도 취업을 시킬 수 없었다.

1년이 지난 지금 나는 취업 부장을 맡아서 선 취업 후 진학이라는 교육부의 정책에 맞추어 취업시키는 데 모든 열정을 쏟고 있다. 올해 우리 학교 특수학급 3학년 아이들은 5명이 있다. 3월 중순께 나는 교장 선생님과 특수학급 담임 선생님을 모시고 한 가지 제안을 하였다. "장애가 있는 아이들이 취업하기 위해서는 기술을 습득해야 하는데, 제가 수업 없는 시간에 그 아이들에게 자격증을 취득할 수 있는 수업을 별도로 해보겠습니다." 교장 선생님은 약간의 보상도 해주신다고 하면서 흔쾌히 수락해 주셨다.

건축도장기능사를 도전해 보기로 하였다. 일주일에 두 번, 목요일과 금요일 오후 점심을 먹은 다음에 5교시부터 7교시까지는 나의 노트에「특별한 아이들과의 만남」이라고 적혀 있었고, 아이들은 어김없이 나의 실습실로 모였다. 건축과 김동현, 기계과 김륜환, 이인규, 전자과 하진철, 통신과 김인의 첫 번째 수업은 수의 개념과 눈금자의 길이 개념을 정리하는 것이었다. 건축 도면을 보려면 축척을 사용하는 삼각스케일이라는 전문 제도 용구가 있는데, 먼저 30센티미터 자의 눈금 길이를 실제 도면의 치수만큼 말하는 것이었고, 손가락으로 해당 길이를 짚어보는 수업을 반복한 후 아이들에게 도장기능사에 쓰일 공구를 각각 챙겨주었다. 공구 박스 표면에는 아이들의 전화번호며 이름을 큼지막하게 써 주었다.

  수업이 없는 시간은 취업 부장으로서 취업에 대한 업무를 봐야 했다. 그 시간에 특별한 아이들과의 수업은 몸과 마음도 지친 상태였지만 나는 오래전부터 장애인 단체에서 사무국장 일을 해왔기 때문에 이런 수업을 하고 싶었는지도 모르겠다. 힘에 부치기보다는 아이들을 만난다는 것 자체가 즐겁고 하나씩 기능을 익히고 도면을 볼 줄 아는 수준이 되면서 아이들의 집중력은 생각보다 진지하고 정확했다. 다만 일반 학생들보다는 많은 시간이 소요되었지만 서두르지 않고 기능사 시험 일정에 맞추어 강도 있는 수업을 진행하였다. 많이 힘들어하면서 첫 이탈자가 생겼다. 한 학생은 휘발성 냄새를 맡으면 알레르기가 반응이 일어나 많은 스트레스를 받는 모습이 발견되어 도서관에서 책을 대여하는 일을 배우게 하였다. 익산 공공도서관에서 마침 일자리가 있어 취한 조치였다.

공립학교 조직은 순환 전보가 있으므로 언제 담당 선생님이 다른 학교로 이동할 줄 모르기 때문에 특수학급 담임 선생님도 자격증 시험을 같이 공부하라고 부탁하여 아이들과 학급 담임 선생님도 같이 수업에 참여토록 한 것은 한 달 후였다.

자격증 준비를 위한 수업 3개월이 지나니 건축과 학생은 다른 학생들보다 기능 습득이 빠르고 도면 이해력도 자격 취득 수준에 도달했다고 판단되어 6월 중순 무렵이 자격증 취득 시험을 보게 하였고, 아주 침착하게 잘해서 합격의 영광을 안게 되었다. 처음 도면을 이해하고 첫 기능테스트를 받은 직후 아이들과 담임 선생님의 밝은 모습을 사진으로 남겼다. 건축과 동현이는 자격증 취득 시험을 본 직후 자기 작품을 배경으로 사진을 찍었다.

이제 남은 3명의 학생도 며칠 전에 기능사 실기시험에 응시하였다. 특수학급의 담임 선생님도 같이 공부하였고, 응시하여 모두 합격을 예고하면서 발표일을 기다리고 있는 상태다.

나라에서 추진하고 있는 선 취업 후 진학 정책은 특성화고등학교의 일반 아이들만 해당하는 것이 아니다. 장애가 있는 우리 학생들에게도 얼마든지 자기 능력을 발휘할 만한 것들을 발췌해서 그들에게 그 기능과 끼를 발휘할 기회를 준다면 그들에게도 할 수 있다는 자신감과 더 비약할 수 있는 날개를 달아 줄 수 있다고 생각한다.

지방의 대학에서 선 취업 후 진학에 대한 정부 정책을 시행하고자 방문한 교수에게 우리 학교 특수학급 아이들이 실습하는 장면을 보여주면서 아이들의 장단점을 상세히 설명해 주었다. 이제 이 아이들이 자격증 취득을 하면 취업과 진학을 동시에 보장하겠다는 약속을 받은 상태다.

류환이라는 아이는 지적 장애 3급인데 지난달 이미 용접기능사 자격증도 취득하였고 다음 이달 말이면 건축도장기능사도 취득할 것이 확실시되는 학생이다. 장애를 가졌다는 편견을 버린다면 우리는 그들에게서 새로운 희망을 찾을 수 있고, 그들은 우리 사회의 일원으로 살아갈 수 있다. 자기 능력으로 근로하고, 그 근로의 대가로 부족한 부분을 채우기 위한 상급 학교의 진학에 투자하면서 능력을 개발한다면 얼마나 아름다운 이야기가 탄생할 것인가? 생각하게 된다.

요즘 아름다운 아이들은 학교 교정에서 꼭 같이 다닌다. 그들의 뒷모습과 당당하게 펴진 어깨를 보면 3월 처음 본 모습과 너무 다르다는 것을 느낀다. 그리고 그들처럼 하겠다는 2학년 후배인 상제하고 다영이는 벌써 선배들이 수업하는 곳까지 따라와 성화를 댄다.

"신진규 선생님~, 내년에도 우리 학교에 계속 계실 거죠? 내년에 우리도 자격증 딸 수 있게 해주실 거죠?"

2학기가 시작되면서 2학년 두 아이의 수업을 다시 시작했다. 걱정은 된다. 3학년 아이들은 그래도 장애 정도가 학습하는 데 큰 장애는 아니었는데 2학년 아이들의 장애 정도는 중중이기 때문에 또 다른 학습 방법으로 접근해야 하고, 더 많은 시간을 투자해야 하므로 한 학기를 먼저 시작한 것이다.

나는 대한민국 교사다. 25년 동안 많은 제자를 배출했지만 이리공고에서 만난 아름다운 아이들과의 만남은 내가 지금까지 행정적으로 도왔던 장애인 단체의 일과 그들을 직접 가르치면서 얻은 소중한 땀방울들이다. 열매를 맺어 꼭 취업도 하고 진학도 시킬 꿈으로 지난 25년보다 훨씬 값진 한 해를 보내면서 다영이 하고 상제에게 내년, 내후년에도 절대 이리공고를 떠나지 않겠다고 약속했다. 올해 말 때쯤에는 1학년들도 나의 수업에 동참시키겠다는 약속을 한다. 아름다운 학생들을 가르치는 선생님은 아름다운 선생님이다. 그래서 나는 아름다운 쌤 신진규란 별명을 가지고 있다.

- 姉쌤 신진규.

작은 기적을 만들기 위해서
- 제12회 장애인과 함께하는 문예 글짓기 대회_ 일반부 대상

주제: 장애인과 함께하는 학교생활 이야기

우리 학교 특수학급에는 20여 명의 지적 장애가 있는 학생들이 있다. 쌍둥이도 있고, 형과 동생이 같은 특수학급으로 편성된 아이들도 있다. 44개 학급 중 일반 학생들은 42개 학급이고 특수학급은 2개 학급이다. 언제부터인가 쉬는 시간이나, 수업이 없는 시간이면 나도 모르게 특수학급으로 향한다. 지금 생각해보면 나름 학급에서의 규율이 있을 텐데 나는 내 시간 위주로 방문하다 보니 수업 중에도 방문하는 무례를 범하기도 했다. 우리 학교에서 취업 부장을 맡고 있어서 특수학급 학생들의 취업을 위해 학생들의 정보를 수집하는 것이 내가 그곳을 자주 찾는 이유이다. 그러다 보니 그동안 거둔 성과도 있었다. 취업을 시키기 위해서는 그들도 뭔가 자격을 갖추어야 하므로 국가기술자격증도 내 손으로 7명을 합격시켰고, 목공을 지도한 아이가 기능경진대회에서 금메달을 따내기도 하였다. 3명의 학생은 취업에 성공하여 지금은 어엿한 사회의 일원으로 당당하게 살고 있는 아이

들도 있다.

  그들 중 한 학생에 대해 이야기하고자 한다. 고등학생이라고 할 수 없을 정도의 왜소한 체격인 36kg에 140cm의 신장을 가지고 있는 지적 장애 3급인 OO에 관한 이야기다. 정보통신응용과 1학년인 OO을 처음 만난 것은 작년 5월경이었다. 또래 아이들보다 체격은 작았지만 당차고 자존심이 아주 강한 아이라고 특수학급 담임 선생님이 귀띔해주었다. 아이가 취득할 수 있는 자격증 중 일단 필기 과목을 면제시켜주는 자격 종목을 선택하였다. 내가 소속된 건축과에서 가르치는 교과목 중에서 건축도장기능사라는 종목을 선택하였다. 건축도장은 주어진 패널에 도면을 보고 공정에 맞게 칠을 하는 것이다. 그런데 패널 크기가 가로 80cm, 세로 120cm이기 때문에 아이의 신장과 비슷한 크기여서 패널을 이기지 못한다는 표현이 맞을 정도로 쉽지 않은 도전이었다. 그러나 장애를 가지고 있어도 국가에서 인정해 주는 자격증 하나 정도는 있어야 취업에 성공하는 길이라 생각하고 시작하게 되었다.

  20여 일간 내가 수업이 없는 시간을 할애하여 이론 수업을 준비시켰다. 아이보다 한 학년 위인 학생 한 명은 도중에 포기하였기 때문에 이 아이 혼자 실기 지도를 받게 되었다. 어느 날 실습장으로 이동하려고 하는데 비가 오기 시작하였다. 각종 공구를 담은 박스를 들기도 벅찬데 우산을 받기에는 더욱 무리가 따랐다. 급한 경사 계단을 내려가야 하므로 위험하기도 하여 아이에게 "선생님이 공구함을 들고 우리

00 업어 줄 테니까 00은 우산을 들어라." 했더니 싫다고 하였다. 옆에 있던 담임 선생님이 다시 귀띔해주었다. "00 자존심이 너무 강해서 아마 업지 않을 것입니다." 겨우 달래서 00을 등에 업었다. 아이가 그렇게 가벼운 줄 몰랐다.

"00야. 너 몸무게가 얼마나 되니?"

"네 제36kg입니다."

"키는?"

"140cm입니다."

고등학생이라고는 믿기 어려운 상황이었다. 일반 사람들에게는 너무 평범한 작업 과정이었지만 00에게는 패널 크기에 압도당할 수밖에 없는 신체 구조여서 어렵게 실기 연습을 이어갔다. 두 달여의 강훈을 이겨내고 마침내 시험일이 다가왔다. 지금 생각해보면, 시험 장소가 우리 학교였기 때문에 아이를 위한 별도의 작업대를 준비했었어야 했다고 반성했다. 낑낑대며 그 무거운 과제물을 옮기며 작업대를 올렸다 내렸다 하는 모습이 안타까웠지만 아니는 8시간 30분간의 긴 시간 동안 작품을 완성하여 제출하였다.

평가 기준에 여러 가지의 요소가 있었지만, 치수 오차가 10mm를 넘어가면 채점에서 제외한다는 조항이 있었다. 아이의 작은 신체 조건 중 팔의 길이가 짧았기 때문에 작업하는 데 많은 어려움이 있었다. 연습할 때는 그래도 극복하였는데, 시험이라 긴장을 많이 하였던 것 같았다. 완성된 작품을 보니 눈에 띄게 오차가 보였다. 감독관이 눈금자를 대면서 작품 하나하나를 검사하는 모습을 멀리서 쳐다보았다. 감독관이 아이의 작품에 연필로 뭔가 크게 동그라미를 그리면서 숫자를 기록하고 있었다. 마지막 작품을 보관 장소로 이동시키면서 아이의 작품에 표시된 숫자를 힐끔 쳐다보다가 심장이 멎는 듯하였다. 9.5mm라고 적혀 있었다. 채점 제외 대상은 아니라는 뜻이었다.

그 후 합격자 발표까지는 한 달여 시간이 남았다. 아이는 의외로 담담한 모습을 보여주었다. 합격자 발표가 있던 날 아침. 1교시 수업을 들어가기 위해 교실로 향할 때 한 통의 전화가 왔다. 아주 가녀린 목소리로 "선생님 고맙습니다. 저 자격증 시험에 합격했습니다." 아이와 연습하면서 아버지라고 한번 불러 보라며 장난을 치곤 했는데 한 번도 아버지라고 부르지 않던 녀석이 전화로 이렇게 말해주었다. "아버지 쌤, 고맙습니다. 제가 사탕 사 드릴게요."

고등학생이었지만 목소리나 하는 행동은 아직도 때 묻지 않은 모습이었다. 자격증 지도를 하면서 수업이 없는 시간에 모든 일정을 뒤로하고 아이를 지도하는 데 매진한 결과가 너무 값진 선물로 다가왔다. 아이는 지금 고등학교 2학년이다. 이제 얼마 후면 3학년이 되고 다른 선배들처럼 취업해야 한다. 내가 취업 부장이기 때문에 회사를 방문할 때마다 아이가 취업을 할 만한 회사인가 눈여겨보는 중이다.

얼마 전 특수학급 학생 한 명을 우리 지역의 중소기업에 취업시켰다. 내가 직접 그 아이를 데리고 회사를 찾아가 부탁도 하고, 사정도 하고, 거의 떼를 쓰는 수준으로 아이의 취업을 도왔다. 일주일간의 수습 기간을 거쳐 최종 합격 여부를 결정하자는 회사 측과 협약하였다. 어제 오후 회사를 방문하여 그 아이가 일하는 모습을 멀리서 지켜보았다. 팀워크가 중시되는 일터였지만 크게 문제가 되는 것 같지는 않아 보였다. 사장님께서는 일주일을 지켜보면서 생산 현장의 관계자들이 아직 확답을 주지 않았다며 일주일을 더 지켜보자고 하였다.

그 아이는 체력적인 면에서 ○○보다 월등했기 때문에 자격증 취득할 때도 그랬고, 일터에서 일하는 모습도 잘 적응하고 있었기 때문에 꼭 취업에 성공하리라 확신하고 돌아왔다.

"사장님. 내년에도 우리 학교 학생 한 명 제가 강력하게 추천합니다. 꼭 취업시켜 주셔야 합니다." 반강제로 떼를 썼다.

"아직 한 번도 장애가 있는 직원을 두지 않았는데 저희도 지금 모험하는 중입니다. 저도 잘되기를 바라고, 내년에도 꼭 좋은 인연이 되도록 협조하겠습니다." 이렇게 긍정적인 대답을 듣고 돌아왔다.

엊그제 복도에서 아이에게 물어보았다.

"○○야 지금은 몇kg이야?" "네, 38kg입니다." "어~~ 2kg 늘었네? 40kg이 되어야 취업할 수 있으니까 많이 먹고 운동도 열심히 해라." 아이의 발걸음이 가벼워짐을 느꼈다. 내년이면 우리 학교에 기적의 벨이 울릴 것을 나는 믿는다. 38kg, 140cm의 아이가 취업에 성공하여 작은 기적을 만들어 줄 것을 나는 확신하면서 또 제2의 ○○를 만들기 위해 오늘 점심시간에도 특수학급을 찾을 것이다. 작은 기적을 만들기 위해서.

초아의 봉사 대상

- 국제로터리 3,670지구 제53년 차 지구대회에서

심장이 잠시 멎는 듯, 내가 이런 상을 받을 자격이 있나? 초아의 봉사 대상이란 의미와 나와 맞는 상일까? 36년간의 교직 생활 중 많은 상과 포상을 받아봤지만 이렇게 떨림을 느낀 적은 처음인 것 같다. 정년을 4개월 남겨두고 너무 값지고 큰 상을 받게 되어 기쁜 마음을 가눌 수 없지만 이 상을 나에게 주는 의미를 나는 잘 알고 있다. 몸은 학교를 떠날지언정 교단을 지키고 학생들과 함께하는 참 스승 상을 보여 달라는 사회의 요청인 것을 너무 잘 알고 있다.

건강이 허락하지 않아 최근에는 할 수 없었지만, 그간 아주 작고 소중한 이웃 간의 소통과 봉사활동 등을 다시 한번 되새기며 다 내려놓고 더 낮은 자세로 모든 것에 임하리라는 다짐을 해본다.

오늘 너무 행복한 월요일을 맞이했다.

아름다운 교육賞 개인 부문 개조식 클리어 파일

- 제9회 아름다운 교육상 선생님 대상

1. 서림 저널 표지 모델

- 일 시: 1993년 -시각장애인들의 숨은 봉사자 커버스토리

- 표지 모델 외 기사 전면 2면

- 관련: 제3회 전라북도 사회 복지 대상

봉사 부문 수상

- 자랑스러운 전북 청년 대상 수상

- 내용: 시각장애인 복지 사업 및 효행

2. 자장면 봉사

- 일 시: 매월 ㄹ월

- 자장면 봉사

- 지방 언론 3호 소개

- 관련: 제자 및 가족 봉사

- 내용: 익산의 동그라미 재활원

화산면의 작은 샘골 마을 공동체에서 격월로 자장면 봉사

- 화교 2세 짜장면집 사장과 직접 자장면 기계를 옮겨서 200여 명의 장애우 와 봉사자들의 자장면을 제공하였고, 목욕 봉사도 병행 실사

3. 장애인과 함께한 내용들

"내 몸 하나도 챙기기 힘든 세상에 하나도 아니고 넷이나 되는 형들을 모시는 걸 보면 순기 저 친구 참 대단한 사람이야." 40년 지기 친구인 진규 씨는 순기 씨에 대해 한마디로 '존경하는 친구'라고 말했다.

부안군 하서면의 작은 시골 마을이 고향인 백순기 씨와 신진규 씨는 어렸을 적부터 통하는 것이 많았다. 뇌성마비와 지체 장애를 안고 태어난 형과 함께 동네 곳곳을 돌아다니며 놀아 주던 순기 씨에게 진규 씨는 가족 같은 친구였다. 진규 씨 역시 앞을 보지 못하는 자신의 아버지를 친아버지처럼 따르는 순기 씨가 친형제처럼 느껴졌다. 하지만 진규 씨는 순기 씨의 가족 사랑에 비하면 자신은 "아무것도 아니다."라고 말했다. 그도 그럴 것이 고등학교 1학년 때 아버지가 돌아가신 뒤 11년 전 백혈병으로 셋째 형을 잃고 5년 전 어머니마저 세상을 떠났다.

'고진감래'라 했건만, 무심한 하늘은 큰형에게 '중풍'을 둘째 형에게는 '당뇨'라는 병을 내렸다. 이 때문에 지체 장애를 앓고 있는 넷째 형 선기(49) 씨는 순기 씨의 몫이 됐다. 형님들 병시중하랴 넷째 형 보살피랴, 박봉의 공무원 월급은 하루도 남아날 일이 없었다. 하지만 부인 김현수(45) 씨는 불평은커녕 시아주버니에게 관련한 남편보다 더 지

극정성인 것으로 유명하다.

남편과 함께 매주 복지시설에서 지내는 시아주버니를 찾다 지난 2000년부터 온 가족이 함께 나서 목욕 봉사를 시작하게 된 것. 게다가 몇 달 뒤 진규 씨네 가족도 동참해 주말마다 익산의 동그라미 재활원을 찾아가 함께 봉사의 손길을 나눴다. 이들의 봉사활동은 선기 씨가 '작은 샘골 사랑의 집'으로 자리를 옮긴 후에도 계속됐다. 아이들 역시 부모들의 마음을 아는 탓일까? 주일마다 봉사활동을 가는 날이면 여행이라도 떠나듯 즐거워했다.

순기 씨의 아들 두산(16)이는 "할아버지 할머니들과 얘기를 나누면서 즐거워하시는 걸 보면 저희도 기분이 좋아요. 다른 친구들과도 함께했으면 좋겠어요."라고, 말했다. 또 지난 2003년부터 중화요리점 '어선방'의 란인수 사장과 연이 닿으면서 이들은 자장면 봉사를 시작하게 됐다. 순기 씨는 "어려운 이웃을 돕겠다는 마음만 있으면 누구나 봉사활동을 할 수 있다."라며 "가족들과 함께 기쁨을 나누고 어려운 이웃들과 정을 나누는 일이야말로 세상에서 가장 보람된 일."이라고 말했다. 마음속에 나눔이 있으면 주위가 따뜻해진다는 이들 가족에게서 진한 사람의 정이 묻어난다.

-전주공업고등학교 교사 신진규.

4. 진학지도 관련 기사
 - 전주공고, 서울대 합격생 배출 화제 외 다수

작성 시간: 2008.2.10. 전라일보 허형호 기자

전문계 고교인 전주공업고등학교가 자체적으로 시행하고 있는 인재 육성 프로그램을 통해 서울대 합격생을 배출해 화제가 되고 있다. 2008학년도 입시에서 전주공고가 배출한 서울대 합격생은 신경택 군(공과대학)과 이성민 군(전자·컴퓨터공학부) 등 2명. 또 정한나 학생이 장학생으로 국민대 건축학부에 최종 합격한 것을 비롯해 68명의 학생이 전북대와 경희대, 충남대, 충북대 등에 합격해 도 내 전문계고 중에서 가장 우수한 성적을 올렸다. 전주공고가 인문계에 비해 취약하기만 했던 입시 성적에서 좋은 성과를 올릴 수 있었던 것은 학생들의 자율성을 강조하는 '인재 육성 프로그램'과 동문의 매월 1인 1계좌 운동을 통한 기금 조성이 뒷받침됐기 때문이다.

인재 육성 프로그램은 지난 2002년부터 올해까지 운영되고 있으며, 인재 육성 프로그램에 참여하는 학생들에게는

· 3년간 기숙사비 지원

· 매월 교재비 지원

· 분기별 인터넷 학습비 지원

· 수도권 학원비 지원

· 3년간 수업료 지원 등 다양한 혜택이 주어진다. 특히 수학능력이 부족한 학생들의 학업능력을 신장하기 위해 교직원과 동문이 인재육성위원회를 구성, 우수 학생들 개개인에게 맞는 맞춤형 교육을 꾸준

히 해 서울대 합격생까지 배출하게 됐다.

  이번에 신경택 군과 이성민 군이 서울대에 합격할 수 있었던 것도 수월성 교육지도와 기업과의 맞춤형 연계 교육을 지속해서 펼쳤기 때문에 가능했다. 이 학교 김수원 교장과 정석현 동문 등의 후원자들은 이들 두 학생의 학비 등을 졸업할 때까지 책임지는 등 학교 인재 육성 프로그램에 힘을 보탠 것도 한몫했다. 이번에 서울대에 합격한 신 군은 지난달 22일 노무현 대통령으로부터 '21세기를 이끌 우수 인재상'을 수상하기도 했다. 그뿐만 아니라 동문 1인에게 1학생을 연계하는 방식의 일대일 지원과 장학금 모금을 위한 이벤트 사업 등을 통한 후원금 모금도 학생들 학력 신장을 높이는 데 크게 이바지했다는 평가다.

  이밖에 수월성 교육을 담당하는 정병노 진학 부장과 신진규 교사의 헌신적인 학생 지도도 이번 쾌거의 큰 역할을 담당했다. 서울대에 합격한 신경택 군의 아버지이기도 한 신진규 교사는 "인재 육성 프로그램과 동문의 지원에 힘입어 오늘의 경사를 이뤄냈다."라며 "공교육 정상화와 우리 학교에 인재들이 지원한다며 그들을 위해 더 많은 지원을 해줄 수 있도록 발로 뛰겠다."고 말했다.

- 하영호 기자. hyh05@

5. 수상 관련 기사

  전북일보 06년 12월 19일 사회면(사람들) 외 다수

전주공고 신진규 교사, 대교문화재단 눈높이 교육상 수상
실업계 고교 활성화 앞장 · 소외계층 봉사활동도 남달라
정진우(epicure@jjan.co.kr) 입력: 06.12.18 21:35

"공업계 학생들은 인문계에 비해 학습 의욕이 떨어지고 경제적으로도 어려운 학생들이 많습니다. 그런 학생들의 용기와 활력을 불어 넣어 주기 위해 최선을 다했을 뿐인데 너무 큰 상을 받게 돼 그저 부끄러울 따름입니다."

최근 제15회 눈높이 교육상(중등 부문)을 받은 전주공고 신진규 교사(44). 지난 2004년 이맘때 자기 장남과 함께 언론에 소개된 그가 2년 만에 다시 언론의 관심을 받고 있다. 대교문화재단이 올바른 교육자상을 정립하기 위해 제정한 이 상의 시상식을 통해 신 교사는 그동안 일선 현장에서 사명감으로 참된 교사상을 실천해 온 점을 인정받았다. 수상자에게 상패와 상금 1,000만 원이 주어지는 눈높이 교육상은 꼼꼼한 실사를 통해 수상 후보를 결정하는 것으로 정평이 나 있다. 이미 지난 2004년 당시 영재로 불렸던 자기 장남을 특목고 대신 전주공고에 입학시켜 세간을 놀라게 했던 신 교사는 이번 수상을 통해 그동안 묵묵히 걸어온 교육자의 신념을 다시 보여줬다.

신 교사가 해온 일의 대부분은 실업계 고교의 활성화를 위한 초석을 다지는 일이었다. 전주공고 3만여 동문의 협조로 마련된 장학금 5억 원을 활용해 실업계 고교의 침체를 막는 데 주력하고 있으며, 전주

비전대 건축과와 연계해 새로운 교육과정 및 교재를 만드는 데 천착했다. 소외계층을 위한 봉사활동에도 최선을 다해왔다. 전북시각장애인도서관 부관장으로 일하면서 시각장애인들을 위한 전자도서 2만여 권을 제작했고, 익산의 동그라미 재활원을 정기적으로 오가며 자장면 봉사활동도 펼치고 있다.

"젊은 시절부터 어려운 이웃을 보살피는 일에 관심이 많았어요. 전북시각장애인도서관 송경태 관장과 고교 동창인데다 젊은 시절 실명하셨던 부친을 보살피면서 느꼈던 개인적인 경험과 무관하지 않을 겁니다."

"앞으로도 실업계 고교 졸업생들이 당당하게 사회에 진출할 수 있도록 밀알이 되겠다."는 신 교사는 "눈높이 교육상을 계기로 실업계 고교를 활성화하는 데 더욱 최선을 다하겠다."고 말했다.

- 진우 기자 2004 전북일보 인터넷뉴스

'2014 올해의 스승상' 시상식

시각장애 송미경 교사 소개하자 시상식장 뜨거운 박수 터져 나와
올해 14명… 역대 157명이 수상
"人材 길러내는 헌신적 선생님들, 한국이 경제 대국으로 성장한 힘"

"이 상賞, 저같이 시력을 잃고 낙담하고 있는 아이들의 다친 마음을 더 잘 어루만져 주라는 의미로 받겠습니다."

송미경 대전맹학교 교사가 남편 여광조 씨의 손을 잡고 더듬더듬 발을 내디뎌 단상에 오르자, 이전의 수상자들이 단상에 나올 때보다 더 큰 박수가 터져 나왔다. 앞자리에서 박수를 보내던 백발白髮의 이화순 대전맹학교 교장은 연신 눈물을 훔쳤다. 1987년 중도 실명 판정을 받고 대전맹학교에 입학한 당시 담임교사였던 이 교장의 손을 붙잡고 걸었던 송 교사의 어렸을 적 모습이 떠올랐기 때문이다. 이 교장은 제6회 올해의 스승상 수상자다. 19일 송 교사가 올해의 스승상을 받으면서 이 교장과 송 교사는 첫 '사제師弟' 수상자가 됐다.

교육부·조선일보사·방일영문화재단이 공동 제정·시상하고 삼성생명이 후원하는 '2014 올해의 스승상' 시상식이 19일 오후 서울 중구 조선일보 미술관에서 열렸다. 열정과 헌신으로 교단을 지킨 교사들을 발굴해 노고를 치하하고 스승을 존경하는 풍토를 만들기 위해 제정된 '올해의 스승상'은 2002년 첫 수상자를 배출한 이래 올해로 12회를 맞았다. 지금까지 157명의 교사가 이 상을 받았다.

이날 수상의 영광은 강형천(경남 합천고), 김미경(전남 나산고), 김석순(충북 충주용산초), 김영숙(강원 계촌중), 김은주(인천 함박초), 박정일(서울 가산중), 서정선(서울 수유초), 송미경(대전맹학교), 송백규(경기 초지중), 신진규(전북 이리공고), 오현철(전북 동암고), 이경희(서울 구암초), 이영미(서울맹학교), 홍성희(충남 서산고) 교사 등 14명이 차지했다. 수상자들에게는 상금 천만 원과 연구 실적 평정점(승진에 필요한 점수) 1.5점이 부여됐다. 평정점 1.5점은 교사가 석사 학위를 취득할 때 받는 점수와 같다.

시상식에는 추운 날씨에도 제자와 학부모, 동료 교사 등 200여 명이 참석해 수상자들을 축하했다. 수상자 14명이 한 명씩 호명돼 단상에 오르자 시상식장 곳곳에서 카메라 플래시가 터지고, '000선생님 최고'라는 함성이 나왔다. 여기저기서 셀카봉도 등장했다. 상을 받은 김은주 인천 함박초 교사는 "아이들과 즐겁게 스포츠 활동을 하면서 지낸 것뿐인데 이런 큰 상을 받게 돼 기쁘다."며 "앞으로 교육 소외계층 아이들을 더 많이 끌어안고 교단을 지키겠다."고 말했다.

황우여 사회부총리 겸 교육부 장관은 "1950년대까지만 해도 가장 가난했던 대한민국이 세계 10위권의 경제 대국으로 성장할 수 있었던 저력에는 무엇보다 선생님들의 헌신적인 교육이 있었다."며 "아이들을 위해 밤낮으로 노력하는 선생님들이 더욱 존경받을 수 있도록 정부도 최선을 다하겠다."고 말했다.

방상훈 조선일보사 사장은 인사말에서 "교단에서 묵묵히 헌신하며 인재를 키워 온 우리 선생님들이 대한민국 공교육의 희망을 지키고 키워나가는 분들."이라며 "앞으로도 조선일보는 미래의 기둥이 될 인재를 길러내는 선생님들과 교육 현장에 대한 관심과 지원을 아끼지 않겠다."고 말했다.

시상식장에는 올해의 스승상 심사위원장인 정원식 전 국무총리, 조연홍 방일영문화재단 이사장, 오효숙 한국초등여교장협의회장, 올해의 스승상 수상자 모임인 '한올회' 회원 등이 참석했다.

賞과 罰(상과 벌)

- 2022년 전주공고 교지에 올린 글.

전주공고 62회 건축과(1980.2) 졸업 선배

    전주공업고등학교 62회 건축과(1980년 2월) 졸업생이자, 진북동에서 마지막 졸업자입니다. 이제 교직 생활이 1년 남았다는 사실에, 세월의 빠름과 변화의 흐름을 실감하며 글을 남깁니다. 제가 전주공고를 졸업하면서 누린 여러 福 중 상복賞福에 대하여 이야기하려 합니다.

    상복의 시작: 초등학교 4학년, 인천 바닷가에서 갑작스레 전주로 유학 와서 5학년에 적응하던 시절, 담임 선생님의 권유로 전주시 경필 대회에 참가했고, 최우수상을 받았습니다. '꽉꽉' 노트를 반듯하게 채우는 연습 덕분에 이룬 성과였습니다. 이후 배구와 육상선수로 활동하며 5~6학년 동안 수십 개의 상장을 받으며 활약했고, 고교 시절엔 전국체전 상비군에도 선발되었습니다.

    군대와 사회 초년의 성과: 훈련소에서는 목공병으로 선발되어 전투화 신발장 8개를 제작, 연대장의 상을 수상하며 또 다른 기쁨을 누렸습니다. 대학 복학 후 공채 1기로 건설회사에 입사했고, 이후 인문계 고교 교사로 전직하며 끊임없이 글쓰기와 공모전에 도전했습니다.

공모전 수상 기록: -환경·통일·자연재해·효# 주제의 공모전에서 수상 -환경부 장관상 -통일부 장관상 -전라북도 도지사 표창 -보건복지부 장관상 등을 수상했고, 총 10여 편 계속 공적 포상, JC대상, 시각장애인 복지 효애상 등도 받았습니다.

교직에서의 공적: 1996년 모교로 부임 후. 족구 동아리, 비보이팀 등 동아리 활동에서 수십 회 수상. 이리공고로 전근 후에도 고교 취업 성공 수기 3회, 통일 문예 2회 입상. 모범 공무원상, 대한민국 창조경영 대상, 올해의 스승상, 특수교육 사례 최우수상 등 30여 개 장관급 포상. 총상금 7천만 원에 이르는 상을 받았습니다. 이는 단순한 자랑이 아니라, 학생들과 함께 노력한 결과이자 진실된 노력의 대가였습니다.

나누고자 하는 노하우: 교직에서 쌓은 이력·자기소개서 작성법·수상 가이드 등은 젊은 교사와 학생들에게 공유할 준비가 되어 있습니다. 지금 목공 체험센터 1층 전시장에서, 작품과 함께 상장을 확인할 수 있습니다.

건강과 마지막 당부: 하지만, 몸 상태는 좋지 않습니다. 세 번의 큰 수술 후 건강을 돌봐야 하는 상황에서, 이제 내려놓아야 한다고 생각합니다. 그럼에도 남은 교직을 죄의 시련이 아닌, 은혜의 마침표로 남기고 싶습니다.

전주공고와의 끈: 총동창회 총무 국장 16년 역임(1996~2011)
재학생 3년+교사 19.5년 = 22년 6개월 전주공고와 함께
큰아들: 전주공고 2008 토목과 → 서울대 졸업 → 서울시청
둘째: 전주공고 2012 토목과 → 수자원공사에서 공채 합격 → 순창군청

후배들에게: "인간은 누구나 탁월한 능력을 가졌다. 문제는 자신이 어떤 능력인지 모르는 것이다." 저는 학생들의 잠재력을 꺼내주기 위해 노력했고, 부족함을 채우기 위해 스스로 배우며 성장했습니다. 준비된 자만이 모든 것을 쟁취할 수 있으며, 건강은 청소년기부터 철저히 관리해야 합니다. 저는 운동선수였지만 관리에 실패해 지금 그 대가를 치르고 있습니다.

소소한 제안: 목공 체험센터에서 도마 리폼을 해드립니다. 칼자국 난 도마를 가져오시면 새것처럼 고쳐드리겠습니다. 진로 상담도 언제든 환영입니다. 전시실에 들러 편하게 이야기 나눠요.

지금까지 33년의 교단생활, 후회 없이 달려왔습니다. 이제는 남은 힘을 후배들과 학교를 위해 마지막까지 쓰고 싶습니다. 모두의 건강과 발전을 진심으로 기원합니다.

이야기 일곱

굽이치는 양쯔강 그리고 황산
- 배낭여행 기행문: 2007년 1월 29일~2월 3일

　출발 일주일 전 우리는 중화산동의 어선방에서 마지막 일정을 점검하고 중국 현지에서의 일정별로 안내 및 소개를 맡을 임무를 정하였다. 화교 2세인 어선방 사장의 조언을 듣고 계획된 일정도 약간 수정하였다.

　중국의 문화, 언어, 기후 그중에서도 음식에 대한 많은 정보를 얻을 수 있었다. 두통약, 멀미약, 감기약, 설사약 등 구급약 이름을 메모지에 중국어로 적고, 음식점에서 주문할 때 몇 마디 대화할 수 있는 내용을 미리 적었다. 떠나는 날 아침 전주 종합경기장에 모두 모였다.

　윤여성, 정병노, 양승기, 김종원, 최영목, 김은영, 김종원 아내, 그리고 신진규 8명은 광주공항으로 향하였다. 금구 나들목에서 토목과 1학년 4반 김동균 학생의 부모님께서 김밥과 만두를 준비해 주셨다. 우리는 정읍 휴게소에서 꿀맛 같은 아침을 먹고 공항에 도착했다. 현지에서 필요한 식품과 구급약 등을 준비하기 위해 공항 주변의 변두리 슈퍼에서 쇼핑하였다. 출발 전 윤여성 선생님께서 건네주는 분과별 주제를 넘겨받았다. 모든 일행은 분과별로 철저한 준비를 했겠지

만, 나는 시작과 마무리를 하라는 명을 받았다. 분과별 주제는 다음과 같았다.

배낭여행의 주제는 '굽이치는 양쯔강 그리고 황산'이라 정하였고, 일정별로 소주제를 설정하였다. 릴레이 기행문은 다음과 같다.

1. 남중국 고사성어와 물길을 따라서(윤여성) 2. 머나먼 여정 황산으로 가는 길(김종원) 3. 황산을 오르며(최영목) 4. 미인의 고향 항주(정병노) 5. 물과 정원의 도시 소주(양승기) 6. 상해 어제와 오늘(김은영) 7. 돌아오는 발길 배낭을 놓으며(신진규)

남중국, 그 고사성어와 물길을 따라서_ 윤여성

중국 고사성어에 침어낙안浸漁落雁 폐월수화閉月羞花라는 말이 있다. 주로 아름다운 여자를 묘사할 때 사용한다. 침어浸魚는 춘추전국시대의 서시西施에 관한 고사다. 서시는 춘추 말기의 월나라의 여인이다. 어느 날 그녀는 호숫가에 있었는데 맑고 투명한 호숫물이 그녀의 아름다운 모습을 비추었다. 그때 수중의 물고기는 서시의 미모에 반해서 수영하는 것을 잊고 천천히 강바닥으로 가라앉았다. 그래서 서시는 침어浸魚라는 칭호를 얻게 되었다. 오吳나라 부차夫差에게 패한 월왕 구천勾踐의 충신 범려范蠡는 보복을 위해 서시에게 예능을 가르쳐서 호색가인 오왕 부차夫差에게 바쳤다. 부차는 서시의 미모에 사로잡혀 정치를 돌보지 않게 되어 마침내 월나라에 패망하였다.

낙안落雁은 한나라의 왕소군王昭君에 관한 고사다 한漢나라 왕소군은 재주와 용모를 갖춘 미인이다. 한나라 원제는 북쪽의 흉노와 화친을 위해 왕소군을 선발하여 선우와 결혼을 하게 하였다. 집을 떠나가는 도중 그녀는 멀리서 날아가고 있는 기러기를 보고 고향 생각이나 금琴을 연주했다. 왕소군의 미모와 금琴 소리에 반한 한 무리의 기러기가 날개 움직이는 것을 잊고 땅으로 떨어져 내렸다. 이에 왕소군은 낙안落雁이라는 칭호를 얻었다. 폐월閉月은 한나라의 초선貂蟬에 관한 고사다 초선은 한나라 대신 왕윤王允의 양녀인데, 용모가 명월 같았을 뿐 아니라 노래와 춤에 능했다. 어느 날 저녁에 화원에서 달을 보고 있을 때 구름 한 조각이 달을 가렸다. 왕윤이 말하기를 "달도 내 딸에게는 비할 수가 없구나. 달이 부끄러워 구름 뒤로 숨었다."라고 하였다. 이때부터 초선은 폐월閉月이라고 불리게 되었다. 수화羞花는 우리가 잘 알고 있는 당나라의 양귀비楊貴妃에 관한 고사다 당대唐代의 미녀 양옥환楊玉環은 당 현종에게 간택돼 입궁한 후로 하루 종일 우울했다. 어느 날 그녀가 화원에 가서 꽃을 감상하며 우울함을 달래는데 무의식중에 함수화含羞花를 건드렸다. 함수화는 바로 잎을 말아 올렸다. 당 현종이 그녀의 '꽃을 부끄럽게 하는 아름다움'에 찬탄하고는 그녀를 '절대가인絶對佳人'이라고 칭했다.

여기까지 우리는 침어낙안浸漁落雁 폐월수화閉月羞花에 대해 자상한 해설을 보았다. 이러한 고사성어는 중국인들의 호방함과 친자연적인 그들의 삶의 발자국에서 나온 것들이겠지만 실제로 중국을 여행하면서 이러한 고사성어가 나온 역사적인 배경을 알고 그 여행지를 둘러

보면 재미도 있으려니와 여행이 단순히 눈과 귀로만 하는 것이 아니라 가슴으로 느끼면서 하는 것이로구나 하는 사실을 깨달을 수가 있다.

지금 우리 전주공고 배낭 여행팀은 남중국의 상해, 항주, 소주, 황산으로 가는 중이다. 이 일대는 한국인들이 사용하는 수많은 고사성어가 산출된 곳이다. 앞에서 언급한 서시西施와 침어浸魚에 관한 고사가 서려 있는 곳도 바로 이곳 항주에 있는 서호를 배경으로 하고 있다. 물론 서호라는 이름 자체도 서시西施에서 유래했으며 침어浸魚가 이루어진 곳도 바로 이 호수다. 이러한 사실을 알고 서호 10경西湖十景을 둘러본다면 남다른 감회가 있을 것이다.

몇 가지 고사성어를 더 살펴보기로 하자. 와신상담臥薪嘗膽은 '땔 나무에 누워 자고 쓰디쓴 곰쓸개를 핥았다'라는 뜻이다. BC 496년 오왕吳王 합려闔閭는 월越나라로 쳐들어갔다가 월왕 구천句踐에게 패하여 전사하였다. 그 아들 부차夫差는 이 원수를 갚고자 본국으로 돌아와 불편한 땔나무 위에 자리를 펴고 자며, 방 앞에 사람을 세워 두고 출입할 때마다 "부차야, 아비의 원수를 잊었느냐!"고 외치게 하였다. 부차의 이와 같은 소식을 들은 월왕 구천이 오나라를 먼저 쳐들어갔으나 패하고 말았다.

싸움에 크게 패한 구천은 오나라에 항복하였다. 포로가 된 구천 내외와 신하 범려范蠡는 갖은 고역과 모욕을 겪은 끝에 무사히 귀국하였다. 그는 돌아오자, 자리 옆에 항상 쓸개를 매달아 놓고 앉거나 눕거나 늘 이 쓸개를 핥아 쓴맛을 되씹으며 자신을 채찍질하였다. 나중에 월왕 구천은 오나라를 쳐서 이기고 오왕 부차로 하여금 자살하게 했다. 이처럼 와신상담은 부차夫差의 '와신臥薪'과 구천句踐의 '상담嘗膽'이 합쳐서 된 말이다.

사실, 춘추 5패와 전국 7웅을 중국사에서 배우고 있지만 춘추 5패 중에서 오나라와 월나라가 양쯔강 이남에 있었고 이 두 나라가 강남의 패권을 놓고 치열한 싸움을 했으며 때로는 양쯔강 이북 5패의 또 다른 세력을 견제할 때는 동고동락을 했다는 사실을 아는 사람은 드물다. 물론 그들이 주로 영역 다툼을 했던 곳은 강과 호수 운하로 이루어진 바로 이 물길이었다.

한편, 오월동주吳越同舟라는 고사성어도 우리는 많이 사용한다. "대저 오나라 사람과 월나라 사람은 서로 미워한다. 그러나 그들이 같은 배를 타고 가다가 바람을 만나게 되면 서로 돕기를 좌우의 손이 함께 협력하듯이 한다. 라고 손자병법에서 논했다. 즉, 서로 원수지간이면서도 어떤 목적을 위해서는 부득이 협력하는 상태를 일컫는 상태를 말한다. 여기에 나오는 배 이야기는 앞에서 나온 서시西施와 침어浸魚에서도 잠시 살펴보았지만, 양쯔강 유역의 수많은 지류와 호수 그리고 운하가 어우러지는 역사적 지리적 배경을 떼어놓고는 추리가 미치지 않는다. 저 유명한 주장周莊 수향촌水鄕村의 경관이 대표적이다. 이탈리아의 베네치아 못지않은 수로로 이루어진 수많은 도시가 양쯔강의 지류를 따라서 남중국에도 있다. 인도 아유타국의 왕녀로 알려진 김수로왕의 부인 허황욱도 양쯔강 물길을 따라오다가 김해까지 왔음이 수로왕릉 비문의 쌍어문 연구로 밝혀졌다. 사실, 신라의 장보고 선단도 이 양쯔강 유역의 물길을 따라서 무역했다. 그 증거로 남중국 명파 앞바다에 수많은 신라 선박이 좌초됐다고 해서 이르면 붙여진 바위 '신라초'가 있다. 자, 그럼 "吃在廣州(흘재광주: 먹기는 광주에서) 穿在上海(천재상해: 입기는 상해에서) 生在杭州(생재항주: 태어나기는 항주에서) 死在柳州(사재유주: 죽기는 유주에서) 住在昆明(주재곤명: 살기는 곤명에서)"이라는 중국인들의 삶의 이상을 읊조려 보면서 굽이치는 양쯔강을 따라 황산으로 가보자.

차와 미인의 고향 항저우[항주杭州]를 돌아보고… _ 정병노

나에겐 남달리 사연이 있는 나라 중국이다. 작년 이맘때 꿈에 그리던 8명(윤여성, 정병노, 최삼규, 김봉서, 구자상, 김은영, 한혜진, 한금이)의 테마식 배낭여행을 출발하기 위해 군산항을 통해 청도(칭다오)에 발을 딛는 순간 평생에 잊지 못할 사건이 발생하였다.

일반여권이 아닌 관용여권을 소지한 내가 입국 심사에서 입국 거절을 당한 것이다. 모두 다시 귀국해야 할 절체절명의 순간이 닥친 것이다. 하지만 이날을 위해 얼마나 기대하고 준비한 것인데 모두 포기하고 돌아서기엔 너무 허망해지고 있을 수 없는 일이었다. 결국 나 혼자 중국 여행을 포기하고 나머지 일행 7명은 청도로 향하기로 했다.

울먹이는 한금이(한나 엄마)의 얼굴을 보면서 애써 태연한 척 손을 흔들어 환송하고 여권을 안내 아가씨에게 조회상 필요하다 해서 맡기고 입국 대기실에 남게 되었다. 정말 중국어란 한마디도 못 해 의사소통이 불가능한 상태이고, 썰렁하게 나 혼자만 남은 것이다. 사회주의 국가인 나라인데다가 무섭게 생긴 공안들이 엄숙하게만 보이는 제복으로 나를 압도했다. 주변은 정말 내 인생 중에 이렇게 긴장하고 공포영화의 별생각을 연상하게 하는 정말 살벌한 분위기였다. 더구나 유일한 신원을 확인할 수 있는 여권을 가지고 간 안내양이 30분이 지나도록 나타나지 않아 나를 더욱 불안하게 만들었고 혹 여권 미소지자인 밀입국자로 몰려 강제 수용소로 꼼짝없이 끌려가야 하는 실정이었다. 정말이지 별별 무섭고, 좋지 않은 생각이 날 엄습해 왔다.

40분 정도의 시간을 이렇게 불안에 떨면서 오로지 희망인 처음 우리 일행을 안내했던 안내양을 기다렸다. 그녀가 나타나자, 난 하늘을 나는 듯 반가웠다. 그녀는 날 항구에 정박하고 있는 한국행 배로 안내했고 거기서 6시간이나 아무 곳도 이동하지 못하도록 감금되었던 일이 있었다. …중략… 정말 한심하고 불안하게 구사일생한 중국 여행을 중도 포기하고 귀국했다. 1년의 추억 속으로 잊혀 간 중국 입성을 2번째 도전 끝에 이번에는 배가 아닌 비행기로 날아 들어가는 데 성공했다.

첫날 상하이에 도착하여 13시간 동안 질리도록 달리는 기차 속에서 날을 지새우고 도착한 황산의 웅장하고 멋진 풍경을 감상하고 숙소에 도착하였다. 잠을 청하던 중 의도치 않게 들이닥친 마사지 결과

1시간 정도 말이 통하지 않는 실랑이에도 불구하고 거금 2만 원을 강탈당한 느낌의 사건을 만들고 선잠으로 3일째를 맞이했다. 처음 숙소는 너무 춥고 익숙하지 못한 전원스위치 때문에 일찍 잠에서 깨 어둠 속에서 날을 새며 어색하게 아침을 맞이했다. 뷔페식 음식은 정말로 빈약하고 음식이 맞지 않아 이틀 동안 고생했다. 황산에서 항주를 향해 3시간 정도 달려갔다. 넓은 광야와 달려도 달려도 조그만 야산 하나 없는 평지의 계속됨과 도롯가의 계속 끊어지지 않는 주택들은 중국 인구를 추정할 수 있고도 남음이었다. 드디어 항주의 명소 중 하나인 서호에 도착하였다.

  서호는 중국 저장성 항저우시 서쪽에 있는 호수로서 면적이 약 6㎢ 둘레가 15km나 되는 대형 호수이다. 호수 주위에 난고봉, 베이고봉, 위치안산 등이 있으며 남·북·서의 3면이 구릉으로 둘러싸였고, 호수 북쪽에 구산이라고 부르는 작은 섬이 있다. 섬에서 동쪽으로 백거이白居易가 축조했다는 백제白堤가 뻗고 있고, 호수 서쪽으로는 중국의 시인이면서 관료였던 소동파가 축조했다는 소제蘇堤가 남북로에 있는데 우리 일행은 이곳으로 산책했다.

  시간 관계상 2대에 250위안을 주고 나룻배를 빌려 타고 서호 10경을 구경하기로 했다. 뱃사공인 안내 남은 정말 성우의 목소리를 뺨치는 발음으로 중국어를 모르는 우리에게 무엇인가 열심히 전달해 주려는 노력을 역력히 돋보였다. 유일한 언어 소통자인 윤여성 선생님의 도움으로 서호의 역사적 유래에 관해 설명을 들으며 옛날 고관 나리들이 즐기는 풍류를 즐기며 노를 저었으며, 양귀비의 아름다운 모습을 보고 기러기가 물에 떨어져 빠졌으며, 물고기가 부끄러워 물속으로 모습을 감추고, 꽃이 부끄러워하며, 달이 부끄러워 구름에 모습을 감추었다(낙안, 침어, 수화, 폐월)는 유래에 따라 우리는 미녀인 김은영, 김연순 씨를 태우고 만족함으로 옛 시인과 같은 대리 만족을 느꼈다.

또한 와신상담, 오월동주, 절치부심이란 말이 파생된 어원을 새기며 중국 역사에 대해 다시 한번 생각하는 시간을 갖게 되었다. 나룻배에서 정겨운 대화와 웃음과 함께 서호 10경 중인 악묘(악묘)와 뢰봉탑, 링인사, 등 시야에 보이는 절경에 대한 안내를 받으며 즐기는 여유로움은 배낭여행만에서 느끼는 즐거움일 것이다. 아름다운 서호의 경관에 취해 있었지만, 시간과 일정상 우리는 점심을 먹기 위해 모처럼 한국식 식당으로 향했다. 점심 메뉴에는 삼겹살과 된장찌개, 김치찌개를 시켰다. 중국 음식의 느끼함을 모두 씻어버리고 새로운 마음으로 나머지 일정을 소화할 준비를 했다. 식당에서 우연히 대학원 시절 만났던 류지영 선배를 만나 항주의 볼거리 중 송성 가무쇼를 꼭 권장한다는 정보를 받고 꼭 가무쇼를 보아야겠다 마음먹었다.

저장성 명물인 류허탑六和塔에 당도했다. 첸탄강의 대 역류를 막고자 하는 기도를 반영하여 세웠다는 탑으로 육화六和란 불교에서 규약 된 육합六合 즉 천지사방天地四方의 의미이다. 외관상 13층이지만 내부는 7층으로 되었으며, 높이가 60M나 되는 탑으로 정말 탑인지 건물인지

분간하기 힘들 정도로 중국인들의 스케일을 느낄 수 있었다. 또한 뒤쪽에는 중국에 있는 유명한 탑들의 모형을 전시해 놓고 있어서 중국의 전역을 돌지 않아도 유명 탑들을 고찰할 기회를 제공하는 측면에서 참 좋은 아이디어라 생각했다. 한국 아니 전라북도에서도 익산 미륵사지 주변의 전국에 있는 탑 모형 공원을 조성하는 것도 좋겠다는 생각을 가지게 하였다. 앞으로 보이는 첸탄강은 정말 웅장하고 한강의 두 배 정도라 인상 깊었다. 또한 주변의 물가가 매우 싸다는 느낌을 받았고 그중 아름다운 비단이 눈길을 사로잡았으며, 잠옷이 아주 예뻤는데 한나 엄마 선물로 하나 살까, 했으나 김은영 선생님의 만류로 다음 기회로 미루기로 했다. 다음으로 청조의 행궁의 일부였던 저장성 박물관으로 발길을 향했다. 신석기시대의 출토품을 비롯해 저장성 지방의 유물들이 전시되어 있고, 도자기의 고장이기 때문에 청자의 명품들이 우리의 눈을 휘둥그레지게 만들었다.

항주의 대표 특산품인 용정차 재배지인 차밭으로 향했다. 보성 녹차밭을 연상케 하는 주변의 녹차밭들은 규모가 국내의 차밭으로는 비교가 되지 않을 만큼 곳곳이 차밭으로 이루어져 있었다. 중국의 국차로 지정된 용정차龍井茶는 임금이 먹는 차이며 물이 좋아야 한다는 의미로 용정차라 불린다. 용정차를 판매하는 판매원은 국가공무원이며, 국가에서 운영하는 특징을 가지고 있다. 특히 용정차는 작설차, 명정차, 우전차, 오후차로 나누어지는데 명정차는 특급차로서 3월 20일 전에 따서 나라에 바치고, 명정차는 고급 차로 취급되며 피를 맑게 하고 이뇨 작용에 도움이 되어 신장에 좋고 콜레스테롤이 적고 숙취에도 좋다고 하여 중국 사람들이 기름진 음식문화에서도 건강을 유지하는 비결이 차를 마시는 문화에 있다고 전해진다. 우리 일행 중 대부분 1통에 3만 원 되는 용정차와 발효차인 보이차를 2만5천 원을 주고 1통씩 사서 효도와 선물을 하겠다고 즐거워했다.

  류지영 선배가 입이 마르도록 자랑한 송성 가무쇼를 보기 위해 송성으로 움직이려 했는데 절망적인 사태가 벌어졌다. 렌터카 기사님이 입장권은 예매가 되지 않아 일정을 포기해야 한다는 것이다. 해결책을 고민한 우리 팀은 기사에게 100위안(중국에선 큰돈임)을 팁으로 주고 지역의 영향력 있는 해결사를 매수하여 어렵게 송성 가무쇼 테마파크에 입장할 수 있었다. 항주에 있는 인구가 다 모인 것처럼 주변이 혼잡하고 사람 발 디딜 자리도 없었다. 중국 송나라 시대를 그대로 연출하는 테마형 공원이어서 칼춤, 음악 영상 분수대, 등 나름대로 중국 문화를 엿볼 수 있었다. 이곳의 클라이맥스는 가무쇼에 있었다. 입장하여 보니 수천 명의 입장객이 쇼를 보기 위해 늘어서고 있었고 어렵게 구한 좌석에 앉아서 쇼에 심취하였다. 정말 훌륭한 쇼였다. 송나라 시대의 역사를 관광객 유치 차원에서 기획한 가무쇼는 생동감 있는 무대구성으로 관객을 사로잡았으며, 배우들의 연출이 왕조시대의 모습을 그대로 보여주는 듯했고, 특히 레이저 빛을 이용한 무대연출은 가히 상상 못 할 정도로 아름답고 입체감이 특출했다. 정말 보지 않았더라면 아쉬웠을 이색적인 주제였다.

더욱이 중요한 것은 1통에 3만 원하던 용정차를 7통에 1만 원에 사서 난 즐거웠는데 거기다가 신진규 선생님은 9통에 만 원을 주고 사서 먼저 사들인 선생님들의 마음을 아프게 하여 슬펐다. 야심한 시간에 저녁을 해결하는데 9명의 인원이 실컷 먹고자 하는 음식과 술을 즐겨도 200위안(2만 6천 원)이 넘지 않았다. 부담 없는 음식값으로 여행비용에 도움을 받았다. 참으로 즐겁고 보람 있는 주제 배낭 일정이었다.

머나먼 여정 황산으로 가는 길_ 김종원

상하이역 앞에는 많은 사람으로 장사진을 이루고 있었다. 역에 들어가는 것조차 버겁게 느껴질 정도로 여러 겹의 사람들이 줄지어져 있어서 어떤 줄을 서야 하는지조차 모를 정도였다. 눈치껏 줄을 섰고, 출발시간을 확인한 다음에 다시 역 앞 광장으로 나왔다. 상해 물가가 싸기 때문에 시골 사람들이 봇짐을 통해 많은 물건을 가지고 있는 모습은 제각각 다 달랐다. 60년대 후반쯤 우리나라의 모습이었다. 시가지의 번화한 모습과는 연관 지을 수 없을 정도의 다른 모습들이었다. 신진규 선생님이 역 앞의 상점에서 캔맥주와 안줏감으로 초미니 통닭 일부분을 사서 왔다. 캔맥주와 약간의 안주로 우리는 12시간의 장거리 기차를 타기 위한 마지막 여정을 즐겼다. 4인 1실로 되어 있는 침대 열차에 두 조로 나뉘어 자리를 잡았다. 한 명이 다른 방으로 배정되었지만 표를 바꾸는 일 또한 어렵지 않게 이루어졌다.

덜컹거리는 소리에 쉽사리 잠을 청할 수도 없었고 마땅한 놀이도 없었다. 한 팀은 조용한 사람들로 구성되어 있어서 소곤소곤 이야기 소리가 복도를 스쳐 지나갔다. 한방은 신진규, 양승기, 최영목, 정병노 선생님이었다. 다들 한 잔씩 할 수 있는 사람들이었기 때문에 준비한 팩 소주와 컵라면으로 첫 잔을 들었다. 마침 지나가는 여객 공안을 불러 한잔 건네자, 사양 없이 받아마셨고, 몇 잔을 더 마시고 한 병을 얻어가는, 우리와는 다른 승무원의 모습을 볼 수 있었다. 새벽녘에 잠을 청했고, 동이 틀 무렵 중국 시골 마을이 줄지어 눈에 들어왔다. 열차 복도의 인기척을 따라나섰더니 윤여성 선생님이 우리말이 통하는 사람과 이야기를 나누고 있었다. 도착지인 황산 역에서 황산까지 가는 일정에 대한 정보를 나누고 있었다. 대구시청에서 황산 시청으로 교환 근무 차 온 동포를 만났다. 친절한 안내 덕분에 서둘러 여장을 챙길 무렵 황당 사건이 또 발생했다.

역에 도착할 무렵에는 다른 기차간으로 옮길 수 없는 중국 열차의 특성 때문에 우리와 함께 이야기하던 동포는 열차가 멈추고 나서야 밖으로 나가 자기가 타고 있던 열차로 갈 수 있었다. 잠시 후 그는 창백해진 얼굴로 지나치는 승객들을 하나하나 살피고 있었다. 누군가 그의 여행 가방과 노트북을 가지고 먼저 하차한 것이었다. 역사에 들려 분실신고를 했으나 찾을 수 없었다. 우리에게 도움을 주고자 했던 사람이 그런 황당 사건을 당하니 우리의 마음이 편하지 않았다. 그런 와중에도 우리가 타야 할 버스까지 안내하는 차분함을 보여주었다.

황산 등정 후 저녁에 항주에서 만나기로 하고 헤어졌다.

　버스로 이동 중에 전형적인 시골 농촌 풍경의 모습을 보면서 황산을 오른다는 들뜬 기분에 피곤함도 잊은 채 비포장도로를 달렸다. 기사와 안내양이 부부였다. 친절이 몸에 밴 듯하였지만 결국 자본주의 시장에서 한 푼이라고 더 벌려는 그들의 노력이 엿보였다. 황산 입구에서 점심을 먹었다. 국에 김을 넣으면 중국요리의 야릇한 냄새도 없애고, 느끼함도 없앤다는 사실에 일행들은 제법 맛있는 식사를 하였다. 양승기 선생님은 비로소 중국 음식이 입에 맞는다고 하며 체질이라고 넉살을 부리기도 했다. 황산의 절경을 보면서 버스로 황산 중턱의 매표소까지 이동했다. 비수기가 아니라 제법 많은 입장료를 냈다. 아마 우리나라의 입장료보다 10배 정도는 비쌌다. 정상까지 케이블카로 이동하기로 했다.

　황산 관광이 처음 시작되는 운곡사에서 케이블카를 탔다. 국내 몇 군데에서 케이블카를 타본 적은 있지만 새로운 신비함을 느낄 수 있는 장관이었다. 모두 입장료가 아깝지 않다는 말을 아끼지 않았다. 까마득한 절벽 아래에서는 북청 물장수들이 물을 나르던 등거리에 무거운 등짐을 지고 산 정상을 향해 오르고 있었다. 모두 의아해했던 그 물건들은 정상에 있는 호텔의 카펫을 나르던 것이었다. 물이 귀한 곳이기 때문에 세탁 후 다시 사람들의 등에 의해 운반되고 있는 모습이었다. 혼자의 몸으로도 걷기 힘든 눈 쌓인 황산을 그들은 오르고 있었고 우리는 탄성을 지르며 정상을 올랐다.

황산은 본래 산에 검은 바위가 유난히 많아 이산移山이라 불리기도 했다. 하지만 747년 당나라 황제가 방문한 뒤부터는 당시 황제를 의미하는 누를 황黃자를 따서 황산黃山이라 부르기 시작했다. 중국의 10대 관광지 중의 하나이며, 1990년 유네스코에 의해 세계자연유산으로 등록되었다. 중국인이나 산악인이 아니더라도 한 번쯤은 올라 보고 싶을 만큼 아름다운 산이라 했던 말들이 하나도 붙임이 없는 말이었다.

황산을 오르다 보면 가파른 절벽 난간에 자물쇠가 무척이나 많이 걸려 있는 게 보인다. 연인들이 사랑의 증표로 자물통을 채운 뒤 열쇠를 절벽 아래로 던지는 풍습 때문이라고 한다. 자물통 하나쯤 가져갔으면 새로운 추억거리가 있을 법했었다. 우리가 정한 코스 두 군데를 등정하고 북해빈관과 서해반점 사이의 공터에 둘러앉아 컵라면을 먹었다. 무거운 배낭이었지만 먹을 때만큼은 최고의 기분을 느낄 수 있었다. 컵라면 후 감귤이 그렇게 맛있는 줄 몰랐다. 하산할 때는 무거운 배낭을 나누어 짊어지는 모습을 보았다. 팀 구성원의 손발이 척척 맞았다.

우리가 황산을 등반하는 동안 아침에 가방과 노트북을 잃은 동포(대구시청 소속 황산 시청에 파견 중인 권오익 공무원)를 생각하며 발걸음 빨리하여 하산하였다. 현지에서 채용한 기사와 권오익 씨와의 통화를 시도하여 항주 시내에서 식당을 정하였고, 그곳에서 권오익 씨를 다시 만났다. 아침에 그런 일을 당한 사람처럼 느끼지 않는 그분의 얼굴이 지금도 생생하다. 우리는 중국 정통 음식점에서 미리 준비한 소주와 복분자로 이틀간의 피로를 풀면서 진한 동포애를 느끼면서 그렇게 또 하루의 일과를 마치고 있었다.

권오익 씨는 제 아들을 불러 인사시켰고, 최영목 선생님의 디지털 카메라 배터리 충전까지 어렵사리 해결해 주었다. 황산에서의 모든 일정은 최영목과 김종원이 준비했고 카메라에 담았다. 권오익 씨는 식사 후 우리의 일행들에게 특별히 가볼 만한 곳으로 안내했다. 툰시屯溪라는 곳은 황산에서 남쪽으로 65km 지점에 있는 곳이며 신안강이 역사의 유구함을 느끼게 했고, 노가라 불리는 고대 상업 거리는 송과 명대의 오래된 거리가 남아 있다. 문물상점이 즐비하여 100년 전으로 타임머신을 타고 간 느낌이 들었다. 마지막으로 황산 시청 앞에 흐르는 강가의 화려한 네온사인을 관람하며 권오익 씨가 근무하는 황산 시청광장에서 동계 유니버시아드대회가 열리는 중계방송이 북경으로부터 생중계되며 대형 스크린으로 잡혔다. 우리나라 선수와 중국 선수와의 쇼트트랙 결승이 있었다. 멀리 봐도 편파 판정임을 알 수 있었다. 우리나라의 안현수 선수가 부정했다고 파울을 주고 있는 모습은 중국 땅이기에 더 안타까웠다. 먼발치에서 바라볼 수밖에 없었다. 권오익 씨는 변두리에 있는 화상 산장까지 우리를 안내하고 돌아갔다. 귀국 후 권오익 씨에게 보낸 메일 내용과 신진규 선생님이 '대구시청을 칭찬합시다.' 코너에 올린 내용은 마지막에 첨부하기로 한다.

숙소에 도착하여 호실을 정하였다. 여자 1방, 비주류 1방, 흡연자 1방, 주류 1방 등 서로에게 피해를 주지 않는 범위 내에서 파트너를 정했다. 발마사지를 받으려 했으나 모두 피곤하다고 하여 그날은 각자의 방에서 조용히 보냈다. 정병노 선생님의 방에서 일어났던 이야기는 정병노 선생님의 기행문인 '차와 미인의 고향 항저우[항주杭州]를 돌아보고'에서 자세히 언급되어 있다. 신진규 선생님과 양승기 선생님도 같은 경우를 경험했는데, 한국의 통역사(어선방 사장)와 전화로 통역 후 전말을 알게 되었다. 말로만 듣던 이야기를 이국에서 체험할 뻔했었다.

물과 정원의 도시 소주_ 양승기

4일째 아침은 서둘렀다. 6시에 기상, 식후 8시에 소주로 바로 가는 일정이었다. 소주쑤저우蘇州로 향했다. 소주로 출발하기 전 한국에서 잘 알고 지내던 신진규 선생님의 지인에게 연락하였다. 전주에서 요식업을 하다가 중국에 진출하여 꽤 부를 누리는 분이 있었다(최온순 여사와 남동생 최호철). 저녁에 만나기로 미리 약속하였다. 소주에서의 일정은 주로 소주의 4대 병원을 들르는 일정이었다. 비슷한 양식이었지만 중국에서 느낄 수 있는 웅장함, 단순하면서도 자연 친화적인 정원들이 눈에 띄었다.

4대 병원을 간단히 소개하기로 한다. 처음 유원留園에 들렸다. 유원은 1525년에 만들어진 정원으로, 졸정원拙政園과 함께 중국에서도 손꼽히는 정원으로 이름이 높다. 개인 정원으로서, 만들어졌을 당시에는 동원東園이라고 불리었으나, 몇 번의 개축을 거쳐 청淸 대에 유원留園

이라는 이름이 되었다. 지천池泉, 축산築山, 정자亭子를 치밀하게 조합한 디자인이 훌륭한데, 각각 4개의 영역마다 다른 취향의 광경을 만들어 낸다. 모두 건물의 직선과 곡선, 밝음과 어둠, 높음과 낮음을 절묘하게 조화시킨 곳이다. 녹나무로 만들어진 오봉선관五峰仙館이라는 청대를 대표하는 건축물이 있고, 700m 길이의 장랑長廊과 장랑의 벽면에 있는 화창花窓이 있는데 각각의 모양이 다른 화창을 통해 바라보는 경관 역시 빼놓을 수 없는 볼거리였다.

  두 번째 방문한 곳은 졸정원이었다. 졸정원은 면적이 4ha로 4대 명원 중에서도 최대의 규모를 자랑한다. 정원이 조성된 것은 명대의 왕헌신王獻臣이 관직에서 추방되어 실의에 빠져 고향으로 돌아온 때인 1522년이다. 진대의 시 한 구절 '졸자지위정拙者之爲政(어리석은 자가 정치를 한다)'에서 본떠 이 정원을 졸정원拙政園이라고 이름 지었다고 한다. 부지의 60% 정도가 연못으로, 물 주변으로 누각이나 정자 등이 있다. 정원 안은 동, 중, 서원西園 3개의 구역으로 나뉘는데, 각각의 변화가 풍부하였다. 연꽃의 향기가 퍼져 있다는 것에서 이름이 붙은 원향당遠香堂에서 바라보는 졸정원의 풍취도 일품이었다. 소설 '홍루몽紅樓夢'의 배경인 대관원의 모델이라고도 한다. 이후 창랑정과 서원을 방문하였지만, 언급은 하지 않겠다. 비슷하게 느껴지는 정원은 우리가 전문가가 아니기 때문일 것이다. 여행 후 인터넷으로 각각의 특징을 보니 다 다른 의미가 있었는데 우리 일행이 계속 이어지는 관람으로 나중에는 어디가 유원인지, 졸정원인지 헷갈리기도 했다.

소주는 하늘에 천당이 있다면 땅에는 쑤저우가 있다는 말처럼 정말 아름다운 도시였다. 특히 좁은 운하가 그물망처럼 연결되어 있어 동양의 베네치아라고 할 정도로 낭만과 아름다움을 함께하고 있는 도시였다. 숙소로 돌아가는 길은 도심을 빠져나가야 했는데 퇴근 시간이라 차량 정체가 심하였다. 배고픔을 달래면서 남아 호텔에 도착했다. 잠시 후 아침에 연락했던 지인에게서 연락이 왔다. 우리 일행 모두를 고급스러운 한국식당으로 안내하였다. 중국에서 크게 사업을 하는 남매는 너무 친절하게 맞이하였고 육질이 좋은 삼겹살과 오리고기 그리고 고급술까지 아낌없이 배려하였다. 중국의 많은 정보를 알 수 있는 자리였다. 훗날 최호철 씨가 한국을 방문했을 때 나와 신진규 선생님이 함께 한잔하면서 중국에서의 빚을 약간은 갚을 수 있었다. 숙소로 다시 돌아와 그들과 헤어진 얼마 후 다시 연락이 왔다. 호텔 입구로 나오라는 것이었다. 바나나, 땅콩, 캔맥주 등 혼자는 들 수 없을 정도로 많은 간식거리를 사서 왔다. 고마운 분들이었다. 많이 걸은 날이어서 발마사지를 받자는 의견이 대부분이었다. 시내를 빠져 변두리에서 한 시간가량 잠에 취한 상태에서 발마사지를 받았다. 좋았었다? 아니었다? 가 반반이었다. 나는 별로였다. 그날 밤은 한국에서 가지고 간 팩 소주 40병 중 많은 숫자가 줄어든 날이었다.

돌아오는 발길 배낭을 놓으며_ 신진규

소주에서의 일정을 모두 마친 일행은 호텔 앞에 모여 다음 일정을 상의하던 중 계획에 없던 일정을 잡았다. 상해로 돌아가는 지점에 저우쫭周莊이라는 곳을 방문하기로 했다. 기사에게는 별도의 봉사료와 경비를 내기로 하였다.

멋진 운하마을 저우쫭에 도착하였다. 제일 처음 마주한 것은 좁은 골목 사이의 족발집들이었다. 저우쫭은 골목골목 족발이 많이 보였다. 족발이 저우쫭의 먹을거리이자 관광 상품이라고 한다. 그리고 모양이 다듬어지지 않은 인조진주도 대단히 많았다. 모 TV 프로그램에서 중국에서 굉장히 비싸게 주고 샀다고 했지만 실상 한화 2천 원 정도인 진주가 박힌 조개였다. 그 조개를 여기 저우쫭에서 보니 신기했다. 저우쫭은 골목길이 대단히 많았다. 골목골목 상점들이 즐비했고 상인들은 조금이라도 판매하려고 열을 내기 일쑤였다. 물론 굉장히 비싼 값으로 관광객들에게 속여 팔았지만 아주 싼 값으로 필요한 물건을 사들이는 일행도 있었다.

굉장히 복잡한 골목길을 헤치고 우리는 배를 타기 위해 움직였다. 배 타는 곳에 도착해 한배 60위안씩 달라는 가격을 두 배에 100위안을 주고 배를 탔다. 젊은 부인들이 사공이었다. 돈을 주면 노래도 불러준다고 했는데, 사양하고 우리가 대신 노래를 불렀다. 환상적인 뱃길 여행을 마치고 또 좁은 골목으로 접어들었을 때 김은영 선생님이 사고 싶은 물건이 있는데 바가지 쓸 것 같다면서 대신 사 달라고 하였다. 말도 통하지 않는 터라 온몸을 다해 정말 싸게 대신 사줬다. 그 옆에서 정병노, 최영목 선생님이 붓글씨 쓰는 화방에서 한문 이름 석 자로 삼행시를 짓고 있었다. 맘에 들었다. 약간 비싼 가격이었지만 나도 쓴다는 조건으로 1/3의 가격으로 낮춰 냈다. 한국에 돌아와 해석해 보니 정말 멋진 삼행시였다. 전체 내용은 공개할 수 없지만 최고의 자리에 오른다는 말이었으니 교육감? 교육부 장관? 그냥 웃어넘길 수 없는 욕심을 갖게 했다. 하루 정도 돌아야 할 일정을 반나절에 마치고 호빵으로 배를 채우고 상해로 이동했다. 처음 도착했을 때와는 다르게 도시 전체가 눈에 들어왔다.

마지막 날 아침. 5시에 일어나 공항으로 향했다. 상해의 동쪽 하늘에 해가 뜰 무렵 공항에 도착해서 그동안 애써 준 기사에게 고마움의 표시와 함께 경비를 지급한 후 간단히 도시락으로 아침을 해결했다. 대한항공 여객기가 상해 공항에 자리 잡는 모습은 중국에서 마지막으로 조국을 생각하게 하는 순간이었다. 한국시간 오전 11시 35분 광주공항에 도착했다. 김은영 선생님의 낭군이 마중 나와 있었다. 우리는 연락되는 가족들에게 중화산동의 중화요리 전문점으로 나오게 하여 마지막 점심을 먹은 후 일주일간의 배낭여행 마침표를 찍었다.

여행하는 동안 빈틈없이 기획한 팀장 윤여성 선생님과 다른 일행들의 협조로 무사히 마칠 수 있어서 영원토록 잊지 못할 배낭여행을 다녀왔다. 각자 맡은 주제별로 준비를 철저히 한 덕분에 많은 것을 사전에 알고 여행했다는 것이 큰 보람이었다. 돌아오면서 학교에서 공부할 아이들에게 더 큰 사랑과 관심을 보이자고 약속도 하였고, 내년에도 목표하는 대학에 합격시킨 후 또 다른 여행을 약속하였다.

대구시청 '칭찬합시다' 코너에 올린 글

저는 전라북도 전주공업고등학교 교사 신진규입니다. 이번 겨울방학을 이용하여 우리 학교의 진학지도를 담당하는 교사들 8명이 배낭여행을 다녀왔습니다. 2007년 1월 29일부터 2월 3일까지 상해에서 황산, 황주, 소주 등지를 여행할 때 모든 것이 낯설고 익숙하지 못한 이국땅에서 너무나 큰 친절을 베풀었던 대구 광역시청 건축주택과에 근무하는 권오익 님을 칭찬하고자 합니다. 권오익 님은 현재 중국 황산 시 인민 정부에서 대구시청과 교환 근무를 하고 있는 분입니다. 상해에서 황산을 가려고 12시간 동안의 기차여행에서 우리 일행은 다음 일정을 상의하면서 새벽을 맞이하고 있었습니다. 다른 칸 열차를 타고 있던 권오익 님을 일행 중 한 분이 우연히 한국 사람임을 알고 됐습니다. 우리의 다음 일정에 대해 자문을 구하며 동포의 뜨거운 사랑을 느낄 수 있었습니다.

권오익 님은 자신이 할 수 있는 모든 것들을 동원해서 우리들의 일정에 대해 불편함 없이 설명해 주었을 뿐만 아니라 중국 현지인에게 셔틀버스를 계약해 주고 현지에서의 하루 일정을 너무나 상세히 알려주었습니다. 그러던 사이 열차가 도착했고, 역사 앞에서 만나기로 하고 자신의 열량으로 돌아갔습니다. 그런데 역사 입구에서 황당한 일이 생긴 것을 알 수 있었습니다. 우리 일행과 이야기 나누는 사이에 자신의 노트북이 들어 있는 가방을 분실했습니다. 종착역에 도착할 즈음에 누군가의 고의적인 절도 행위로 인해 분실하고 만 것이었습니다. 우리 일행들은 뭐라 위로의 말을 전해야 할지 난감하였습니다. 그런데 당사자는 오히려 태연하게 우리를 안심하게 해 주는 것이었습니다. 아무 도움을 줄 수 없었던 미약함에 우리 일행은 너무 안타까운 마음만 가지고 안내해 준 셔틀버스에 일정을 맡겼습니다.

 황산을 등반하면서 그분의 당시 모습을 지울 수 없었습니다. 우리는 서로 연락처를 교환했기 때문에 저녁에 식사 대접이라도 하자고 하였습니다. 저녁에 우리 일행은 다시 그분을 만날 수 있었고, 친절한 안내를 또 받았습니다. 그의 아들과 함께 저녁을 먹었습니다. 한국에서 가지고 간 복분자술과 함께 잠시 향수에 취할 수 있었습니다. 우리의 캠코더 충전까지도 자신의 집에 다녀오면서까지 도움을 주었고, 마지막 우리가 묵을 숙소까지 안내하고 돌아가셨습니다. 정말 중국에서 만난 한국 사람들이라고 다 그렇게 친절하지는 않았을 텐데 권오익 님은 정말 우리에게 큰 감동을 준 분입니다. 대구시청의 큰 자랑이라고 생각합니다. 한국에 돌아오면 바로 이런 선행을 알리려 했는데 바쁘다는 핑계로 이제야 글을 남깁니다. 같은 공무원으로서 정말 큰 감동을 주신 권오익 님에게 다시 한번 감사의 말씀을 올립니다.

       - 전주공업고등학교 진학지도 담당 교사 신진규 올림.

지천명에 되돌아본 나의 삶

1961년 6월 2일(1살): 부모님이 1·4후퇴 때 월남하시고 10년이 지났을 무렵 나는 전즈의 어느 피난민들이 모여 사는 동네에서 삼 형제 중 막내로 태어났다. 어머니는 작은 구멍가게를 하였고 아버지는 목수 일을 하셨단다. 근면하고 성실한 나의 아버지는 신용을 제 일로 몸소 실천하는 분이라 남한에서도 빨리 자리를 잡을 수 있었다고 한다. 가진 것은 많이 없었지만 건강한 가정을 가진 행복한 집에서 귀여움을 독차지하면서 세상의 첫발을 내디뎠다.

1962년 3월 20일(2살): 나의 큰형이 초등학교에 입학한 지 보름 정도 지난 어느 날 완주군 삼례의 ○○예배당을 맡아서 짓고 있었던 현장에서 아버지는 불의의 사고로 한쪽 눈을 실명하고 만다. 한쪽 눈은 어렸을 때 녹내장을 앓아 시력을 잃은 상태였기 때문에 졸지에 두 눈이 볼 수 없는 신세가 되어버린 것이다.

1964년까지(4살): 어머니는 나를 등에 업고 전국의 이름 있는 병원은 다 다녔다고 한다. 물론 아버지의 손을 잡고. 결국 시력을 찾을 수 없었고, 월남해서 이루었던 적은 재산마저 다 까먹고 다시 빈털터리가 되었다고 한다.

1965년(5살): 아버지의 손을 잡고 인천을 여러 번 다녔던 기억이 난다. 이때부터는 내가 기억을 더듬을 수 있는 나이였다. 살길이 막막해진 우리 식구들은 뭔가 다시 찾아 일어서야만 했다. 1·4후퇴 때 월남할 때는 본인의 의사에 의해 정착한 것이 아니라 어떤 배를 타느냐에 따라 인천, 군산, 부산, 목포 등지의 항구로 정처 없이 떠돌다 자리를 잡았다고 한다.

아버지의 먼 친척들은 대부분 인천에 자리를 잡았다고 한다. 우리가 다시 찾은 곳은 인천이었다. 나에게 당숙 할아버지가 살던 곳, 그곳에서 인생의 제2막을 준비하려고 아버지와 나는 열차를 타고 열심히 탐색하였다.

인천 송도 바닷가의 해변 백사장에서 5미터 정도 떨어진 외딴 오두막집, 지금도 생생하게 기억이 난다. 당숙 할아버지가 혼자 기거하는 단칸방의 그 어둡고 침침한 집, 그곳이 우리 다섯 식구가 함께 살아야 할 집이었다.

1966년(6살): 우리는 봇짐을 쌌다. 전주에서 인천으로 이사를 가는 날이다. 초등학교 5학년인 큰형, 1학년인 작은형, 올망졸망한 아들 셋을 데리고 이사를 갔던 그때 상황에서 나의 부모님은 어떤 심정이었을까?

아마 아무 희망도 없었던 막막한 심정이었을 것이다. 당시 어머니는 33살의 젊은 나이였다. 실명한 남편의 손을 이끌고 아무도 모르는 낯선 동네로 마지막 살아남기 위한 몸부림을 이었을 것이다. 아마 어머니는 그 이후로 한 번도 바닷가에 안 나간 날이 없을 것이다. 어머니가 생계를 이어가기에는 그래도 바닷가에서의 조개잡이가 유일한 방법이었을지도 모른다.

  1967년(7살): 인천에서의 생활, 전기도 없었고 연탄도 없었다. 바닷가에서 돌아온 어머니는 땔 나무를 얻기 위해 산으로 가야 했다. 아마 형 둘은 어머니를 따라 나무를 했었던 것 같고 나는 아버지의 시중을 들었을 것이다.

  그런 어느 날 바다에서 돌아온 어머니는 아버지에게 이렇게 말했다. "바다에 조개는 많은데 밭매는 호미로는 많이 잡을 수가 없어."라고 푸념 어린 넋두리를 하셨다. 그 당시 아버지의 심정은 또 어떠했을까? 37의 젊은 나이에 드 눈을 잃은 지 벌써 5년이 지났다. 절망감에 아무것도 할 수 없었을 것이라 짐작이 간다. 어머니의 넋두리가 있었던 며칠 후 아버지는 나의 손을 이끌고 동인천의 어느 철물점을 찾았다. 아버지는 그 철물점 주인에게 뭔가 열심히 설명하였고, 그때마다 주인은 연신 뭔가를 내놓았다. 아버지는 손으로 일일이 더듬으며 다음 과정을 설명하였다.

  이렇게 한 보따리의 뭔가를 가지고 집으로 돌아왔다. 부엌이라고 해봐야 한 평이나 되었을까? 그 한 모퉁이에서 아버지는 자신의 터를 닦고 있었다. 철물점에서 사 온 그것들과 몇 날 며칠을 지새우며 1m2 남짓한 공간에 자신만이 알 수 있는 영역을 만들었다. 다음날부터 쉼 없는 망치 소리가 들렸고 일주일 정도 지났을까? 아버지의 손에는 '갈고리'라는 운명적인 도구가 들려 있었다. 자신 때문에 고생하는 아내를 위해서 무엇이든 해야겠다는 그 집념이 정상인도 할 수 없었던 큰일을 해낸 것이다. 어머니는 그다음 날 아버지가 만들어 주신 갈고리로 평소보다 몇 배 많은 조개를 잡아 오셨다. 어머니는 갯내도, 개펄의 진흙도 마다치 않고 아버지를 끌어안아 주시면서 한없이 눈물을 흘리셨다. 이렇게 해서 탄생한 것이 '갈고리'인 것이다.

1968년(8살): 큰형이 초등학교를 졸업하는 해이다. 아버지가 실명하지 않았더라면 아무 문제 없이 상급 학교에 진학했겠지만 실로 엄청난 일이 벌어졌다. 아버지와 같이 갈고리를 만들겠다고 한사코 중학교 진학을 하지 않겠다고 떼를 부렸다. 당시 아버지의 심정은 또 어떠했을까? 한 달여간의 줄다리기 끝에 결국 큰형은 진학의 꿈을 접고 아버지와 함께 갈고리 만드는 일을 같이 했다.

그 무렵 나는 새로운 인생의 첫발을 내디뎠다. 초등학교에 입학한 것이다. 아버지가 만든 갈고리는 정말 불티나게 팔렸다. 처음에는 상업적으로 시작한 것이 아니었지만 동네 아낙들이 어찌 성화를 대든지 아버지는 본격적으로 갈고리를 만들기 시작한 것이다. 칠흑 같은 암흑 속에서 망치 소리는 쉴 틈이 없었다. 망치질 끝에 칼날 같은 날카로운 철사를 맨손으로 주무를 때 얼마나 많은 고통이 따랐을까? 가장의 힘은 위대했다. 처자식을 책임지기 위해 그 어려운 순간들을 그렇게 감수하고 있었다. 나는 둘째 형의 손을 잡고 인천 송도초등학교에 입학했다. 입학식 날도 어머니는 바다를 가야 했기에 5학년이었던 형이 나의 부모를 대신한 것이다. 그 무렵 너무 작은 일터와 당숙 할아버지 댁에서 지내는 것이 비좁고 힘들었다. 한참 부부의 사랑도 일궈야 할 나이에 나의 부모는 단칸방에서 당숙과 아들 셋이 같이 지내야 하는 아픔을 감수하고 있었다. 하늘은 스스로 돕는 자를 돕는다고 했다. 2년 남짓 고생한 결과 바로 옆 동네로 방 두 칸 자리로 이사를 할 수 있었다.

1969년(9살): 초등학교 2학년 어느 날 나는 아버지가 일하시는 부엌 모퉁이에 쪼그리고 앉아서 심부름하고 있었다. 동인천의 어느 성당 신부님과 수녀님 두 분이 오셔서 아버지께 이렇게 말했다. "우리나라가 경제적으로 빈곤하여서 부유한 서양 나라에서 양아들을 삼고 경제적인 도움을 주고자 하오니 토요일 아침 10시까지 이 아이를 데리고 성당으로 나오세요." 아버지는 "내 자식은 내가 키웁니다. 걱정해 주셔서 고맙지만 사양하겠습니다." 이렇게 잘라 말씀하시고는 망치질을 이어가셨다. 그 신부님이 가시는 길에 인사하러 따라나선 나에게 신부님이 이렇게 말했다. "엄마는 어디 계시니?" 바다에 가셨다는 말을 듣고, "그럼 엄마 오시면 이번 주 토요일에 너랑 형이랑 동인천 성당으로 한번 오시라고 해라." 하시면서 돌아가셨다. 바다에서 돌아오신 어머니에게 말씀을 전해드리고, 토요일 오후에 어머니는 바다에 가셨고 나는 형이랑 버스를 타고 동인천 성당을 물어 찾아갔다. 웬 아이들이 그렇게 많았던지.

 나와 같은 아이들이 몇백 명은 족히 넘었을 것이다. 신부님은 일일이 사진을 찍었다. 지금 생각해보면, 우리나라가 후진국이라 외국의 선진국에서 우리를 도우려는 것이었다. 한 달 후 뉴질랜드에서 연락이 왔다. 그 많은 아이 중에서 내가 뽑혔다는 것이었다. 그 성당에서 세 명의 아이가 선발되었다고 한다. 내 사진이 어떻게 보였기에 뽑혔나? 지금도 아이러니한 상태로 남아 있다.

 1970년~71년(10~11살): 초등학교 3학년 때부터는 뉴질랜드에서 많은 것들이 보내져 왔다. 책가방, 노트, 필기구, 피복, 신발, 즉석 음식, 학비 등 거의 모든 생필품이 뉴질랜드에서 직접 배달되어왔다. 4학년 때는 당시 10만 달러를 보내줬는데 주택을 신축하라는 몫으로 보내졌다고 했다. 아버지는 목수 일을 하셨기 때문에, 예전에 같이 일하던 동료와 함께 직접 우리가 살 집을 지었다. 꿈같은 집이었다. 우리 가족은 새로 지은 집 앞에서 사진을 찍어 뉴질랜드의 양어머니에게 보내드렸다.

 그 무렵 우리에겐 정말 생각하기 싫은 일이 벌어졌다. 큰형을 따라 작은형도 아버지의 일을 돕겠다고 상급 학교의 진학을 포기했다. 지금 생각해보면 어떤 일이 있었어도 막았어야 했던 결정이었다. 아버지의 실명으로 인한 형들의 생각이 옳았는지, 아직 사리 판단이 없었던 나이였을 텐데, 공부가 싫어서였을까? 아니면 집안 형편이 어려워서 그랬을까?아직도 모르겠다.

그 후로 한 번도 직장생활을 하지 않고 아버지의 일을 45년 가까이 대를 이어온 것을 보면 잘한 일이었다고 위안을 해본다. 연 매출이 어느 사업보다 많으니 지금은 안타까운 마음보다는 아버지가 개척한 분야가 대를 이어오고 있다는 것이 자랑스럽기는 하다. 그런데, 인천 앞바다에 그렇게 많던 조개가 바닥을 드러내고 있었다. 원인을 규명하지 못한 채 날마다 죽어가는 조개를 몇 트럭씩 실어 날랐다. 아버지는 결단을 내렸다. 인천에서의 생활은 여기까지다. 그렇다면 다음 우리가 살 곳은? 이 무렵 전북 부안에서는 백합이며, 바지락양식이 성행한다는 정보를 입수하고 또 생활의 터전을 옮기려 준비를 했다. 아버지는 자식 하나라도 가르치겠다며 나를 전주의 고모님 댁으로 가라고 하셨다. 4학년을 마치고 나는 사랑하는 가족을 뒤로한 채 혼자 전주행 고속버스를 탔다.

1972년(12살): 초등학교 5학년이 시작되는 날 나는 고모님과 함께 전주 덕진구 금암 초등학교로 적을 옮겼다. 고모, 고모부는 공무원이셨다. 위로 누나 둘, 형, 그리고 동생 한 명의 틈바구니에서 제2의 내 인생이 시작되었다. 전학 첫날 애국 조회 때 몇몇 선생님이 학생들 사이로 왔다 갔다 하더니, 학생 몇 명을 뒤로 나오라고 하였다. 나도 그중의 하나였고 아무 영문도 모르고 선생님을 따라간 곳은 배구부 선수들이 있는 연습실이었다. 나의 신체적인 조건을 보고 체육부로 스카우트를 하려는 것이었다.

　암울했던 그 시절 나는 나이보다는 훨씬 조숙했다. 생각이 깊었고 모든 판단을 내 스스로 해야 했었다. 물론 고모부와 고모님이 계셨지만, 결정은 내 몫이었다. 나는 전주시에서 내로라하는 선수로 이름을 남길 정도의 명성 있는 배구 선수가 되었었다. 그러던 6학년 때 공부 잘하는 아이들의 전매특허인 고전 읽기반에 들어갔다. 나도 그들과 함께 무리를 지어 보겠다고 생각했었다. 6학년 담임 선생님이 많은 도움을 주셨다.

　4촌 누나의 담임이셨던 그 선생님이 허락하셨고, 나는 배구부를 떠났다. 6학년이 시작되면서 전주시에서 주최하는 경필 대회에 나가 특상을 받으면서 나는 금암초등학교의 스타로 부상하였다. 운동 잘하고, 공부 잘하고, 글씨 잘 쓰는, 거기에 고전 읽기반까지. 그리고 그해 3월 교내 육상왕 선발 대회가 있었다. 누구나 할 것 없이 다 출전했는데, 내가 전교에서 3관왕을 차지했다. 100m, 200m, 멀리뛰기 1위, 그리고 높이뛰기 2위. 어머니가 달리기를 잘하셨는데 내가 그 피를 받았나 보다. 4월에 나는 정식으로 육상부에 스카우트되었다. 당연히 기존의 선수들에게는 미운털이었다. 나는 그 선수들과의 불협화음을 잘 대처하고 육상부 주장이 되었고 소년체전 전라북도 대표가 되었다.

　내가 한참 운동선수로 이름을 날릴 즈음에 나머지 식구들은 인천에서 부안으로 이사를 했다. 5학년 여름방학 때 처음으로 이사했다는 부안의 집에 가보니 놀라지 않을 수 없었다. 몇 년 전에 인천으로 이사했을 때 그 당숙 할아버지의 집하고 너무나 흡사한 집이었다. 어린 나는 큰 절망감이 들었다. 인천에서는 그래도 새집을 지어서 살았는데 다시 저런 오두막집이라니. 이렇게 부안에서의 생활은 또다시 비참했다. 훌쩍 커버린 아들들이 있었건만 다시 단칸방이라니.

1974년(중1): 체육 중학교로의 입학을 제의받았지만 일반 중학교로 희망했다. 뺑뺑이라 불리는 중학교 선발 1호였다. 전주 신흥중학교에 입학했다. 낯선 교과목 그중에 성경이란 교과서가 이채로웠다. 친구들 따라 몇 번 교회를 나갔지만 나는 헌금을 낼 만한 여유가 없어 교회와의 인연은 그것이 마지막이었다. 성경 점수 중에 교회를 다니느냐는 것은 중요한 항목이었다.

1학년 때의 담임 선생님은 할아버지 선생님이셨다. 별명이 식인종이었던 그 선생님은 내게 펜글씨를 제대로 가르쳐 주셨던 신인종 선생님이셨다. 인성 교육 또한 제대로 배울 수 있었던 것으로 기억된다. 2학년 때는 도덕 선생님이셨다. 그 선생님은 우리 반 아이 중 잘 사는 아이들만 골라서 집에서 과외를 했다. 얼마나 나도 그들 틈에 끼어서 과외를 받고 싶었던지 선생님을 찾았다. 돈은 없고 과외는 받고 싶다는 나의 당돌함에 선생님은 제안하셨다. 학습지도안을 정리하고 쓰라는 것이었다. 독서 카드에 결재란이 있었고, 전년도에 썼던 지도안을 그대로 카피하는 것이었다. 글씨 잘 쓰는 것이 톡톡히 재미를 봤다. 그리고 그 잘난 녀석들과 눈칫밥을 먹으면서 과외를 받았다.

초등학교 때 날렸던 운동선수라 중학교 때에도 학교에서 제일가는 운동 잘하는 아이로 통했다. 체육대회 날이면 상한가를 때리며 학급을 항상 종합 우승으로 이끌었다. 진북동 모래네 시장에서 신흥중학교까지 자전거를 타고 등·하교를 했다. 하굣길에는 전매청에 들러 고모님을 뒤에 태우고 귀가하는 것 또한 나의 몫이었다.

1976년 (중3): 담임 선생님은 수학을 담당하셨다. 지금은 목회자가 되셨다는 이야기를 듣고 가끔 통화하곤 한다. 나는 학급 실장이 되었다. 체육부장의 꼬리표를 떨쳐버리고 지도력 있는 실장으로 인정을 받았다. 영어 선생님과 기술 선생님, 국어 선생님이 특히 나를 예뻐해 주셨다. 국어 선생님은 몇 년 전까지만 해도 전북 예총 회장으로 왕성한 활동을 하셨다. 우리 반은 야간 자율학습 시간에 정말 정숙한 분위기에서 자습하였다. 실장이 강력하게 반을 장악했기에 아이들은 꼼짝 못 하고 공부만 하였다.

당시 전주에서 최고의 고등학교로 치는 학교에 우리 반에서 15명이나 합격하는 최고의 합격률을 보였다. 나는 진로 상담을 하던 시기에 고모님과 담임 선생님의 대화 내용을 엿듣고 나서 내 인생에 휘몰아치는 찬바람을 느끼기 시작했다. "제 조카는 대학을 보낼 만한 가정형편이 아니기 때문에 공고에 보내서 빨리 취직해야 합니다. 그러니 인문계 진학을 포기하고 전주공고에 원서를 써 주세요." 이 한 마디를 듣고 나는 방황하기 시작했다. 제법 공부도 잘하는 학급 실장이었는데…. 훗날 중학교

3학년 반창회를 개최했었다. 내가 실장이었기 때문에 모든 준비를 했고, 전주 중앙통의 중화요릿집에서 담임 선생님을 모시고 행사를 했었는데 인문계 고등학교 다니는 15명과 나 그리고 담임만 참석을 하였다. 참석한 아이들은 나를 잘 아는 녀석들이었지만 그래도 그 순간 그 자리를 빨리 떠나고 싶었던 기억이 난다. 왜 그랬었을까?

나는 전주공고에 전체 3등으로 입학을 하였다. 인문계 고등학교에 합격하고도 남을 점수였기 때문에 고모님께서 많이 미안해하셨다. 중학교 졸업식 날 사촌 형은 전주고교에서, 나는 신흥중학교를 같은 날 졸업을 하였다. 내 졸업식장에는 큰고모, 작은고모와 사촌 누나가 참석을 했고, 사촌 형의 졸업식장에는 고모부와 사촌 동생, 사촌 누나가 참석을 했었다. 지금도 고모님께 감사하다는 말씀을 드리고 싶다. 자기 자식이 졸업하는데 조카의 졸업식장에 참석하기가 쉽지 않았을 것이다.

1977년(고1): 전주공고 건축과에 입학하였다. 빡빡머리, 목단추, 모표, 과 마크, T자, 삼각자, 스케일, 계산기 등은 색다른 학업의 시작이었고 나는 한 학기 동안 방황을 하였다. 아침 등굣길에 전주고, 전주여고 학생들이 다 등교할 시간에 집을 나섰다. 그들과 마주치기가 싫어서였다. 참 많은 아픔을 혼자 감수한답시고 그렇게 한 학기를 보낼 때쯤에 나는 초라한 성적표를 받았다. 전체 3등으로 입학한 녀석이 반에서 69명 중 20등이라니? 뭐라 변명할 여지가 없었다.

여름방학을 부안에서 보내고 새로운 2학기부터는 정상적인 학생 신

분으로 돌아왔다. 1학년 때 부실장을 했던 것이 3년 동안 부실장만 했다. 두 살 위인 형 같은 친구가 3년 동안 실장을 했고 나는 그를 도와 불멸의 전통을 자랑하는 건축과를 만들었다. 우리 학급이 뭐든지 일 등을 하였다. 지금 생각해봐도 정말 학급 분위기가 너무 완벽하였다. 고등학교 동기들이 모두 잘 되었던 원동력이 아닌가 싶다.

고등학교 2학년 때 나는 두 가지에 미쳐 있었다. 일단 테니스에 미쳐 있었다. 당시 상황에서는 감히 엄두도 못 낼 테니스였는데 우연한 기회에 윌슨이라는 라켓을 선물 받으면서 시작되었다. 새벽에는 한국일보 배달을 하였고 오후에는 직접 수금을 하러 다녔다. 당시 신문 배달해서 받은 돈으로 우리 반에서 제일 좋은 일제 T자, 삼각자, 스케일, 계산기를 샀다. 또 한 가지는 학교 도서관에서 아르바이트하였다. 수업료를 면제받기 위해서 선택한 그 도서관에서 제2의 공고 생활이 시작되었다. 수업 외에는 테니스와 도서관에서의 생활이 전부였다.

2학년의 가을 어느 날 체육 선생님의 추천으로 전라북도 재학생 체육대회에 참가하게 되었다. 체육고등학교, 동산고등학교, 영생고등학교 등 육상을 전문으로 하는 학생들과 경기를 하였다. 초등학교 때 같이 운동했던 친구들도 눈에 띄었지만 나는 순수한 아마추어로 참가해서 100m와 멀리뛰기에서 3등을 하여 전국체전 상비군으로 선발되기도 했었다. 겨울방학에 나는 뭔가를 해야 했기에 상아탑 학원에 등록하였다. 대학은 스스로 학비를 벌어서 다닐 수 있다는 생각으로 입시학원에 등록하였다. 학원 강사님께 간곡히 사정을 하였다. 수업 도중 칠판을 서너

번 닦아야 하는 수업, 나는 그 칠판을 지우기로 하고 공짜로 수업을 받기로 하였다. 세상은 분명 두드리면 열린다고 확신하게 되었다.

1979년(고3): 학년이 시작되면서 반 친구들은 기능사 이론 시험 준비로 학습 분위기가 고조되었을 때 나는 대학에 간다고 다른 공부를 하였다. 69명 중 두 명이 불합격하였다. 실장과 부실장 두 명만 떨어진 것이었다. 뒤늦게 학과 공부를 시작한 것은 기능사 때문이 아니었고 건축직 공무원 시험을 준비하기 위해서였다. 아무것도 확실한 보장이 없었기에 무엇이든 도전해야 한다고 생각했다.

7월 20일 공무원 시험을 보고 난 후 합격을 자신했다. 9월 1일 김제 군청 건축직 5급(현 9급)으로 발령을 받았다. 정식 공무원이 되었다. 하지만 나는 대학에 가고 싶었다. 운동도 게을리하지 않았다. 테니스와 평행봉으로 단단한 체격을 유지했었다. 예비고사를 치르고 나서 나는 아버지하고 처음으로 상담을 하였다. 아버지는 꼭 대학에 가려면 충남대학교에 가라고 하셨다. 항상 라디오를 통하여 정보를 입수하신 아버지는 공업 특성화학교라 수업료도 면제되고 군 혜택도 있다고 하시면서 나에게 한번 다녀올 것을 명했다.

나는 혼자 고속버스를 타고 유성으로 향했다. 대전에서 유성으로 캠퍼스 이전이 한창이었고 아직 정돈되지 않는 어수선한 분위기였지만 내가 입학할 학교로 점을 찍고 유성 시내에서 칼국수를 먹고 돌아왔다. 그 칼국수 집에다 수첩을 놓고 왔던 것이 인연이 되어, 훗날 그 집에서 졸업할 때까지 가족처럼 지낼 수 있었다. 유성의 어머니를 만난 것이 얼마나 큰 행운이었는지 모른다. 하숙비도 안 내고, 아이들 가르치면서 대학 생활을 잘 할 수 있도록 많은 도움을 받았다. 6, 7, 8살의 연년생이었던 그 아이들 지금은 다 성장하여 결혼해서 잘살고 있다.

1980년(대학1): 8년 동안 고모님 댁에서의 생활을 청산하고 유성으로 터를 옮겼다. 유성은 낯선 곳이었지만 부모처럼 따뜻한 사람들을 만날 수 있었다. 항상 메모하라는 아버지의 말씀을 실천한 결과였는지 모르겠다. 무엇이든 기록을 하는 습관은 지금 생각해도 잘 길들여진 버릇이었다. 수첩을 본 칼국숫집 아주머니는 시골로 전화를 하여 대학에 합격하면 꼭 찾아오라고 하셨다. 내 인생에 또 한 번의 귀인을 만난 것이다.

생각보다 어렵지 않게 대학 생활을 시작하였다. 그러나 5·18 광주비상사태가 일어나면서 전국의 대학교는 무기한 휴교령이 내려졌다. 110일간의 긴 휴교령 속에서도 나는 유성을 떠나지 않았다. 나에게는 돌봐야 하는 동생들이 셋이나 있었다. 당시 운전면허를 따서 렌터카를 빌려서 처음으로 고속도로를 진입했다는 친구의 기억이 새롭다. 다음 날 아침에 조간신문을 유심히 보았던 그 기억이…. 새내기 시절 인생의 진정한 친구를 만난 것 또한 잊을 수 없는 추억으로 떠오른다. 양승기, 박민래, 조승도, 김봉민, 정병노 다시 불러보아도 가슴속에 깊이 자리하고 있는 친구들이다. 2학년을 마칠 무렵 나는 친구 따라 처음으로 '호남학우회'라는 모임에 참석하였었다. 처음 참석했던 자리에서 내가 회장으로 선출이 되었다. 어떻게 해서 회장이 되었는지 지금도 아이러니하다. 300여 명 회원의 회장이었다. 회장 취임 이후 졸업생 환송회를 준비하였다. 3개월 정도 수업도 제대로 받지 못하고 행사 준비에 전념하였다. 성적이 제대로 나올 리가 없었다. 후원자를 구한다고 대전 극장 통 거리를 얼마나 쏘다녔던지….

졸업생 환송식은 비교적 성공적으로 마쳤다. 초대 가수까지 초청해서 참석했던 모든 이들에게 만족할 수 있는 행사였다고 생각한다. 그런데 50여만 원이 초과됐다. 지도교수가 내겠다는 그 말을 믿고 초과 상황을 알면서도 진행했는데 결국 지도교수가 오리발을 내밀었다. 나는 지도교수와 담판을 짓고 결국 휴학을 결심했다. 물론 그 돈은 아버지가 대신 융통해 주셨다. 3학년 1학기를 마치고 나는 입대를 위해 휴학을 하였다. 부모님이 계신 부안으로 내려왔다. 다음날부터 나는 우리 집에서 운영하는 배를 타고 돈을 벌기 시작했다. 입대는 연기했고 18개월 동안 배를 탔다. 그동안 우리 집의 경제적인 문제가 많이 해결되었던 것 같다.

1983년 8월 6일: 시커멓게 그을린 나는 논산 훈련소로 입대를 하였다. 훈련소에서 목공병으로 차출되어 훈련보다는 기능적인 일을 많이 했다. 훈련소를 퇴소할 때 우리 연대에서 유일하게 연대장 표창을 받게 되었다.

1983년 추석: 더플 백을 짊어지고 이동한 곳은 김해 공병학교였다.

1,161기 지뢰병의 보직을 받고 8주간의 후반기 교육을 받았다. 집에서 처음으로 면회를 왔다. 아버지를 제외한 모든 식구가 내게 면회를 왔었다.

나는 공병학교에서 나 자신의 능력을 확인하기 위해 웅변대회에 참가하기도 했었다. 웅변이 그렇게 힘든 줄 미처 몰랐다. 자대 배치는 12월 초에 받았다. 서울의 수도군단 155 야전 공병대로 배치되었다. 글씨를 잘 쓴다는 이유로 교육계란 보직을 받았다. 주로 자대에서 타자하고 차트 글씨 쓰는 일이 업무의 대부분이었다. 상병 때 내가 준비를 하여 부대에서 가족 초청 위문 공연을 한 것이 가장 기억이 난다. 그때 초대 가수로부터 배운 노래가 지금도 즐겨 부르는 '야화'란 노래다. 중대장과 인사계와의 인간관계를 잘 맺어 지금도 연락하고 지내는 사이가 되었다.

1985년 10월 31일: 병장의 계급장을 반납하고 예비군복을 입고 다시 고향으로 내려왔다. 큰형이 결혼하였고 조카도 한 명 생겼다. 어려웠던 집안 형편도 가족들의 노력으로 제법 재산을 형성하게 되었다. 입대 전 너무 많이 쉬었기 때문에 나는 3학년 1학기를 다시 등록하였다.

유성의 하숙집은 칼국숫집을 그만두고 다른 일을 하고 있었다. 유성은 사정이 좋지 않아서 내가 다시 지내기에 부담이 되었나 보다. 그래도 나의 의사를 존중하여 스스로 결정하도록 배려해줬다. 나는 아버지의 도움으로 쌀 다섯 가마를 지원받아 다시 입대 전 그 집에 머물게 되었다. 하숙비 한 번 내지 않았는데 그렇게라도 도울 수 있어서 마음적인 부담을 덜 수 있었다. 유성의 하숙집은 정말 나에게 헌신적으로 대해 주셨다. 자정이 되어서 귀가해도 어머니는 밥통에서 밥을 꺼낸 적이 없었다. 직접 옹기그릇에 새 밥을 지어주며 내게 정성을 쏟으셨다. 나에게는 친부모나 다름없는 분들이다.

복학해서 처음으로 장학금을 받았다. 정말 열심히 공부했다. 9학기 동안 교수님의 배려로 근로 장학금은 빼놓지 않고 받았지만 성적우수 장학금은 처음이었다. 기사 1급 자격증도 두 개를 취득했다. 취업 준비를 나름대로 열심히 했는데 처음에 도전했던 곳은 현대 계열의 금강건설이었다. 그런데 1차 서류 전형은 합격했지만 2차 시험을 서울의 현대고등학교에서 치르기로 했는데 불참하게 되었다.

두 번째로 계룡건설에서 공채 1기를 뽑는다는 정보를 얻어 준비하였다. 우리 과에서 다섯 명이 응시했는데 두 명이 합격했다. 나도 합격을 하여 87년 10월에 계룡건설 공채 1기로 첫 출근을 하였다. 현장에 투입되길 기대하였으나 나는 선거대책본부로 스카우트 되었다. 회장님이 국회의원으로 출마했기 때문에 직원 중 일부를 뽑아서 새로운 부서를 만들었다. 나는 유권자들에게 보내는 서신을 직접 내가 작성했다. 회장님의 예쁨을 한 몸에 받았었다. 회장님은 당선되었고, 88년 4월에 나는 봉동의 9군단 현장으로 보직을 받았다. 아마 내 연고지로 배려했던 것으로 기억된다. 그리고 그해 9월에 맞선을 봤고 11월 12일, 나는 결혼을 했다. 집안끼리 잘 알고 지내는 사이라 오래 끌 이유가 없었다.

인연이 그렇게 쉽게 맺어질지 몰랐다. 더욱이 아내의 집이 현장 근처였기 때문에 퇴근 후 거의 매일 처가에 들렀었다. 물론 결혼 전의 이야기다. 지금도 그렇게 아름다운 아내를 맞을 수 있게 한 사람들에게 감사하면서 살고 있다. 89년 2월에 나는 현장을 옮겼다. 서울의 통일연수원으로 발령을 받았다. 신혼이었기 때문에 이사했다. 도봉산에 있는 통일연수원 공사는 난공사였다. 나는 그때 현장 실무를 제대로 배웠고 공무 일을 익혔다. 그해 8월 나는 고등학교 은사님으로부터 제의를 받았다. 교사 발령 나면 내려올 수 있냐는 것이었다. 나는 회장님과의 면담을 통해 회사에 잔류할 것을 권유받았고, 아버지도 그냥 회사 생활을 하라고 하셨다. 나는 아내와 상의 끝에 내려오기로 했다. 마침 발령 난 초임지가 부모님이 사는 부안고였기 때문이었다. 얼마 만에 부모님과 함께 지낼 수 있었는가? 1972년 인천에서 전주의 고모님 댁으로 가면서부터이니까 18년 만에 부모의 품으로 돌아온 것이다.

1989년 8월 15일: 첫 번째 아들을 낳았다. 서울에서 태어났다고 京澤으로 이름 지었다. 광복절에 태어난 아이를 안고 8월 30일 금남여객을 타고 서울에서 부안으로 이사를 했다. 한 달간 아버지 집에서 살다가 결국 부안 읍내로 이사를 했다. 2학기에 발령을 받았는데 출산 휴가를 떠난 여선생님의 후임으로 1학년 4반 담임을 맡았다. 1990년은 2학년 2반 담임을 맡았고, 8월 20일 나는 부안 지역의 시각장애인 복지를 위해 사단법인 부안 시각장애인 복지협회를 출범시켜 초대 사무국장을 맡았다. 부안 지역의 시각장애우들의 소재를 일일이 파악하여 부안 읍사무소에서 창단식을 가졌다. 그렇게 많은 사람이 빛이 없는 어둠 속에 사는지 놀라지 않을 수 없었다. 건설회사 다닐 때 같았으면 엄두도 못 낼 그런 일을 시작한 것이었다. 부안 군청 사회과를 들랑거리면서 예산을 배정받았고, 아버지가 많은 돈을 선뜻 내놓아 신바람이 나는 일을 할 수 있었다. 지금은 어엿한 사무실을 갖게 되었다.

1991년은 수업계를 맡아서 담임하지 않았다. 전라북도의 시각장애우들을 초청하여 고사포 해수욕장에서 8월 4일 극기 훈련을 하였다. 자립심을 고취시키기 위한 첫 사업이었다. 많은 기관에서 협찬하였고 동료 교사들이 자원봉사자로 도움을 주었다. 항상 고마움을 잊지 않고 살아가고 있다.

1992년은 2학년 4반 담임을 맡았다. 나는 내가 직접 설계를 하여 아버지의 집을 다시 신축했다. 그리고 아버지의 집으로 이사를 했다. 열네 식구가 함께 살 수 있도록 설계를 하였다. 그해부터 나는 취미로 글을 쓰기 시작했다. 5월 가정의 달을 맞아 수기 공모를 했다. 60세 이상의 노인들의 일하는 모습을 담은 수기 공모였다. 나는 아버지의 처지에서 대신 글을 썼다. 제목은 아버지의 망치 소리를 소재로 했기 때문에 '뚱땅뚱땅 뚜다 당'이라 붙였고 최우수상을 받았다. 환경 수기 입선, 자연재해 수기 최우수상, 통일 문예 작품 일반부 최우수상 등 글을 쓰는 그것마다 입상하였다. 그것이 계기가 되어 아버지가 방송에 섭외되어 10월 15일에 첫 방송이 전국에 방영되었다. KBS의 '사람과 사람들'이란 50분짜리 첫 회 방송이었다. 그 후 6시 내 고향(KBS), 전북 한마당(KBS), 이 땅, 사람들(SBS), 사람(평화방송), EBS, CBS라디오 생방송, 라디오 전국 연결 생방송 등 많은 방송 출연을 아버지와 함께했었다. 학교로 직장을 옮긴 보람을 느끼는 순간들이었다.

1993년 5월 14일: 둘째 아들을 낳았다. 그해부터 나는 취미로 대금을 만들기 시작했다. 여름방학 때 1급 정교사 자격 연수를 충남대학에서 받을 때부터 시작하였다. 그런 과정에서 연수 성적이 좋아 연수원장 상을 수상하기도 했다. 우연한 기회에 아버지에게 소일거리를 만들어 드리기 위해 시작한 대금을 95년까지 거의 하루도 빼놓지 않고 작업을 하여 수준급까지 제작 능력을 향상시켰다. 출품해서 서울의 롯데백화점에 일주일간 전시도 했었다. 제자에게 만들어 준 대금이 도립국악원 단원이 될 될 줄이야. 교사로서의 보람과 긍지를 느끼게 했다(박승철 이야기-국립국악원 근무).

1993년은 내가 불교에 흠뻑 빠지게 되었다. 학생들의 동아리를 만들었다. 룸비니란 동아리는 지금도 왕성한 활동을 하고 있고 청년회로 이어져 사회 봉사활동을 많이 하고 있다. 나는 94년부터 불교 청년회장을 맡으면서 군의 협조를 얻어 '낙엽제'란 군민 축제를 개최하기도 했다. 3년 동안 축제가 이어졌는데 내가 전주로 학교를 옮기면서 맥을 잇지 못했다. 95년에는 부안고의 방송실을 직접 시공했고 방송 장비를 직영으로 설치하여 전북 최우수 시설로 선정되어 모범 공무원상을 받기도 했다. 부안고에서의 마지막 작품을 남긴 것이다.

1996년(36살): 두 번째 학교로의 발령을 받았다. 내 모교인 전주공고 건축과로 전보되었다. 마치 나를 기다렸다는 듯이 나에게 일이 몰리기 시작했다. 첫해 전주공고의 방송실과 멀티미디어실을 직접 만들었다. 성적 처리, CAD, 전산 수업, 담임, 취업 담당. 그 많은 일이 내게 주어졌다. 첫해는 10시 이전에 퇴근할 수 없었다. CAD 동아리를 만들어 학생들을 지도했다. 따지고 보면 지도했다기보다는 내가 배우기 위한 것이 맞을 것이다.

동창회의 부름을 받은 것도 그때였다. 나는 총동창회 총무란 직함으로 지금까지 3만 5천여 동창회를 이끌어 가는 막중한 일을 하고 있다. 5억 원의 장학재단 업무는 덤으로 따라왔고 10년 동안 실무를 보다가 현재는 감사직을 수행하고 있다. 나는 개인의 시간을 할애할 수 없는 가정적으로는 빵점 가장이 이때부터 시작되었다.

1999년 첫 부장: 과를 맡았다. 건축과 부장이 된 것이다. 모교에서의 생활이 쉽지만은 않았지만 보람은 있었다. 99년 7월 20일 여름방학이 시작되는 날 부안에서는 대형 사고가 있었다. 작은형이 큰 사고를 당하여 큰 병원으로 이송 중이라고 연락이 왔다. 전주의 어느 종합 병원 앞에서 초조하게 기다릴 무렵 앰블런스 사이렌 소리와 함께 의식이 없는 작은형이 나타났다. 저녁 6시부터 밤 12시가 지났는데도 어디가 어떻게 다쳤는지조차 모르고 있었다. 내가 병원에 잘 안 가는 이유가 있었던 것이다. 나는 새벽 한 시에 차트를 강제로 뺏다시피 하면서 실랑이를 벌였다. 전주병원 외과 과장인 친구한테 급히 연락을 취했다. 그리고 결단을 내렸다. 병원을 옮기기로 한 것이다. 대장, 췌장, 갈비 등을 다친 중환자를 도대체 몇 시간 동안 방치했던 것인가?

12시간의 수술 끝에 회복실로 옮겨졌다. 그 수술을 집도했던 친구의 입을 통해 췌장이 그렇게 위험한 부분인지 처음 알았다. 형의 수술 직전 가족 대표로 서명을 하는데… 정말 아찔한 순간을 회고해 본다. 그리고 2000년 실과부장을 맡았다. 내가 최연소 실과부장이라고 원로 교사들이 말한다. 엄청난 스트레스와 부담을 안고 시작했다. 일도 많이 했지만 그 기간 중 보람 있는 일도 많이 했다.

7월 11일에는 전라북도 시각장애인 도서관을 개관했고 나는 부관장직을 맡았다. 8월 6일부터 15일까지는 '백두에서 한라까지'란 이벤트로 앞 못 보는 친구와 그의 안내견을 데리고 백두산을 등반했고 17일부터 20일까지는 금강산을, 20일부터 22일까지는 한라산을 등반했다. 송경태란 그 친구는 고등학교 친구인데 군대에서 수류탄 파열로 양안을 실명했다. 힘든 일정이었지만 정말 보람 있는 일이었다.

5개월 동안 입원해 있던 형이 퇴원했다. 평소 아버지는 작은형만 살아 돌아온다면 오늘 죽어도 여한이 없겠다고 말씀하셨는데 진짜 작은 형이 퇴원한 다음 날 12월 4일 밤 10시, 아버지는 너무 쉽게 당신의 갈 길을 말없이 떠나셨다. 정말 스스로 준비하셨는지, 건강하셨던 아버지가 그렇게 빨리 우리의 곁을 떠날 줄 몰랐다. 회갑 잔치도 못 해 드려서 칠순 잔치를 준비했는데, 일흔의 나이에 고생이란 고생은 다 하셔놓고 그렇게 떠나셨다.

실과부장을 2년 동안 하고 나는 또 다른 학교로 전보 발령을 받았다. 실과부장을 하는 동안 일본 연수(2001.10.5~12)와 중국 연수(2001.7.20~25)를 다녀올 수 있었다. 중국에는 아내랑 같이 갈 수 있어서 좋았다. 아내에게 잘해주지도 못했었는데….

일본 연수를 다녀와서 참치 가게(2001.10.15)를 개업했다. 아내의 동의도 없이 일을 저질렀다. 남들은 능력이 있다고 하지만, 아내하고 상의는 했었어야 하는 것이었다. 연수 떠나기 전에 완벽하게 준비를 시켜서 깜짝 이벤트를 벌인 셈이다. 지금 내 용돈 정도 벌어 쓰는 로얄참치 가게는 그렇게 시작했다.

2001년 첫 주례: 부탁을 받았다. 어쩔 수 없는 부탁을 받고 부안고 시절 처음 1학년 담임을 했던 황병선의 주례를 봤다. 이후 20여 명의 주례를 봤고 새해 2월 7일 날도 예약이 되어 있다. 주례를 보는 일도 교사의 보람으로 생각을 한다. 물론 나이에 맞지 않은 일이라는 것은 잘 알고 있다. 2002년 나는 이리공고로 발령을 받았다. 예상은 하고 있었지만 학교를 옮길 때마다 많이 힘들었던 기억이 난다. 전주공고가 내 모교이기 때문에 열심히 했다는 소리를 듣지 않기 위해서 열심히 일했다. 이리공고 건축과 출신들의 모임인 '이건회'와의 만남을 통해 학생들의 취업을 도왔고 그들과 큰 유대 관계를 맺었다.

　3학년 담임을 맡았다. 아이들이 잘 따라줘서 무결석 학급을 만들었고 환경 정리에서도 일등을 했다. 매월 말일에 학급 전체 아이들과 자장면을 사준다는 약속을 지켰다. 무결석 학급을 만들었기 때문이다. 2002년 12월 5일 장인어른이 우리의 곁을 떠나셨다. 우리의 부모들은 그렇게 한 분씩 우리의 곁을 떠나고 있었다. 2003년 1월 19일 코흘리개 시절부터 8년간 나를 친자식처럼 보살펴 주셨던 고모부도 나의 곁을 떠나 대전 국립묘지로 모셨다.

　이리공고 건축디자인과 학과장을 맡았고, 2005년에는 교무부장으로 많은 공적을 남긴 덕으로 국무총리 품격인 모범 공무원상을 수상하는 영광을 안았다. 이리공고에서의 4년간은 전주-익산 간의, 통근이라기보다는 정말 헌신적으로 일을 했고, 침체되어 있는 전문계 고등학교의 부활을 위해 안간힘을 다한 것 같았다. 당시 고등학교 진학을 앞둔 큰아들이 전주공고를 택하는 과정에서 전국을 시끌하게 만든 사건이 있었다. 공부 잘하는 아이가 인문계나 특성화고등학교가 아닌 일반 공고에 입학했다는 것으로만 화재의 인물이 되었던 아들이 1학년을 마치고 2학년 진급을 앞둔 시점에서 내가 그 학교로 전근을 한 것이다. 나는 그 후 2년 동안 기숙사 사감을 하면서 큰아들의 매니저 역할을 하며 아들의 진학 지도를 직접 담당하였다.

　내 나이 지천명이다.

인생의 중년. 가장으로도, 사회적인 위치로도 이젠 중압감이 더해진다. 그래도 즐겁게 사는 법을 배워야 할 텐데, 스트레스가 그렇게 나쁘다는데, 이젠 건강을 챙겨야겠다. 공부 잘하는 내 아들들의 뒷바라지는 끝까지 해줘야 하니까. 갑신년을 맞으면서 지나온 날들을 회고하면서.

- 2010년 12월 31일 德香 신진규

이야기 여덟

정년퇴임 무렵 인생 2막을 준비하는 응원의 메시지

전공 제자 신승ㅇ : 35년이라는 기간. 저의 살아온 날보다 더 긴 시간이네요! 얼마나 아쉬우실까요. 선생님의 가르침 잊지 않고 잘살겠습니다! 제가 학교로 꼭 인사드리러 가겠습니다!

전공 제자 강재ㅇ : 선생님 진심으로 아주 고마운 맘 전하고 싶네요^^ 후배들을 위해 선생님께서 많은 고생을 하셨기에 너무 멋지신 선생님으로 기억하겠습니다.

전공 제자 김국ㅇ : 선생님 안녕하세요~! 반가운 소식 전해주서서 감사합니다. 애 키우랴 일하랴 바쁘다는 핑계로 얼굴 한번 뵙지 못하는 게 죄송스럽고 부끄럽네요. 35년간의 긴 세월 제 인생만큼이나 훌륭한 제자 양성하시느라 정말 수고 많으셨습니다. 정년퇴임은 제2의 인생 시작이라고 하지 않습니까. 앞날을 응원하도록 하겠습니다. 친분 있는 몇몇 제자들과 함께 식사도 하고 만나 뵙고 인사드릴 수 있도록 시간 마련해 보도록 하겠습니다. 감사합니다!

이공 제자 왕석ㅇ: 아버지. 35년 동안 정말 고생 많으셨어요~!! 저뿐만 아니라 선생님께 지도받은 모든 학생은 선생님의 열정과 제자들을 생각하는 마음을 잊지 못하고 살아가고 있을 겁니다. 저는 선생님을 만나서 남들보다 특별한 학창 시절의 추억을 가지고 있어 문득 생각날 때마다 웃음이 나고 같이 합숙했었던 곳을 지나갈 때면 그립고 그렇습니다. 평범했던 저를 잘 지도해 주셔서, 특별한 추억 만들어 주셔서 감사합니다^^ 저는 저번 주부터 이번 주까지 훈련이 있어 비몽사몽 훈련 중입니다. 행사에 찾아뵙고 축하드리고 싶었는데 아쉽습니다. 고향에 가면 꼭 연락드리고 찾아뵙겠습니다. 연락해 주셔서 너무 감사드려요. 건강하시고 사랑합니다!!

전공 제자 김기ㅇ: 선생님!! 벌써 정년퇴임인 게 믿어지지 않아요. ㅠㅠ 그동안 고생 많으셨습니다! 제가 내일 한번 학교로 갈게요! 내일 같이 점심 먹어요!!

전공 제자 문규ㅇ: 감사드립니다. 저의 직접적인 은사님은 아니시지만 축구라는 매개체 그리고 후배 아버님으로의 인연이 시작되어 지금까지 연락을 해오는 선생님, 그간 수고 많으셨고요. 기간제로 계시는 동안 시간이 될 때 찾아뵙겠습니다. 막바지 더위 조심하시고 사랑합니다❤

전공 제자 편하ㅇ: 빛나는 35년, 길고도 짧은 시간이셨을 텐데 그동안 고생 많으셨습니다. 퇴직 축하드립니다♥

전공 제자 김병ㅇ: 그간 고생 많으셨고 애쓰셨습니다. 학창 시절 선생님의 훌륭한 가르침으로 이만큼 잘 성장하게 됐습니다. 시원섭섭하시겠지만 제2의 인생을 사시는 기분으로 스트레스받지 마시고 건강한 모습으로 오래오래 뵙길 바랍니다. 축하드리고 감사합니다. 꾸벅^^

이공 제자 김ㅇ기 라스트포원: 선생님 정말 너무나도 감사드리고 너무너무 고생 많으셨습니다. 선생님 덕분에 학교와 학생이 모두 훌륭해질 수 있었습니다. 항상 건강하시고 진심으로 감사드립니다. 제가 곧 기간제 끝나시기 전에 점심 식사 맛있는 거 사드리러 출동하겠습니다. 선생님.

전공 제자 이관ㅇ: 선생님의 제자였던 것이 너무 감사하고 행복했었습니다. 그동안 너무 고생 많으셨습니다. 선생님 선생님도 항상 건강하여지시길 바랍니다!

전공 비보이 제자 김경ㅇ: 선생님 안녕하세요. 잘 지내시죠? 늘 건강하시고요. 덕분에 고등학교 생활 잘할 수 있었습니다. 늘 감사하게 생각합니다. 커피 한잔하시라고 쿠폰 한 장 보내 드립니다. 제가 타지에서 일하고 있어서요^^ 전주 가면 애들과 한번 찾아뵙겠습니다!

　전공 제자 박혜○: 선생님의 선하고 올바르신 가르침 덕분에 제가 이렇게 사회에 이바지할 수 있는 사람이 되었습니다. 먹고살기가 뭐가 그리 바빠서 찾아뵙지도 못하고…. 마음은 항상 선생님을 향하고 있습니다. 언제나 늘 같은 자리 마을 어귀를 지키는 듬직한 아름드리나무 같았던 선생님♥ 평균연령이 길어진 요즘 정년퇴임은 또 다른 시작이라고 합니다. 그동안 애쓰셨고 축하드립니다.

　이공 제자 김지○: 신진규 선생님 안녕하세요? 선생님께서 정년퇴임을 하시는 날도 오는군요…. 저도 벌써 10년 차 공무원이 되어가는데 고교생활이 아직도 깊이 기억에 남습니다. 35년 동안 저를 포함하여 제자들을 보살펴 주셔서 감사합니다. 선생님께서는 퇴직 후에도 멋진 인생을 사실 거라는 확신이 듭니다. 흐흐 그동안 너무 고생 많으셨습니다. 선생님께서도 항상 건강하여지시길 바랍니다!

　전공 비보이 제자 박효○: 선생님 찾아뵙고 인사를 드려야 하는데, 쉬는 날 없이 일을 하다 보니, 죄송합니다. 그동안 고생 많으셨으며, 마무리 전에 찾아뵙겠습니다! 감사합니다.

　부안고 제자 노상○: 선생님 진심으로 축하드립니다. 군청에 근무하면서 많은 선배 공무원이 정년을 누리지 못하는 상황을 지켜볼 때마다 정년퇴임의 길이 정말 어렵고 대단하다는 감정이 마음속에서 메아리치네요. 많은 사람이 정년퇴임 이후를 제2의 인생이라며 말하며 변화되는 생활에 대한 기대와 설렘을 걱정이라 표현하기도 하지만 선생님께서는 그동안 해오셨듯이 훌륭하게 설계할 것을 믿어 의심치 않습니다. 늘 건강하시고 화목해지시길 기원하며 선생님을 향한 존경의 마음을 전합니다.

부안고 제자 이성ㅇ(폴리텍대 교수): 존경하는 선생님의 영광스러운 정년퇴임을 축하드립니다. 이번 주까지 제가 밖에 출장 중이라서요. 연락도 못 드렸는데, 제가 죄송합니다. 퇴임 후, 많은 계획이 있으시겠지만, 우리 학과에서 강좌를 만들어서 강사님으로 초빙이라도 해드리도록 노력하겠습니다. 조만간 꼭 찾아뵙겠습니다. 선생님! 진심으로 축하드립니다.

부안고 제자 김용ㅇ: 신진규 선생님, 안녕하세요! 저에게 소식 주셔서 너무나 감사드립니다. 한편으로는 연락도 못 드리고 지내서 너무나 죄송합니다. 선생님께서는 9월 1일 자로 정년퇴임을 하셨군요. 정말 교단에서 오랫동안 큰 고생 하셨습니다. 그래도 선생님께서 가르치신 제자들은 모두 선생님을 이 시대의 진정한 스승님으로 생각하며 존경하니 이보다 더 큰 보람이 없을 것 같습니다.

저도 22년간 교실에 있었으나 지금까지 저에게 연락하는 제자는 한 명도 없었습니다. 스승은 못 되고 선생님으로밖에 구실 못하는 것 같습니다. 교무실 4년째인데 오히려 저는 학생들을 위해서 교무실에 있는 게 더 낫다고 스스로 위로하고 있습니다. 사진을 보니 아드님과 며느님, 손주들까지 너무나 행복하게 보입니다. 아드님들도 평범하지 않고 모두 훌륭하게 되었다고 들었습니다. 그 아버님에 그 아드님들이니 어쩌면 당연한지도 모르겠습니다.

선생님, 저는 파주시 문산읍에 자리 잡은 문산초등학교에서 근무하고 있습니다. 북쪽 최남단이기는 하지만 긴장 없이 그냥 평범하게 살고 있습니다. 혹시라도 선생님께서 파주에 오실 때 미리 연락을 주시면 감사하겠습니다. 정년퇴임을 다시 한번 축하드립니다. 항상 건강하시고 행복하시기를 기원하겠습니다. 신진규 선생님, 안녕히 계세요!

전공 제자 최연ㅇ: 선생님~^^ 시간이 너무 빨리 지나가요. 35년 동안 훌륭하신 선생님으로 교단에 계셔주셔서 든든했어요~^^ 그동안 고생하셨어요~^^ 퇴임하시고 더 바쁜 날들이 더 좋은 에너지들로 준비가 되어 있을 것 같아요~^^ 퇴임하시고 자주 뵈어요~^^ 화이팅이에요~^^

전공 제자 오선ㅇ: 안녕하세요. 선생님! ㅜㅜ 소식 듣고 많이 놀랐어요. 정년퇴직을 진심으로 축하드립니다! 그동안 학생들에게 보여주신 열정과 사랑, 그리고 가르침에 깊이 감사드려요. 새로운 인생의 여정에서도 건강과 행복이 가득하길 바라요! 조만간 저녁에 맛있는 거 먹으러 가요~~!! 성욱이랑, 소연이랑 같이 9월 11일 만나기로 했어요. 같이 찾아 뵙고 맛있는 거 먹으러 가요~~.

이공 제자 최성ㅇ: 선생님. 그동안 연락 못 드려서 너무 죄송해요…. 선생님 덕분에 제가 공무원으로 취업하고 5년이라는 많은 시간이 빠르게 지나갔는데 벌써 퇴임하실 날이 오셨다는데 되게 울컥하기도 하고 큰 기쁨으로 퇴임하신다니까 저도 기쁘네요. 흐흐 지난 35년간 교직 생활 정말 고생 많으셨고 앞으로 제2의 인생으로 행복한 나날과 항상 건강하여지시길 기도하겠습니다.

이공 제자 김설ㅇ: 정년퇴임 축하드립니다~. 그동안 너무 수고 많으셨고 감사했습니다. 앞으로 더욱 좋은 일 더욱 좋은 일만 가득하시고 건강하세요~!!!

이공 학부모 박보ㅇ: 애쓰시고 수고 많으셨어요. 항상 건강하시고 행복하셨으면 합니다. 퇴임을 축하드립니다.

이공 학부모 정순ㅇ: 너무 멋져요~^^ 벌써요. 이젠 시간 되면 만나요. 익산 오시게 되면 연락해 주세요. 감사합니다. 진심으로 축하합니다♡♡♡

부안고 제자 박정○: 선생님. 축하드립니다~^^ 고생 많으셨습니다. 건강 잘 챙기시고 항상 행복하세요~^^

대학 후배 우석대 강석○ 교수: 형님 축하드립니다. 정년퇴임은 축복입니다. ㅎㅎㅎ 이제부터 시작되는 새로운 시간도 형님의 시간으로 만들어 가실 겁니다. 건강은 늘 챙기시고요~~.

백령도 해병대 신지○ 중사: 선생님 고생하셨습니다. 퇴임 정말 축하드립니다.

이공 학부모 상빈 엄마: 벌써 세월이 이렇게 되었네요. 그동안 수고 많으셨습니다.

이공 학부모 재현 엄마: 너무너무 축하드려요~^^ 열정을 다해 아이들을 사랑으로 가르쳐 주시고 애써 주셔서 얼마나 감사했는지 모릅니다~^^ 새로운 2막에도 더욱더 멋진 모습으로 건강하고 행복 가득한 일들만 많아지시길 기원합니다~^^

전공 제자 김현○(미장): 선생님, 너무 축하드립니다. 그동안 저희 가르치고 이끌어 주시느라 너무 고생하셨어요. 퇴직 이후에도 건강 꼭 챙기시고 오랫동안 연락하고 뵐 수 있었으면 하는 바람입니다. 다시 한번 너무 고생하셨고 축하드립니다.

전공 학부모 현아 엄마: 안녕하세요~ 선생님~^^ 벌써 시간이 그렇게 됐군요? 선생님을 만난 지가 13년이 훌쩍 넘었네요. 선생님의 35년 교직 생활 중에 많은 인연이 스쳐 갔겠죠? 저도 그 인연 중 하나여서 너무너무 감사합니다^^ 너무너무 애쓰셨고, 퇴직 후 시작되는 새로운 삶을 또 응원해 드립니다. 더운 여름 건강 유의하시고요. 조만간 찾아뵐게요~^^

산업인력공단 신순O: 아이고 고생 많으셨네요. 앞으로 꽃길만 걸으세요. 두 분 자녀 멋져요.

산업인력공단 김대O 지사장: 그동안 고생 많으셨습니다. 정년퇴임 진심으로 축하드립니다.

전공 후배 국정원 정O 국장: 수고하셨습니다. 쉽지 않은 길인데 먼 길 잘 견디고 마무리하심을 다시 한번 진심으로 축하드립니다.

충대 선배 강영O 세계공업: 큰일 하셨어요. 대단하신 위대하신 분. 명예로운 정년퇴임을 진심으로 축하드립니다. 제2의 인생 더욱더 화려하세요. 시간 내서 식사 모시겠습니다.

교총 조성○ 대변인(기자): 무사히 퇴임하심을 축하합니다. 일평생 교육에 헌신하심에 감사드립니다. 선생님과의 인연이 엊그제 같은데 벌써 시간이 이렇게 흘렀네요. 부디 퇴임 후에도 즐겁고 활기차고 보람이 있는 제2의 인생을 걸어가시길 기원합니다. 선생님, 파이팅!

군산 명신 기술교육원장: 그동안 교육 열정으로 고생 많으셨습니다. 저도 12월 말 정년을 맞게 됩니다. 항상 건강하시고 행복하세요. 감사합니다.

전공 제자 최인○: 선생님 날씨가 더운 요즘 기체후 일향 만강하신지요? 전주공업고등학교에 입학하여 훌륭하신 은사님을 만나 좋은 직장과 새로운 삶을 갖게 되어 정말 큰 행복입니다. 학교에서 선생님께서 주신 지식과 배움의 노고에 항상 감사드립니다. 은퇴를 축하드립니다. 새로운 삶이 행복과 만족으로 가득하시고 건강하시길 기원합니다. 그리고 공무원 기출문제 2015년도부터 공무원 시청 교육청에서 문제 볼 수 있는 사이트 찾아서 후배들한테 도움이 될 수 있을까 해서 보내드립니다! 선생님!! 감사합니다! 사랑합니다.

세상에서 가장 아름다운 언어, 우리

신진규 산문집

지은이 신진규 초판인쇄 2025년 9월 22일 초판발행 2025년 9월 30일 펴낸곳 도서출판 상상인 편집주간 황정산 펴낸이 진혜진 기획·마케팅 전은빈 최유림 노혜림 정현수 책임교정 종이시계 편집 세종PNP 등록번호 제572-96-00959호 등록일자 2019년 6월 25일 주소 06621 서울시 서초구 서초대로74길 29, 904호 전화번호 02-747-1367, 010-7371-1871 팩스 02-747-1877 전자우편 ssaangin@hanmail.net

ISBN 979-11-7490-010-4 (03810)

값 23,000원

* 이 책은 전부 또는 일부 내용을 재사용하려면 반드시 저작권자와 도서출판 상상인의 동의를 받아야 합니다.
* 이 도서의 국립중앙도서관 출판시도서목록(CIP)은 서지정보유통지원시스템 홈페이지(http://seoji.nl.go.kr)와 국가자료공동목록시스템(http://www.nl.go.kr/kolisnet)에서 이용하실 수 있습니다.